suhrkamp taschenbuch 5478

Wien, 1938. Samuel Adler ist sechs Jahre alt, als sein Vater und die Familie alles verlieren. In ihrer Verzweiflung verschafft Samuels Mutter ihrem Sohn einen Platz in einem Kindertransport, aus dem von den Nazis besetzten Österreich nach England. Samuel macht sich allein auf die Reise, außer einer Garnitur Wechselkleidung und seiner Geige hat er nichts bei sich – die Last der Einsamkeit und Ungewissheit wird ihn ein Leben lang begleiten.

Arizona, 2019. Acht Jahrzehnte später steigen Anita Díaz und ihre Mutter in den Zug, um der Gewalt in El Salvador zu entkommen und in den Vereinigten Staaten Zuflucht zu finden. Doch ihre Ankunft fällt mit der neuen brutalen Einwanderungspolitik zusammen: Die siebenjährige Anita wird an der Grenze von ihrer Mutter getrennt und landet in einem Lager. Allein und verängstigt, weit weg von allem, was ihr vertraut ist, sucht sie Zuflucht in Azabahar, einer magischen Welt, die nur in ihrer Fantasie existiert. Wie aber soll sie zurückfinden zur Mutter?

Isabel Allende, geboren 1942 in Lima, ist eine der weltweit beliebtesten Autorinnen. Ihre Bücher haben sich millionenfach verkauft und sind in mehr als 40 Sprachen übersetzt worden. 2018 wurde sie – und damit erstmals jemand aus der spanischsprachigen Welt – für ihr Lebenswerk mit der National Book Award Medal for Distinguished Contribution to American Letters ausgezeichnet. Isabel Allendes gesamtes Werk ist im Suhrkamp Verlag erschienen.

Svenja Becker lebt als Übersetzerin (u. a. Juan Carlos Onetti, Carla Guelfenbein, Hernán Rivera Letelier) in Saarbrücken.

Isabel Allende

DER WIND KENNT MEINEN NAMEN

Roman

Aus dem Spanischen von
Svenja Becker

Suhrkamp

Die Originalausgabe erschien 2023 unter dem Titel
El viento conoce mi nombre
bei Plaza & Janés, Barcelona.

Erste Auflage 2025
suhrkamp taschenbuch 5478

Umschlaggestaltung: Rothfos & Gabler, Hamburg,
nach Entwürfen von bij Barbara,
Wereldbibliotheek/Park Uitgevers, Amsterdam.
Umschlagillustration: Pierre Mornet
Druck und Bindung: CPI books GmbH, Leck
Printed in Germany
ISBN 978-3-518-47478-5

Suhrkamp Verlag AG
Torstraße 44, 10119 Berlin
info@suhrkamp.de
www.suhrkamp.de

DER WIND
KENNT MEINEN
NAMEN

Lori Barra und Sarah Hillesheim
für ihr tiefes Mitgefühl

Hier mein Geheimnis. Es ist ganz einfach:
man sieht nur mit dem Herzen gut.
Das Wesentliche ist für die Augen unsichtbar.

Antoine de Saint-Exupéry,
Der kleine Prinz

Es gibt einen Stern, wo die Menschen und die Tiere alle
glücklich sind, und er ist besser als der Himmel,
weil man nicht sterben muss, um hinzukommen.

Anita Díaz

~ DIE ADLERS ~

Wien, November 1938

Ein Unglück lag in der Luft. Seit dem frühen Morgen fegte der Wind unstet durch die Straßen, pfiff um die Häuser und drang durch die Ritzen von Türen und Fenstern. »Es wird eben Winter«, redete Rudolf Adler sich gut zu, doch die Beklemmung, die ihm seit Monaten die Brust eng machte, konnte er schwerlich dem Wetter oder der Jahreszeit anlasten.

Die Angst war ein Gestank von Rost und Unrat, der ihm beständig in der Nase hing. Weder sein Pfeifentabak noch der Zitrusduft seines Rasierwassers vermochte ihn zu überdecken. Von den Böen aufgewirbelt, nahm ihm dieser Angstgestank jetzt am Nachmittag den Atem, ihm war schwindelig und übel. Deshalb beschloss er, die letzten Patienten im Wartezimmer fortzuschicken und die Praxis vorzeitig zu schließen. Seine Sprechstundenhilfe fragte besorgt, ob er krank sei. Sie arbeitete seit elf Jahren bei ihm, und in all der Zeit hatte er seine Pflichten niemals vernachlässigt. Dr. Adler war ein gewissenhafter und pünktlicher Mensch. »Nichts Ernstes, nur eine Verkühlung, Frau Goldberg«, sagte er. »Ich gehe nach Hause.« Sie brachten noch gemeinsam das Sprechzimmer in Ordnung, desinfizierten die Instrumente und verabschiedeten sich wie jeden Tag an der Tür, ohne zu ahnen, dass sie einander nie wiedersehen würden. Frau Goldberg bog ab zur Tramhaltestelle, und Rudolf Adler zog den Kopf zwischen die Schultern, hielt mit der einen Hand seinen Hut, mit der anderen die Arzttasche fest und ging schnellen Schrittes zur nahe gelegenen Apotheke. Das Pflaster war feucht, und der Himmel hing tief. Es musste genieselt haben, dachte er, und sicher würde später einer dieser Herbstschauer niedergehen, die ihn immer ohne Schirm antrafen. Tausende Male war er durch diese Straßen gegangen, er hätte den Weg mit geschlossenen Augen gefunden und staunte doch stets aufs Neue über seine Stadt, die eine der schönsten der Welt war, bewunderte ihre barocken Häuserzeilen und Jugendstilfassaden, ihre majestätischen Bäume, die langsam die Blätter verloren, den Platz in seinem Viertel mit dem Reiterstandbild, das Schaufenster der Konditorei mit den süßen Verlockungen und den Antiquitätenladen voller rarer Fundstücke. Doch heute hob er den Blick nicht vom Boden. Er trug das Gewicht der Welt auf seinen Schultern.

Die bedrohlichen Gerüchte hatten am Morgen mit der Nachricht von einem Attentat in Paris begonnen: Ein deutscher Diplomat war von einem jüdischen Jungen aus Polen mit fünf Schüssen getötet worden. Die Lautsprecher des Dritten Reichs plärrten nach Rache.

Seit sich Deutschland im März Österreich einverleibt hatte und die Wehrmacht, unter dem Jubel der Massen, mit militärischem Pomp in Wien aufmarschiert war, lebte

Rudolf Adler in Angst. Seine Unruhe reichte Jahre zurück und war in dem Maß gewachsen, in dem die Nazis im Land, von Hitler mit Geld und Waffen versorgt, stärker wurden. Sie benutzten den Terror als politische Waffe, schürten den Unmut, vor allem der Jugend, über die wirtschaftliche Misere, die sich seit der Weltwirtschaftskrise von 1929 hinzog, und das Gefühl der Demütigung nach der Niederlage im Ersten Weltkrieg. 1934 hatten sie Bundeskanzler Dollfuss bei einem gescheiterten Putschversuch getötet und seitdem weitere achthundert Menschen durch Attentate ermordet. Sie schüchterten ihre politischen Gegner ein, zettelten Straßenunruhen an und drohten mit Bürgerkrieg. Zu Beginn des Jahres 1938 geriet die Gewalt im Land außer Kontrolle, und zugleich drängte Deutschland von jenseits der Grenze auf den Anschluss Österreichs. Obwohl die Regierung den Deutschen Zugeständnisse machte, befahl Hitler schließlich den Einmarsch. Die österreichischen Nationalsozialisten hatten den Boden bereitet, und die Wehrmachtsverbände trafen nicht auf Widerstand, ja, wurden von einer Mehrheit der Bevölkerung sogar mit Applaus empfangen. Die Regierung dankte ab, und zwei Tage später zog Hitler selbst triumphal in Wien ein. Die Nazis brachten das Land umfassend unter ihre Kontrolle. Jede Opposition wurde verboten. Unverzüglich traten die deutschen Gesetze in Kraft, wurde der Unterdrückungsapparat aus Gestapo und SS mit seinem fanatischen Judenhass auf Österreich ausgeweitet.

Rudolf war klar, dass auch seine Frau Rachel, die früher so überlegt und tüchtig gewesen war und nie zu Schwarzseherei geneigt hatte, inzwischen wie gelähmt war vor Angst und ihren Alltag nur noch mit Hilfe von Medikamenten bewältigen konnte. Beide bemühten sich, ihren Sohn Samuel von allem abzuschirmen, aber mit seinen bald sechs Jahren war der Junge fast schon reif wie ein Erwachsener: Er beobachtete, hörte zu und verstand, ohne Fragen zu stellen. Am Anfang hatte Rudolf seiner Frau dieselben Beruhigungsmittel gegeben, die er auch einigen seiner Patienten verschrieb, doch als sie zusehends ohne Wirkung blieben, stellte er die Behandlung auf starke Tropfen um, die er in dunklen Flakons ohne Etikett bekam. Er selbst hätte sie genauso nötig gehabt wie seine Frau, durfte sie aber nicht nehmen, weil sie seine Berufsausübung beeinträchtigt hätten.

Die Tropfen bekam er unter der Hand von Peter Steiner, dem Apotheker, mit dem er seit vielen Jahren befreundet war. Adler war der einzige Arzt, dem Steiner die eigene Gesundheit und die seiner Familie anvertraute. Kein Gesetz, das Beziehungen zwischen Ariern und Juden unter Strafe stellte, hätte an der Wertschätzung, die sie füreinander empfanden, etwas ändern können. In den letzten Monaten musste Steiner es jedoch vermeiden, mit seinem Freund gesehen zu werden, weil er sich keinen Ärger mit der Naziverwaltung im Bezirk leisten konnte. Früher hatten sie unzählige Partien Poker und Schach miteinander gespielt, Bücher und Zeitschriften getauscht und Ausflüge in die Berge oder zum Angeln unternommen, um ihren Ehefrauen zu entfliehen, wie sie lachend sagten, und in Steiners Fall auch einem Stall voll Kindern. Jetzt nahm Adler an den Pokerrunden in Steiners Hinterzimmer nicht mehr teil. Der Apotheker empfing ihn am Hintereingang und gab ihm die Tropfen, ohne das in seiner Buchhaltung zu vermerken.

Vor der Machtübernahme hatte sich Peter Steiner nie Gedanken über die Herkunft der Adlers gemacht, für ihn waren sie Österreicher wie er selbst. Dass sie, wie rund 200 000 weitere Einwohner des Landes, Juden waren, spielte für ihn keine Rolle. Er war Agnostiker, fand den christlichen Glauben, mit dem er selbst aufgewachsen war, genauso vernunftwidrig wie jede andere Religion und wusste, dass es Rudolf nicht anders ging, auch wenn der seiner Frau zuliebe bei einigen Gebräuchen seine Rolle wahrnahm. Rachel legte Wert darauf, ihrem Sohn Samuel in der Tradition und der jüdischen Gemeinschaft einen Halt zu geben. Die Steiners waren am Freitagabend zumeist zur Schabbatfeier bei den Adlers. Rachel und ihre Schwägerin Leah bereiteten immer alles liebevoll vor: das feine Tischzeug, neue Kerzen, den Fisch nach einem Rezept der Großmutter, das Brot und den Wein. Rachel und ihre Schwägerin standen sich sehr nah. Leah war jung Witwe geworden, sie hatte keine eigenen Kinder und sich der kleinen Familie ihres Bruders Rudolf angeschlossen. Rachels Drängen, doch zu ihnen zu ziehen, gab sie zwar nicht nach und wohnte weiter allein, aber sie kam oft zu Besuch. Sie war gern unter Menschen und engagierte sich in der Synagoge bei verschiedenen Hilfsangeboten für bedürftige Gemeindemitglieder. Von ihren beiden Brüdern war ihr nur Rudolf geblieben, seit der jüngere nach Palästina in einen Kibbuz ausgewandert war, und Samuel war ihr einziger Neffe. Am Schabbatabend saß Rudolf der Tafel vor, wie es vom Familienvater erwartet wurde. Er hielt die Hände über Samuels Kopf und bat um Gottes Segen und Schutz, um seine Gnade und um Frieden. Mehr als einmal ertappte Rachel ihn dabei, dass er gleichzeitig seinem Freund Peter zuzwinkerte. Sie ließ ihm das durchgehen und verstand es nicht als Spott, sondern bloß als Geste der Verbundenheit zwischen diesen beiden Ungläubigen.

Die Adlers gehörten zum säkularen und gebildeten Bürgertum, waren typische Vertreter der besseren Wiener Gesellschaft allgemein und insbesondere der jüdischen. Rudolf hatte Peter erklärt, dass seine Leute wegen der jahrhundertelangen Diskriminierung, Verfolgung und Vertreibung überall auf der Welt erheblich mehr Wert auf Bildung als auf Besitz legten. Der konnte ihnen genommen werden, wie es ja im Lauf der Geschichte immer wieder geschehen war, doch konnte sie niemand ihrer geistigen Schätze berauben. Ein Doktortitel wurde daher weit höher geschätzt als ein Vermögen auf der Bank. Rudolf stammte aus einer Handwerkerfamilie, die stolz darauf war, dass einer von ihnen es zum Arzt gebracht hatte. Mit dem Beruf gingen Anerkennung und Autorität einher, was in seinem Fall jedoch nicht gleichbedeutend war mit Geld. Rudolf Adler war keiner der berühmten Chirurgen seiner Zeit und auch nicht Professor an der renommierten Universität Wien, er war ein fähiger und hingebungsvoller Hausarzt, der die Hälfte seiner Patienten gratis behandelte.

Die Freundschaft zwischen Rudolf Adler und Peter Steiner gründete auf gemeinsamen Neigungen und Wertvorstellungen: Beide hegten eine unstillbare Neugier auf alles Wissenschaftliche, sie liebten klassische Musik, waren unersättliche Leser und sympathisierten mit der Kommunistischen Partei, die seit 1933 verboten war. Auch verband sie eine tiefe Abneigung gegen den Nationalsozialismus. Seit Adolf Hitler sich vom Kanzler zum Diktator mit absoluter Machtbefugnis erklärt hatte, ereiferten sich die beiden im Hinterzimmer der Apotheke über den Zustand der Welt und des Jahrhunderts, in dem sie leben mussten, und trösteten sich mit einem Brandy, der dazu getaugt hätte, Metall zu verätzen. Der Apotheker destillierte ihn selbst in seinem Keller, einem kühlen Gewölbe, wo er auch fein säuberlich geordnet all das lagerte, was er für die Herstellung und Abfüllung von etlichen Arzneimitteln benötigte, die er in seiner Apotheke verkaufte. Manchmal brachte Adler seinen Sohn Samuel mit in diese Unterwelt, um mit Steiner zu »arbeiten«. Der Junge vertiefte sich für Stunden darin, Pülverchen und verschiedenfarbige Flüssigkeiten, die der Apotheker ihm reichte, zu mischen und abzufüllen. Keins der Apothekerkinder durfte diese verantwortungsvolle Aufgabe übernehmen.

Jedes Gesetz, das seinen Freund weiter seiner Würde beraubte, tat Steiner in der Seele weh. Er hatte Rudolf zum Schein die Praxisräume und die Wohnung abgekauft, um zu verhindern, dass sie beschlagnahmt wurden. Die Praxis war ausgezeichnet gelegen im Parterre eines Bürgerhauses, und Adler wohnte mit seiner Familie im Stockwerk darüber. In Praxis und Wohnung hatte der Arzt sein gesamtes Vermögen gesteckt, und sie auf einen anderen Namen zu überschreiben, und sei es der seines Freundes Peter, war eine

Notmaßnahme, die er ohne Rücksprache mit seiner Frau getroffen hatte. Rachel hätte dem niemals zugestimmt.

Rudolf Adler versuchte sich einzureden, die judenfeindliche Hysterie werde bald abflauen, in Wien, der gebildetsten Stadt Europas, sei dafür kein Platz, schließlich waren von den vielen großen Musikern, Philosophen und Wissenschaftlern, die hier geboren worden waren, etliche Juden. In Hitlers Hetzreden, deren Ton mit den Jahren immer schärfer geworden war, wollte er nur eine weitere Ausprägung des Rassismus sehen, den schon seine Vorfahren ertragen mussten, was sie nicht daran gehindert hatte, mit ihren Nachbarn in Frieden zu leben und es zu etwas zu bringen. Vorsichtshalber hatte er seinen Namen von der Praxistür entfernt, was wenig Auswirkungen hatte, da er seit vielen Jahren in diesen Räumen praktizierte und weithin bekannt war. Sein Patientenstamm war geschrumpft, weil die »Arier« nicht mehr kommen durften, aber bestimmt würden sie zurückkehren, sobald sich die Gemüter in der Stadt beruhigten. Er vertraute auf seine beruflichen Fähigkeiten und sein wohlverdientes Renommee. Und dennoch, mit jedem Tag wurde die Lage angespannter und dachte er ernsthafter darüber nach, das Land zu verlassen und dem Sturm zu entfliehen, den die Nazis entfacht hatten.

Rachel Adler schob sich eine Tablette in den Mund und schluckte sie trocken, während sie in der Bäckerei auf ihr Wechselgeld wartete. Sie trug modisches Beige und Bordeauxrot, ihren Herbstmantel mit einem Gürtel um die Taille gerafft, den Hut leicht schräg aufgesetzt und dazu Seidenstrümpfe und hohe Schuhe. Sie war hübsch und noch keine dreißig, doch machte ihr ernster Gesichtsausdruck sie um Jahre älter. Sie verbarg ihre zitternden Hände in den Mantelaufschlägen und bemühte sich, in unbeschwertem Ton auf das zu antworten, was der Bäcker über das Attentat in Paris daherredete:

»Was hat sich dieser Bazi nur dabei gedacht? Einen Diplomaten erschießen! Das kann nur einem Polen einfallen!«

Sie kam von ihrer letzten Stunde bei ihrem besten Schüler, einem Fünfzehnjährigen, dem sie Klavierunterricht gegeben hatte, seit er sieben war, einer der wenigen, die es ernst meinten mit der Musik. »Verzeihen Sie, Frau Adler, Sie werden sicher verstehen …«, hatte die Mutter des Jungen zum Abschied verschämt gesagt. Sie hatte ihr das Dreifache der Klavierstunde bezahlt und Anstalten gemacht, sie in die Arme zu schließen, es dann aber gelassen, weil sie ihr wohl nicht zu nahe treten wollte. Ja, Rachel verstand das. Sie war der Frau dankbar, sie hatte sie etliche Monate länger beschäftigt als ratsam. Rachel kämpfte gegen ihre Tränen an, um erhobenen Hauptes zu gehen, sie mochte den Jungen und sah es ihm nach, dass er stolz für »Blut und Ehre« die kurze schwarze Hose und das braune Hemd der Hitlerjugend trug. Alle Jugendlichen waren Teil der Bewegung, es blieb ihnen kaum etwas anderes übrig.

»In was für eine Gefahr uns dieser Polenbengel gebracht hat! Haben Sie gehört, was im Radio gesagt wird, Frau Adler?«, redete der Bäcker immer weiter.

»Hoffen wir, dass es bei Drohungen bleibt«, sagte sie.

»Schauen Sie, dass Sie nach Hause kommen. In den Straßen wimmelt es von randalierenden Jugendlichen. Sie sollten nicht allein draußen sein. Es wird bald dunkel.«

»Auf Wiederschauen und bis morgen«, murmelte Rachel, während sie Brot und Wechselgeld in ihre Tasche schob.

Draußen sog sie tief die kühle Luft ein und versuchte, die bösen Vorahnungen zu vertreiben, die sie schon im Morgengrauen befallen hatten, lange bevor sie die Meldungen im Radio und die bedrohlichen Gerüchte gehört hatte, die im Viertel die Runde machten. Sie dachte, dass die dunklen Wolken nach Regen aussahen, und konzentrierte sich auf das, was noch zu erledigen war. Wein und Kerzen kaufen für Freitag, wie immer würden ihre Schwägerin und auch die Steiners mit ihren Kindern zur Schabbatfeier kommen. Sie spürte, dass ihre Nerven sie trotz der eben geschluckten Tablette mitten auf der Straße im Stich zu lassen drohten – sie brauchte ihre Tropfen –, und beschloss, die Einkäufe auf den nächsten Tag zu verschieben. Zwei Straßen weiter sah sie das Haus, in dem sie wohnten, erbaut zum Ende des 19. Jahrhunderts als eins der ersten reinen Jugendstilgebäude der Stadt. Als ihr Mann die Räume im Parterre für seine Praxis und die darüberliegende Wohnung für die Familie erwarb, hatten die naturhaften Linien, die geschwungenen Fenstersprossen und Balkone und die Scheiben mit ihren stilisierten Blumen in der konservativen, an barocke Eleganz gewöhnten Wiener Gesellschaft noch Missfallen erregt, aber der Jugendstil hatte sich durchgesetzt, und das Gebäude war binnen kurzer Zeit zu einem Vorzeigeobjekt in der Stadt geworden.

Kurz war Rachel versucht, bei ihrem Mann in der Praxis

vorbeizugehen, verwarf den Gedanken aber gleich wieder. Rudolf hatte genug eigene Sorgen, sie musste ihn nicht auch noch mit ihren belasten. Außerdem war Samuel seit dem Morgen bei seiner Tante und wartete sicher auf sie. Leah war Lehrerin und hatte sich erboten, einer Gruppe von Volksschulkindern Unterricht zu geben. Samuel war zwei Jahre jünger als die anderen, kam aber gut mit. Jüdische Kinder durften seit März die öffentlichen Schulen nicht mehr besuchen, deshalb hatten sich die Mütter der Gemeinde zusammengetan und beschulten die Kleineren jetzt privat, während die Größeren Unterricht in der Synagoge bekamen. Vorübergehend, dachten sie. Rachel ging weiter, und es fiel ihr nicht auf, dass die Praxis ihres Mannes so ungewöhnlich früh schon geschlossen war. Unter der Woche empfing Rudolf seine Patienten bis um sechs am Abend, nur am Freitag schloss er früher, damit er zum Abendessen vor Sonnenuntergang zu Hause war.

Leahs Wohnung war bescheiden, aber gut gelegen, verfügte über zwei mit gebrauchten Möbeln ausgestattete Zimmer und war mit gerahmten Fotografien des früh verstorbenen Ehemanns und mit Erinnerungsstücken von den Reisen dekoriert, die sie noch gemeinsam hatten unternehmen können. An den Tagen, wenn ihre Schulkinder kamen, duftete es hier nach frischgebackenen Keksen. Rachel Adler traf weitere Mütter an, die ihre Kinder hatten abholen wollen, auf einen Tee geblieben waren und gerade Samuel lauschten, der die *Ode an die Freude* spielte. Es war anrührend, wie der Junge dastand, so klein und dünn, mit seinen verschrammten Knien und den verwuschelten Haaren, wie er sich hochkonzentriert zum Spiel seiner Geige wiegte und gar nicht mitbekam, was für einen Eindruck er machte. Mit den letzten Tönen brachen Applaus und Jubel los. Samuel brauchte einen Moment, bis er aus seiner Versunkenheit erwachte und zurückfand in den Kreis der Mütter und Kinder. Er bedankte sich mit einer knappen Verbeugung, seine Tante eilte zu ihm und gab ihm einen Kuss, und seine Mutter verkniff sich ein zufriedenes Lächeln. Das Stück war vergleichsweise einfach, Samuel hatte es in weniger als einer Woche gelernt, aber Beethoven verfehlte seine Wirkung nie. Rachel wusste, dass ihr Sohn ein Wunderkind war, aber weil ihr jede Form von Angeberei widerstrebte, verlor sie nie ein Wort darüber und wartete lieber, dass andere es taten. Sie half Samuel, seinen Mantel anzuziehen und die Geige in den Kasten zu legen, verabschiedete sich eilig von ihrer Schwägerin und den anderen Frauen und dachte auf dem Heimweg, dass der Braten fürs Abendessen noch eben rechtzeitig ins Rohr kommen würde. Sie hatte keine Haushaltshilfe mehr, weil die Ungarin, die jahrelang bei ihr gearbeitet hatte, vor zwei Monaten deportiert worden war und sie es nicht über sich brachte, nach einem Ersatz zu suchen.

Mutter und Sohn gingen geradewegs an der Praxistür vorbei in die große Eingangshalle. Die Buntglaslampen mit den Seerosenmotiven waren eingeschaltet und tauchten den Raum in Grün- und Blautöne. Im Vorübergehen grüßten sie die Hausbesorgerin, die von früh bis spät in ihrem Glaskasten saß, und gelangten über die zweiflüglige Treppe in die erste Etage. Die Frau hatte ihren Gruß nicht erwidert. Das tat sie fast nie.

Die Wohnung der Adlers war weitläufig und behaglich, eingerichtet mit wuchtigen Mahagonimöbeln, die dazu gemacht waren, ein Leben lang zu halten, und die in die leichte und verspielte Architektur nicht recht passten. Rachels Großvater hatte mit Antiquitäten gehandelt und seinen Nachkommen Bilder, Teppiche und Ziergegenstände von erlesener Güte hinterlassen, die inzwischen etwas aus der Mode gekommen waren. Rachel stammte aus einer kultivierten Familie und bemühte sich, diesen Lebensstil aufrechtzuerhalten, auch wenn das, was ihr Mann mit seiner Praxis und sie mit ihren Musikstunden verdiente, bei weitem nicht an das Einkommen ihrer Großeltern heranreichte. Sie pflegte eine zurückhaltende Eleganz, da ihr alles Protzige genauso zuwider war wie Angeberei. Von klein auf hatte man ihr beigebracht, dass es riskant war, den Neid der Mitmenschen zu wecken.

In einer Ecke des Salons, nah am Fenster zur Straße, stand der Blüthner-Flügel, der seit drei Generationen im Besitz der Familie war. Er diente ihr als Arbeitsinstrument, auf dem sie die meisten ihrer Schüler unterrichtete, und war ihr Trost in einsamen Stunden. Schon als Kind hatte sie versiert darauf gespielt, als Heranwachsende jedoch einsehen müssen, dass ihr Talent für eine Karriere als Konzertpianistin nicht ausreichen würde, und sich damit begnügt, zu unterrichten. Sie war eine gute Lehrerin. Ihr Sohn hingegen besaß eine musikalische Begabung, wie sie nur selten vorkommt. Schon mit drei Jahren hatte Samuel sich ans

Klavier gesetzt und konnte jede Melodie nachspielen, die er einmal gehört hatte, doch bevorzugte er die Geige, weil er die, wie er sagte, überallhin mitnehmen konnte. Rachel hatte nach ihm keine Kinder mehr bekommen können und überschüttete Samuel mit ihrer ungeteilten Mutterliebe. Sie vergötterte ihn und musste ihn einfach verwöhnen, denn er war ein so unkompliziertes Kind, freundlich, brav und lernbegierig.

Eine halbe Stunde später hörte Rachel einen Tumult auf der Straße und trat ans Fenster. Es dunkelte. Sie sah eine Handvoll Jugendliche, die offenbar betrunken waren, Parolen und Schmähungen gegen Juden brüllten – »Blutsauger! Gesindel! Mörder!« –, dieselben vielfach gehörten und in der Presse und auf den Flugzetteln der Nazis wiederholten Beleidigungen. Einer der Randalierer trug eine Fackel, und die anderen waren mit Knüppeln, Hämmern und Metallrohren bewaffnet. Rachel schob ihr Kind vom Fenster weg, zog die Vorhänge zu und wollte hinuntergehen, um ihren Mann zu holen, aber Samuel krallte sich an ihren Rock. Der Bub war es gewohnt, allein zu bleiben, wirkte jedoch gerade so eingeschüchtert, dass Rachel beschloss, lieber auf ihren Mann zu warten. Draußen wurde es leiser, also war die Meute offenbar weitergezogen. Sie holte den Braten aus dem Rohr und deckte den Tisch. Das Radio mochte sie nicht anschalten. Die Nachrichten waren immer nur schlimm.

Peter Steiner hatte seinen Freund ins Hinterzimmer der Apotheke gebeten, wo die am Vorabend begonnene Schachpartie und die halb geleerte Flasche Brandy auf sie warteten. Die bekannte Steiner'sche Apotheke befand sich seit 1830, den Zeiten des Urgroßvaters, im Familienbesitz, und jede Generation hatte sie bestmöglich zu erhalten versucht. Die eingebauten Schränke und Verkaufstische aus Mahagoni waren noch tadellos, ebenso die aus Frankreich stammenden Bronzemörser und ein Dutzend alter Kristallflakons, um die sich schon mehr als ein Sammler bemüht hatte und die laut ihrem Besitzer ein Vermögen wert waren. Die Schaufenster zur Straße waren mit bunten Blumengirlanden gerahmt, der Fußboden aus portugiesischen Kacheln nach über einem Jahrhundert leicht abgetreten, und eine Traube silberner Glöckchen über der Tür machte auf eintretende Kunden aufmerksam. Die Steiner'sche Apotheke war malerisch und wurde von Touristen besucht, seit mehrere Zeitungsartikel und Fotos in einem Bildband sie zu einer Sehenswürdigkeit der Stadt gemacht hatten.

Peter Steiner wunderte sich, dass sein Freund Rudolf unter der Woche so früh bei ihm vorbeikam.

»Ist etwas mit dir?«, fragte er.

»Ich weiß nicht, ich bekomme keine Luft. Es muss das Herz sein.«

»Na, sicher nicht, dafür bist du noch zu jung. Das sind die Nerven, du hast zu viel Druck. Da, trink, der hilft gegen alles«, sagte Peter und schenkte ihm einen doppelten Brandy ein.

»Uns wird das Leben in diesem Land unmöglich gemacht, Peter. Die Nazis belagern uns. Sie ziehen die Schlinge immer enger. Wir dürfen viele Restaurants und Geschäfte nicht mehr betreten, unsere Kinder nicht mit Nichtjuden in die Schule schicken, in öffentlichen Ämtern verlieren alle Juden ihre Anstellung, unsere Geschäfte und unsere Vermögen werden beschlagnahmt, wir dürfen unsere Berufe nicht mehr ausüben und keine Nichtjuden mehr lieben.«

»Auf Dauer kann das ja nicht so bleiben, bestimmt wird es bald wieder besser«, sagte Peter, klang aber wenig überzeugt.

»Schön wär's. Es wird alles immer schlimmer. Man braucht Scheuklappen, um sich einzureden, wir Juden könnten noch ein halbwegs normales Leben führen. Die Gewalt ist überall. Jeden Tag gibt es neue Erlässe.«

»Mir tut das so leid! Kann ich denn irgendwas für dich tun?«

»Du hast schon so viel für mich getan, aber auch du kannst mich nicht beschützen. Für die Nazis sind wir ein ›Krebsgeschwür‹, das sie rausschneiden müssen aus ihrem ›Volkskörper‹. Meine Familie lebt seit sechs Generationen hier! Die Demütigungen hören nicht auf. Was nehmen sie uns als Nächstes? Das Leben, mehr bleibt uns bald nicht mehr.«

»Deinen Doktortitel und dein Vermögen kann dir niemand nehmen. Zum Glück hast du die Praxis und die Wohnung auf mich überschreiben lassen.«

»Danke, Peter. Du bist der Bruder, den ich mir immer gewünscht hätte. Ich mache mir solche Sorgen. Hier werden die niedersten Instinkte geschürt. Hitler lässt so schnell nicht von der Macht und wird versuchen, ganz Europa zu beherrschen. Er treibt uns in den Krieg. Kannst du dir vorstellen, was uns dann blüht?«

»Ein neuer Krieg? Aber nein, das wäre kollektiver Selbstmord. Wir haben unsere Lektion doch gelernt. Erinner dich an den letzten, was für ein Grauen, die Niederlage …«

»Wir Juden sind der Sündenbock. Die Hälfte meiner Bekannten versucht zu fliehen. Ich muss Rachel dazu bringen, dass wir weggehen.«

»Weggehen? Wohin?«, fragte Peter erschrocken.

»Am besten nach England oder in die USA, aber dort ein Visum zu bekommen ist so gut wie unmöglich. Ich weiß von ein paar Leuten, die nach Südamerika gegangen sind.«

»Du kannst doch nicht einfach weg! Was soll ich ohne dich anfangen?«

»Es wäre ja wohl nur vorübergehend. Und richtig entschieden bin ich auch noch nicht, ich muss erst Rachel überzeugen. Das wird schwierig genug, wir haben Jahre gebraucht, uns das Leben hier aufzubauen, und sie hat ja auch ihren Vater und ihren Bruder hier. Meine Schwester Leah muss ich auch dazu bringen, ich kann sie nicht hierlassen.«

»Das wäre ein drastischer Schritt, Rudy.«

»Ich muss an Samuel denken. Mein Sohn darf doch nicht als Aussätziger aufwachsen.«

»Ich hoffe, dass du bleibst, Rudy, aber falls nicht, sorge ich für deine Sachen. Wenn du wiederkommst, erwartet dich alles, wie du es verlassen hast.«

Sie waren beim zweiten Glas, da hörten sie draußen Lärm. Als sie die Tür öffneten, sahen sie eine Meute die Straße heraufkommen, Männer, Jungen und auch ein paar Frauen, die Schmähungen und Parteiparolen schrien und Hämmer, Knüppel und anderes Schlagwerkzeug schwangen.

»Zur Synagoge! Zum Judenpack!«, brüllten die Vorderen. Steine flogen, gleich darauf das unverkennbare Geräusch splitternder Scheiben, begleitet von Feixen. Die Menge war ein wildes, in Mordlust entbranntes Tier.

»Hilf mir, ich muss die Apotheke zusperren!«, rief Peter, aber Rudolf war schon draußen und rannte nach Hause.

Der Terror nahm die Nacht in Besitz. Rachel Adler wurde die Tragweite dessen, was vor sich ging, nicht gleich klar, denn sie hatte die Vorhänge geschlossen, und der Aufruhr von der Straße drang nur gedämpft zu ihr herauf. Sie dachte, die Gruppe von Jugendlichen, die sie zuvor gesehen hatte, sei noch einmal zurückgekehrt. Um Samuel abzulenken, bat sie ihn, ihr etwas vorzuspielen, aber der Junge war wie gelähmt, als würde er all das kommen sehen, vor dem sie noch die Augen verschloss. Plötzlich traf etwas das Fenster, und die Scheibe zerbarst auf dem Parkett in tausend Splitter. Unwillkürlich schoss ihr durch den Kopf, wie teuer es sein würde, das geschwungene, geschliffene Glas zu ersetzen. Da traf ein zweiter Stein das nächste Fenster, der Vorhang rutschte aus der Führung und baumelte lose an einer Ecke herab. Durch die klaffende Öffnung sah sie ein Stück orangefarbenen Himmels, und der Geruch von Rauch und Angesengtem stieg ihr in die Nase. Wüstes Geschrei wehte in die Wohnung, und endlich begriff sie, dass das hier weit bedrohlicher war als eine Horde betrunkener Halbwüchsiger. Unter das fortgesetzte Klirren splitternder Scheiben mischten sich wütende Schreie und panische. »Rudolf!«, schrie sie entsetzt. Sie packte Samuel am Arm und zog ihn zur Tür. Der Junge schaffte es noch eben, nach seinem Geigenkasten zu greifen.

Zwischen Wohnung und Praxis lag nur die breite Marmorstiege mit ihrem Handlauf aus Holz und Bronze, aber Rachel schaffte es nicht hinunter. Theobald Volker, ihr Nachbar aus dem zweiten Stock, ein Kriegsveteran, mit dem sie bisher kaum ein Wort gewechselt hatte, war bereits im Stiegenhaus, trat ihr in den Weg und hielt sie fest. Sie fand sich gegen die breite Brust des bärbeißigen Alten gedrückt, der unverständlich auf sie einredete, während sie sich wand und nach ihrem Mann rief. Sie brauchte bestimmt eine Minute, bis sie begriff, dass Volker sie davon abhalten wollte, hinunterzugehen, weil die Eingangstür des Gebäudes mit ihren Glaskassetten bereits eingetreten worden war und sich jemand in der Halle befand.

»Sie kommen mit mir, Frau Adler!«, sagte ihr Nachbar mit einer Stimme, die das Befehlen gewohnt war.

»Mein Mann!«

»Sie können da nicht runter! Denken Sie an Ihr Kind!« Und er schob sie die Treppe hinauf in seine Wohnung, in die Rachel noch nie einen Fuß gesetzt hatte.

Die Wohnung war genauso geschnitten wie die der Adlers, wirkte aber nicht hell und elegant, sondern düster und zugig mit ihrem spärlichen Mobiliar und zwei Fotografien auf einem Sims als einzigem Schmuck. Widerstrebend ließ sich Rachel in die Küche führen, während Samuel, der seine Geige umklammerte, stumm hinterherkam. Volker öffnete die schmale Tür zur Speisekammer und forderte sie auf, sich dort zu verstecken und leise zu sein, bis er sie holen käme. Er schloss die Tür hinter ihnen, und sie standen da in dem stockdunklen, engen Kabuff und hielten einander fest. Sie hörten, dass Volker ein schweres Möbelstück verrückte.

»Was passiert da, Mama?«

»Ich weiß nicht, mein Schatz, sei still und rühr dich nicht«, flüsterte Rachel.

»Hier findet uns Papa nicht, wenn er kommt«, sagte Samuel, ebenfalls flüsternd.

»Wir bleiben nicht lang. Da sind ein paar gefährliche Männer im Haus, aber die gehen bald wieder.«

»Das sind Nazis, oder?«

»Ja.«

»Sind alle Nazis böse, Mama?«

»Ich weiß nicht, mein Schatz. Bestimmt gibt es gute und böse.«

»Aber mehr böse, glaube ich.«

Theobald Volker blickte bereits auf eine Laufbahn beim Militär zurück, als er 1914 das Kaiserreich Österreich-Ungarn verteidigen sollte. Er stammte aus einer Bauernfamilie ohne militärische Tradition, hatte es in der Armee aber zu etwas gebracht. Er maß fast einen Meter neunzig, war körperlich stark und charakterlich diszipliniert und schien damit wie gemacht für seinen Beruf, doch insgeheim schrieb er Gedichte und sehnte sich nach einem friedvollen Leben auf dem Land, wo er zusammen mit der Frau, die er schon als junger Mann geliebt hatte, die Felder bestellen und das Vieh versorgen wollte. Die vier Kriegsjahre nahmen ihm alles, was seinem Leben einen Sinn gegeben hatte: seinen einzigen Sohn, der mit neunzehn auf dem Schlachtfeld starb, seine geliebte Frau, die sich vor Kummer das Leben nahm, und seinen Glauben an das Vaterland, das doch nichts weiter war als ein Hirngespinst und eine Fahne.

Als der Krieg endete, war er zweiundfünfzig, zum Oberst befördert und seelisch schwer verwundet. Er wusste nicht mehr, wofür er gekämpft hatte. Nach der Niederlage wurde er von den zwanzig Millionen Toten heimgesucht. Er fand keinen Platz für sich in diesem in Trümmern liegenden Europa, wo die Leichen von Soldaten, Frauen, Kindern, Maultieren und Pferden gemeinsam in Massengräbern verrotteten. Einige Jahre hielt er sich mit Hilfsarbeiten über Wasser und ertrug das harte Los der Besiegten, bis das Alter und seine Gebrechen ihn zur Untätigkeit zwangen. Er lebte allein, verbrachte seine Zeit mit Lesen, Radio Hören und Dichten. Nur einmal am Tag ging er nach draußen, kaufte die Zeitung und etwas fürs Mittagessen. Seine Tapferkeitsorden hingen noch an seiner alten Uniform, und einmal jährlich, zum Tag des Waffenstillstands, mit dem die Auflösung des Kaiserreichs besiegelt worden war, für das er vier grauenhafte Jahre hindurch gekämpft hatte, zog er sie an. Zuvor bürstete er sie aus und ging mit dem Bügeleisen darüber, polierte seine Orden und reinigte seine Waffen. Dann öffnete er eine Flasche Aquavit, betrank sich zielstrebig und verfluchte seine Einsamkeit. Er gehörte zu den wenigen Bewohnern Wiens, die am Tag des Anschlusses nicht auf die Straße gegangen waren, um die deutsche Wehrmacht mit Jubel zu begrüßen, denn er hatte nichts gemein mit diesen im Stechschritt marschierenden Männern. Aus Erfahrung misstraute er jedem patriotischen Eifer.

Die Erwachsenen im Haus machten einen Bogen um den Oberst, der häufig ihren Gruß nicht erwiderte, und die Kinder hatten Angst vor ihm. Die Ausnahme war Samuel. Dessen Eltern waren häufig den ganzen Tag mit ihrer Arbeit beschäftigt, und die Haushaltshilfe war immer nachmittags um drei gegangen. Wenn er nicht bei seiner Tante Leah war, verbrachte der Junge einige Stunden allein, kümmerte sich um seine Schularbeiten und seine Musik. Ihm war schnell aufgefallen, dass sein Nachbar, wenn er Geige oder Klavier übte, mit einem Stuhl die Stiege hinabkam und sich in den Gang setzte, um zu lauschen. Unaufgefordert ließ Samuel irgendwann die Tür offen stehen. Er strengte sich an und spielte so gut er konnte für dieses Ein-Mann-Publikum, das ihm in respektvoller Stille zuhörte. Die beiden sprachen nie miteinander, und wenn sie sich im Haus oder auf der Straße begegneten, nickten sie einander nur unauffällig zu, so dass Rachel von der taktvollen Beziehung zwischen ihrem Sohn und Oberst Volker nichts mitbekommen hatte.

Nachdem er seine Nachbarin und das Kind eingeschlossen und den Tisch vor die Tür zur Speisekammer geschoben hatte, legte der Oberst rasch die graue Uniform mit den goldenen Epauletten und seiner Sammlung von Orden an, band sich das Holster mit seiner in die Jahre gekommenen, aber noch brauchbaren Luger um und bezog an der Wohnungstür Stellung.

Peter Steiner musste noch rasch das Schaufenster der Apotheke mit der Holzjalousie sichern und das Metallgitter vor dem Eingang herunterlassen. Dann streifte er seinen Mantel über und eilte durch die Hintertür nach draußen, um seinen Freund Rudolf einzuholen, aber selbst in der schmalen Seitengasse waren lautstarke Krawallmacher unterwegs. Er verbarg sich vor einer Gruppe im Schatten eines Hauseingangs und wartete, bis sie um die Ecke verschwunden waren, dann lief er weiter. Steiner war ein beleibter Mann mit rötlicher Haut, blondem, störrischem, bürstenkurzem Haar, Augen, die so hell waren, dass sie wie bewölkt aussahen, und Gewichthebermuskeln, mit denen er jedes Armdrücken gewann. Abgesehen von seiner Frau konnte niemand ihn einschüchtern, dennoch entschied er, um diese unberechenbare Meute einen Bogen zu machen, und hoffte inständig, dass Rudolf das auch getan hatte. Doch binnen Minuten musste er einsehen, dass das gesamte Viertel von dem Aufruhr erfasst war und er ihm, wenn er zur Praxis seines Freundes gelangen wollte, nicht würde ausweichen können. Er überlegte nicht lange, drängte sich in die Menge, entriss einem Jungen, der nicht zu protestieren wagte, eine Parteifahne und ließ sich, die Fahne schwenkend, von dem Menschenstrom mitnehmen.

Auf dem kurzen Weg bis zum Haus seines Freundes wurde Peter Steiner gewahr, welche Hölle in seinem sonst so ruhigen Viertel losgebrochen war, in dem traditionell ein Teil der jüdischen Bevölkerung der Stadt lebte und arbeitete. Nicht eine einzige Schaufensterscheibe war mehr heil, überall loderten Feuer, in die die Aufrührer warfen, was sie aus

Wohnungen und Büros herbeischleppten, von Büchern bis zu Möbelstücken. Die Synagoge brannte lichterloh, die Feuerwehr stand tatenlos da und rührte sich erst, als die Flammen zum Nachbargebäude hinüberleckten. Er sah, wie ein Rabbiner an den Füßen übers Pflaster geschleift wurde, sein blutender Kopf auf die Steine schlug, sah, wie Männer niedergeprügelt, wie einer Frau die Kleider vom Leib und büschelweise Haare vom Kopf gerissen wurden, sah, wie zwei Kinder geohrfeigt und ein Grüppchen alter Leute angepinkelt wurde. Auf einigen Balkonen standen Schaulustige und feuerten die Angreifer an, und in einem offenen Fenster reckte einer den rechten Arm und schwenkte in der Linken eine Sektflasche, aber an den meisten Häusern waren die Türen geschlossen und die Vorhänge zugezogen.

Fassungslos über sich selbst spürte der Apotheker, dass der Taumel der Menschenmasse um ihn herum ansteckend und befreiend wirkte, dass er selbst Lust bekam, alles zu Klump zu treten, in Brand zu stecken und sich die Seele aus dem Leib zu brüllen, dass er zu einem Monster wurde. Keuchend und schwitzend, mit trockenem Mund und adrenalinprickelnder Haut, kauerte er sich hinter einen Baum und versuchte, wieder zu Atem und zur Besinnung zu kommen. »Rudy … Rudy …«, beschwor er sich leise und dann lauter, bis der Name seines Freundes ihn zur Vernunft brachte. Dann richtete er sich auf und ging unbehelligt weiter, geschützt durch die Fahne und sein Aussehen eines Bilderbucharier.

Wie er befürchtet hatte, lag Rudolfs Praxis in Trümmern, die Tür hing in den Angeln, alle Fensterscheiben waren eingeschlagen und die Wände mit Schmähungen und Hakenkreuzen beschmiert. Möbel, Wandregale, Lampen, medizinische Instrumente, Arzneimittel, die gesamte Praxiseinrichtung war auf der Straße verstreut. Von seinem Freund fehlte jede Spur.

Oberst Theobald Volker empfing die ersten Angreifer auf der Schwelle zu seiner Wohnung, wo er mit verschränkten Armen stand. Es waren keine fünfzehn Minuten vergangen, seit sie die Eingangstür eingetreten und sich wie die Ratten auf die Stockwerke verteilt hatten. Als er später eine Runde durchs Haus machte, kam dem Oberst der Verdacht, dass die Hausbesorgerin oder irgendein Bewohner die Juden denunziert und womöglich sogar deren Wohnungstüren gekennzeichnet hatte, denn sie waren aufgebrochen und die anderen unversehrt. Die Tür der Adlers war ebenfalls noch intakt, weil sie nur angelehnt gewesen war.

Ein halbes Dutzend gewaltbesoffener Männer und Jungen mit Hakenkreuzbinden tauchte geifernd und Parolen brüllend im Stiegenhaus auf. Einer davon, der den Trupp anzuführen schien, sah sich im Gang dem Oberst gegenüber. Er hielt ein Metallrohr in den Händen und holte schon zum Schlag aus, erstarrte dann aber angesichts des hünenhaften alten Mannes in seiner museumsreifen Uniform, der ihn von oben herab herrisch ansah.

»Jude?«, blaffte er.

»Nein«, sagte Volker, ohne die Stimme zu erheben.

Von unten hörte man lautes Fluchen von denen, die in der Wohnung der Adlers niemanden angetroffen hatten.

Zwei etwas ältere Männer kamen die Stiege hoch und auf Volker zu.

»Wie viele Juden wohnen im Haus?«, fragte der eine.

»Das kann ich Ihnen nicht sagen.«

»Zur Seite, wir durchsuchen Ihre Wohnung!«

»Mit welcher Befugnis?«, fragte der Oberst und legte eine Hand ans Holster seiner Luger.

Die Männer besprachen sich kurz und beschlossen, dass es sich nicht lohnte, mit dem Alten Krach anzufangen. Er war genauso arisch wie sie und außerdem bewaffnet. Sie gingen hinunter in die Wohnung der Adlers, zerstörten zusammen mit den anderen vom Geschirr bis zu den Möbeln, was sie nur konnten, und warfen nach Belieben Sachen aus dem Fenster. Zu mehreren zerrten sie den Flügel auf den Balkon und wollten ihn hinunterstürzen, doch weil er ihnen zu schwer war, weideten sie ihn nur aus.

Die Verwüstung dauerte wenige Minuten, aber danach sah es aus, als wäre eine Granate eingeschlagen. Ehe sie gingen, leerten sie den Mülleimer über den Betten aus, schlitzten die Polster der Sitzmöbel auf, packten das Tafelsilber ein, das Rachel wie einen Schatz gehütet hatte, schütteten Benzin auf den Teppich und zündeten ihn an. Dann polterten sie die Stiege hinunter und mischten sich unter die Menschenmenge auf der Straße.

Der Oberst wartete nur so lange, bis er hörte, dass sie draußen waren, und ging dann hinunter in die verwüstete Wohnung der Adlers. Er sah, dass sich das Feuer noch auf den Teppich beschränkte, hob ihn ruhig und überlegt an einer Ecke an und schlug ihn um, so dass die Flammen erstickten. Dann holte er Decken aus dem Schlafzimmer und drückte sie auf den Teppich, bis er sicher war, dass das Feuer nicht weiterschwelte. Er stellte einen der umgeworfenen Sessel auf, setzte sich und rang nach Atem. »Ich bin auch nicht mehr der Jüngste«, murmelte er niedergeschlagen.

Er blieb sitzen, wartete, dass sich das Hämmern in seiner Brust legte, und dachte über die Tragweite dessen nach, was sich hier abspielte. Es war alles viel schlimmer, als er es sich noch Stunden zuvor hätte vorstellen können, als im Radio dazu aufgerufen worden war, gegen die »Verschwörung der Juden« auf die Straße zu gehen. Der deutsche Propagandaminister hatte in Hitlers Namen verkündet, Vergeltungsaktionen für den Mord an dem Diplomaten in Paris würden nicht von der Partei organisiert, aber gebilligt werden. Der »Volkszorn« der Deutschen und Österreicher sei vollkommen gerechtfertigt. Es war eine Einladung zu Zerstörung, Brandschatzung, Mord. Diese Menschen, die auf den ersten Blick wie eine unsortierte, nur auf Gewalt zielende Masse wirkten, hatten offensichtlich nicht spontan gehandelt, sondern waren vorbereitet gewesen, hatten ihr Ziel gekannt und gewusst, dass keine Strafe drohte. Es musste eine Anweisung gegeben haben, das Eigentum von Nichtjuden unangetastet zu lassen, anders war nicht zu erklären, dass im Haus nur die Wohnungen der Adlers, Epsteins und Rosenbergs demoliert worden waren. Die Zivilkleidung dieses Haufens konnte den Oberst nicht täuschen. Er wusste, dass Gruppen aus Naziorganisationen vorn mit dabei gewesen waren, dieselben, die schon seit Jahren Gewalt als Mittel der Politik und seit dem Anschluss Österreichs den Terror als Regierungsweise ansahen.

Er war wieder zu Kräften gekommen, als er Schritte im Gang hörte, und im nächsten Augenblick stürmte ein Besessener auf ihn zu, hielt eine Fahnenstange wie eine Lanze im Anschlag und brüllte: »Adler! Adler!« Etwas schwerfällig stand der Oberst auf und zog seine Luger.

»Wer sind Sie? Was haben Sie hier zu suchen? Das ist die Wohnung von Rudolf Adler!«, schrie der Unbekannte ihn an.

Volker gab keine Antwort. Er rührte sich auch nicht, als die Spitze der Fahne bis auf zwei Zentimeter an seine Nase herankam.

»Wo ist er? Wo ist Adler?«, fragte der Mann wieder.

»Dürfte man vielleicht wissen, wer Sie sind?«, fragte Volker und wischte die Holzstange wie eine Fliege mit dem Handrücken fort.

Da erst fiel Peter Steiner das Alter seines Gegenübers auf und die Uniform aus dem letzten Krieg, und er begriff, dass er keinen Nazioffizier vor sich hatte. Oberst Volker wiederum sah, dass der andere die Fahne losließ und sich verzweifelt mit beiden Händen an den Kopf griff.

»Ich suche meinen Freund, meinen Freund Rudolf. Haben Sie ihn gesehen?«, fragte Steiner mit vom vielen Schreien heiserer Stimme.

»Er war nicht hier, als die Wohnung überfallen wurde. Und ich vermute, er war auch nicht in der Praxis«, sagte Volker.

»Und Rachel? Samuel? Wissen Sie etwas über seine Familie?«

»Sie sind in Sicherheit. Wenn Sie Dr. Adler finden, melden Sie sich bitte bei mir. Ich wohne in der zweiten Etage, in Wohnung Nummer zwanzig. Oberst a. D. Theobald Volker.«

»Peter Steiner. Falls Adler auftaucht, sagen Sie ihm bitte, dass ich ihn suche. Er soll hier auf mich warten, ich komme wieder her. Merken Sie sich meinen Namen: Peter Steiner.«

~ DER GEIGER ~

Wien, November-Dezember 1938

Rudolf Adler würde nie mehr zurück nach Hause kommen und Rachel und seinen Sohn Samuel nicht mehr wiedersehen. Die Nacht vom 9. auf den 10. November dunkelte nicht. Im Schein der Brände auf den Straßen und in den Synagogen gloste der Himmel bis zum Tagesanbruch.

Peter Steiner hatte sich eine Hakenkreuzbinde beschafft, war mit der schon zerfransten, rußverdreckten Fahne das gesamte Viertel abgelaufen und hatte bei sich eine Bestandsaufnahme der Schäden und Opfer gemacht. Schließlich hörte er gegen drei am Morgen, einige Rettungswagen hätten die Schwerverletzten fortgebracht. Er eilte ins Spital und gab sich als Führer einer SA-Einheit aus, damit man ihn durchließ. Die Opfer drängten sich auf den Gängen, Ärzte und Krankenschwestern kamen mit der Versorgung kaum nach. Der Befehl, Juden abzuweisen oder zu denunzieren, hatte sie nicht erreicht, ein vorbeihastender Krankenpfleger erklärte ihm, die gerade erst Eingelieferten seien noch nicht registriert, er solle am besten selbst in den Sälen und auf den Gängen der Notaufnahme suchen, dort stünden die Tragen dicht an dicht.

Erschöpft lief Steiner einen Saal nach dem anderen ab.

Als er schon aufgeben wollte und sich zum Gehen wandte, hörte er die Stimme seines Freundes, der nach ihm rief. Er war an Rudolfs Trage vorbeigegangen, ohne ihn zu erkennen. Rudolf lag auf dem Rücken, um den Kopf einen blutgetränkten Verband, das Gesicht so zerschunden, dass seine Züge unter den Schwellungen, Platzwunden und Hämatomen kaum zu erkennen waren. Er konnte nur mit Mühe sprechen, man hatte ihm mehrere Zähne ausgeschlagen. Steiner musste sein Ohr nah an den Mund seines Freundes halten, um zu verstehen, was er sagte.

»Rachel …«

»Sssch, Rudy, nicht sprechen. Deiner Familie geht es gut. Ruh dich aus, du bist im Spital, du bist hier in Sicherheit«, sagte Steiner, dem vor Erschöpfung, Mitleid und Zorn die Tränen kamen.

Die nächsten Stunden blieb er bei seinem Freund, nickte immer wieder am Boden vor seiner Trage ein, hörte ihn jammern und wirr reden. Zweimal blieb eine Krankenschwester stehen und kontrollierte, dass der Patient noch atmete, aber sie machte keine Anstalten, herauszufinden, um wen es sich handelte oder wer da bei ihm saß. Ein Blick auf die Hakenkreuzbinde, und sie stellte keine Fragen. Als es tagte, stand Peter Steiner ächzend auf, ihm tat alles weh, und er war durstig wie ein Kamel.

»Ich sage Rachel Bescheid, dass ich dich gefunden habe. Ich bin bald wieder hier, und dann bleibe ich, bis sie dich entlassen«, sagte er, bekam aber keine Antwort.

Zu Hause erwartete ihn seine Frau, auch sie hatte die ganze Nacht nicht geschlafen, sie hatte über Stunden die Meldungen im Radio verfolgt, wo es hieß, die Unruhen seien von den Juden ausgegangen. Bei einem starken Kaffee mit Brandy berichtete Peter ihr, was wirklich geschehen war. Nachdem er sich gewaschen und ein frisches Hemd angezogen hatte, machte er sich auf den Weg zum Haus der Adlers. Dort sah er vor dem Eingang mehrere Frauen auf Knien Farbe und Blutspuren vom Pflaster schrubben, bewacht von ein paar Braunhemden und verhöhnt von einem Kreis von Schaulustigen. Er erkannte Frau Rosenberg, sie war Stammkundin in seiner Apotheke. Er wollte schon hingehen, aber dann dachte er, dass Rachel dringend Nachricht brauchte, und drückte sich unauffällig vorbei.

Die Scheiben an der Eingangstür waren zerbrochen und an die Wände waren mit dickem Pinsel schwarze Hakenkreuze gemalt, aber in der Halle wurde bereits gekehrt, und ein Mann nahm Maß, um das Glas zu ersetzen. Beim Hinaufgehen bemerkte Steiner, dass in der ersten Etage die Tür zur Wohnung gegenüber von Adlers aufgebrochen war und nur noch in einer Angel hing. Er warf einen Blick hinein und sah, dass auch dort alles in Trümmern lag. In der Nummer zwanzig im 2. Stock empfing ihn Theobald Volker frisch rasiert und mit feuchten Haaren in seiner Uniform mit den Orden.

»Ich muss mit Frau Adler sprechen«, sagte Steiner.

»Ich fürchte, das wird nicht möglich sein«, sagte der Oberst, der nicht geneigt war, Informationen über seine Schützlinge preiszugeben und schon gar nicht an einen, der in der vergangenen Nacht eine Nazifahne geschwenkt hatte.

»Wissen Sie, wo sie ist?«, beharrte Steiner.

»Ich kann Ihnen keine Auskunft geben.«

»Hören Sie, Herr … Herr Oberst, Sie können mir vertrauen. Ich kenne Rudolf Adler seit über zwanzig Jahren, ich bin der beste Freund der Familie, Samuel ist wie ein Sohn für mich. Ich muss mit Rachel sprechen. Ihr Mann liegt schwer verletzt im Spital.«

»Ich richte ihr das aus, weiß aber nicht, was sie in dieser Lage tun könnte.«

»Sagen Sie ihr, sie muss sich darauf vorbereiten, das Land so schnell wie möglich zu verlassen. Sobald wir Rudolf aus dem Spital holen können, müssen sie ins Ausland. Tausende Juden sind schon weg, Rudolf hatte das auch schon erwogen. Nach dem, was letzte Nacht passiert ist, ist hier niemand mehr sicher. Sie müssen weg, Samuels Zukunft steht auf dem Spiel. Verstehen Sie das?«

»Das verstehe ich.«

»Bitte, Sie müssen Rachel davon überzeugen, Herr Oberst. Sie hängt sehr an ihrem Vater und an ihrem Zuhause, aber hier geht es um Leben und Tod. Ich übertreibe nicht, glauben Sie mir.«

»Mir müssen Sie das nicht sagen, Herr Steiner.«

»Bitte sagen Sie ihr auch, dass sie die Wohnung und die Praxis nicht verlieren. Sie weiß nichts davon, aber beide sind auf meinen Namen überschrieben und können nicht beschlagnahmt werden.«

Steiner kehrte zum Spital zurück. Im Tageslicht wurde das ganze Ausmaß der Zerstörung sichtbar. Die Straßen lagen voller Schutt, Scherben und Müll, manche der Feuer auf den

Straßen glommen noch, und in den Fassaden der angegriffenen Geschäfte und Häuser klafften riesige, mit Vorschlaghämmern gehauene Löcher. Gestapo und SS waren dabei, alle Häuser zu durchkämmen, und trugen Unterlagen zu ihren Fahrzeugen, die in Büros und Synagogen beschlagnahmt worden waren, ehe man sie in Brand gesteckt hatte. Es gab einen Befehl, alle jüdischen Männer zu deportieren. In langen Schlangen reihten sich Gefangene vor den Lkws, mit denen sie ins Konzentrationslager gebracht werden sollten. Ihre Familien standen weinend am Straßenrand. Die meisten Bewohner der Stadt blieben in ihren Häusern, aber ein paar gab es auch, die, ob aus rassistischem Hass oder um sich bei den Nazis einzuschmeicheln, die Gefangenen bespuckten oder beschimpften.

Im Spital musste Steiner feststellen, dass sich die Situation grundlegend geändert hatte. Das Durcheinander der vergangenen Nacht war einer militärischen Ordnung gewichen, wer heraus- oder hineinwollte, wurde kontrolliert. Die Behörden erstellten Patientenlisten, um die Juden, die sich auf den Beinen halten konnten, mit den anderen wegzubringen. Steiner konnte nicht herausfinden, ob sein Freund unter den Deportierten war, vermutete aber, dass seine Verletzungen das nicht zuließen.

In den folgenden Tagen beruhigte sich die Lage oberflächlich. In Teilen der Wiener Bevölkerung machte sich angesichts der Blut- und Brandexzesse ein Gefühl der Scham breit. Die jüdische Gemeinde wurde gezwungen, für »Schäden am deutschen Volkseigentum« ein Vermögen zu zahlen, und genau wie Peter Steiner befürchtet hatte, wurde jüdisches Eigentum von den Behörden beschlagnahmt und arisiert. Juden mussten ihre Geschäfte und Büros zumachen, jüdische Kinder wurden überall ausgeschlossen. Als verlautbart wurde, dass die Inhaftierten aus den Konzentrationslagern freikämen, sofern sie unverzüglich emigrierten, standen Tag und Nacht Menschen in langen Schlangen vor Passstellen und Konsulaten, um Papiere und Visa zu ergattern. Nachdem man ihnen alles genommen hatte, gingen Abertausende Familien fort, mit nichts als dem, was in einen Koffer passte.

Rachel Adler wurde geraten, besser nicht im Spital vorstellig zu werden, weil man sie womöglich festnehmen würde. Sie musste es Peter Steiner und seiner Frau überlassen, die abwechselnd zweimal am Tag hingingen, das immer gleiche Formular ausfüllten, um den Patienten zu sehen, und nie zu ihm vorgelassen wurden. Rachel fand nicht die Kraft, die Verwüstung in ihrer Wohnung zu beseitigen, sie suchte das Nötigste zusammen, verschloss die Tür und zog mit ihrem Sohn vorübergehend zu Oberst Volker, weil sie im Haus sein wollte, falls ihr Mann zurückkäme. Die Steiners hatten ebenfalls angeboten, sie aufzunehmen, aber sie lebten mit ihren sechs Kindern und der Großmutter gedrängt in einer kleinen Wohnung. Sie hatte Leah davon überzeugen können, in eine von der Israelitischen Kultusgemeinde organisierte Zuflucht außerhalb der Stadt zu ziehen, bis sie alle zusammen würden ausreisen können. Fürs Erste war Leah dort einigermaßen sicher, auch wenn Juden das in Wahrheit nirgendwo in Österreich mehr waren.

Während Rachel von früh bis spät von Behörde zu Behörde, von Warteschlange zu Warteschlange unterwegs war, um Papiere für eine Ausreise zu erhalten, kümmerte sich Oberst Volker um Samuel. Der alte Oberst, der in seiner Trauer und Desillusion viele Jahre allein verbracht hatte, fand in dem frühreifen Fünfjährigen den Enkel, den er hätte haben können, wäre sein Sohn lebend aus dem Krieg heimgekehrt. Er nahm seine Großvaterpflichten ernst, wollte das Kind keinen Moment allein lassen und musste dafür seine Witwergewohnheiten aufgeben. Um den Jungen von den schlimmen Erlebnissen der jüngsten Zeit und der Sorge um seinen Vater abzulenken, ging er mit ihm in den Park, in Museen, in Konzerte und sogar ins Kino, wo sie *Die klugen Frauen* sahen, eine Liebeskomödie, die sie beide nicht verstanden. Samuel bedankte sich für die vielen Aufmerksamkeiten mit Violinkonzerten, denen der Oberst staunend lauschte. Theobald Volker wusste, dass diese kostbaren Tage mit dem Jungen gezählt waren.

Nicht lange nach dem Pogrom brachte Rachel die Nachricht, dass sie am nächsten Tag einen Termin beim chilenischen Konsul hatte.

»Chile? Das ist doch so weit weg, Frau Adler!« Oberst Volker war entsetzt.

»Was soll ich denn machen, Herr Oberst, etwas anderes war nicht zu bekommen. Es heißt, dieser Beamte verkauft die Visa, aber er nimmt wohl kein Geld, sondern nur Gold und Schmuck. Zum Glück habe ich noch den Diamantring und die Perlenkette von meiner Mutter. Wenn das reicht …«

»Das klingt, als hätte der Mann keine Skrupel, was, wenn er Sie betrügt?«

»Deshalb brauche ich Sie. Können Sie mich bitte begleiten? Ziehen Sie Ihre Uniform an, wenn Sie dabei sind, traut er sich bestimmt nicht, falschzuspielen. Ich bekomme die Visa, und sobald Rudolf zurück ist, gehen wir.«

So verblieben sie, aber am selben Abend brachte Peter Steiner die schlechte Nachricht, dass Rudolf ins Konzentrationslager Dachau gebracht worden war.

»Die Deportation ist schon vor Tagen gewesen, aber wir haben das erst heute erfahren. In seinem Zustand überlebt er das nicht lange«, sagte der Apotheker.

»Wir müssen ihn dort rausholen!« Rachel war außer sich.

»Wenn ihr nachweisen könnt, dass ihr umgehend ausreist, wird es leichter, Rachel. Die Nazis wollen die Juden loswerden.«

»Ich bekomme hoffentlich Visa für Chile.«

»Für wo?«

»Für Chile, Südamerika.«

»Das kann aber dauern«, gab Oberst Volker zu bedenken.

»Vielleicht solltest du mit Samuel das Land verlassen, und wir schicken Rudolf nach«, schlug Steiner vor.

»Auf keinen Fall! Ohne meinen Mann gehe ich nirgendwo hin.«

Mit jedem Tag, der verstrich, ohne dass sich eine Möglichkeit auftat, ihren Mann zu befreien, wurde Rachel verzweifelter. Die Lage der Juden in Österreich verschärfte sich von Stunde zu Stunde, und sie durfte sich nicht vorstellen, was Rudolf zu erdulden hatte. Bei ihrem ersten Treffen mit dem chilenischen Konsul war sie ein solches Nervenbündel gewesen, dass Oberst Volker die meisten Fragen für sie hatte beantworten müssen.

Das Konsulat war eins von mehreren gesichtslosen, düsteren Büros in einem der wenigen hässlichen Gebäude im Zentrum von Wien. Im Vorraum gab es nur zwei Stühle, aber etliche wartende Menschen, und hinter seinem Schreibtisch tat sich ein unfreundlicher Sekretär wichtig. Sie hätten sicher zwei Stunden warten müssen, hätte Volker dem Gernegroß nicht unauffällig ein paar Scheine zugesteckt. Damit kamen sie an der Schlange vorbei.

Der Konsul war von Beginn an argwöhnisch und vor ihnen auf der Hut. Als Rachel anzudeuten wagte, sie könne für die Visa für sich, ihren Mann, ihren Sohn und ihre Schwägerin bezahlen, antwortete er kühl, er werde sich ihr Ansinnen notieren, der Verfahrensweg sei festgelegt, die Bearbeitungszeit liege zwischen ein und zwei Monaten und sie höre dann von ihm. Sie begriff, dass es ein Fehler gewesen war, den Oberst mitzunehmen. Der Chilene musste bei seinem illegalen Treiben diskret sein, und der Hüne in Uniform hatte ihm Angst gemacht. »Wir probieren es woanders«, sagte Volker, als sie das Gebäude verließen, aber Rachel hatte den Blick gesehen, mit dem der Mann sie von Kopf bis Fuß taxierte, und beschloss, es noch einmal zu versuchen.

Einige Tage später gelang es ihr, ein weiteres Mal vom Konsul empfangen zu werden. Sie hatte niemand etwas davon gesagt, sich das feine, schräg geschnittene Wollkleid angezogen, das ihre Figur betonte, trug hohe Schuhe, ihre

Fuchspelzstola, die Perlenkette und den Diamantring, mit denen sie ihn bestechen wollte. Sie ging allein.

Der Diplomat war ein geleckter Typ mit Oberlippenbärtchen, der sich das Haar mit Brillantine anklebte und seine geringe Körpergröße mit Plateauschuhen zu kaschieren versuchte. Er empfing sie in dem Büro, das sie schon von ihrem letzten Besuch her kannte: hohe Decke, dunkle Polstermöbel mit abgeschabtem Lederbezug, an den Wänden ein Porträt des chilenischen Präsidenten und Schlachtengemälde. Obwohl es Mittagszeit war, waren die Vorhänge zugezogen. Nur die Lampe auf dem wuchtigen Schreibtisch gab etwas Licht. Bei der Begrüßung hielt der Konsul ihre Hand viel zu lang fest, es wollte kein Ende nehmen. Er sprach ein so radebrechendes Deutsch, dass Rachel meinte, sie habe sich verhört, als er sagte, der Schmuck sei, gemessen an den Ausgaben des Konsulats, nur ein Trinkgeld, doch eine so schöne Frau wie sie könne alles bekommen, was sie begehrte. Er sei ein Romantiker, fuhr er fort und führte sie mit dem Arm um die Taille zu dem ausladenden, schokoladenbraunen Sofa. Rachel machte sich gefasst, den Preis zu bezahlen, den der Mann verlangte.

Die erniedrigende Erfahrung dauerte keine zehn Minuten, und Rachel nahm sich vor, sie sofort zu vergessen. Eine bedeutungslose Episode innerhalb der menschenunwürdigen Wirklichkeit, in der sie schon seit vielen Monaten lebte. Hinterher rückte der Konsul seinen Anzug zurecht, fuhr sich mit dem Kamm durchs Haar, legte Ring und Perlenkette in eine Schublade seines Schreibtischs und bestellte sie für die kommende Woche in ein Hotel, wo er ihr umstandslos die Visa aushändigen würde. Rachel befand sich nicht in der Position zu feilschen. Für sie zählte nur, ihre Familie zu retten.

Anfang Dezember 1938 hatte Rachel Adler drei Treffen mit dem chilenischen Konsul hinter sich und wartete noch immer darauf, dass er ihr die Visa für sein Land ausstellte. Sie fürchtete, der Mann werde seinen Teil der Vereinbarung erst erfüllen, wenn er genug von ihr hätte. Den Gedanken, er könne ihr, nachdem er sie vergewaltigt und ihr den Schmuck abgenommen hatte, die versprochenen Papiere nicht aushändigen, schob sie von sich. Sie bewältigte ihren Alltag nur mühsam mit Hilfe der Tropfen und Pillen, die sie von Peter Steiner bekam, spürte ständigen Druck im Magen, rang wie eine Ertrinkende nach Atem, vermochte das Zittern ihrer Hände nicht zu verbergen. Sie hatte niemandem anvertraut, was in dem Hotelzimmer geschah, in dem sie sich mit dem Chilenen traf, trotzdem keimte bei Oberst Volker ein Verdacht.

»Haben Sie etwas von Ihrem Mann gehört, Frau Adler?«, fragte er.

»Peter hat erfahren, dass er sehr geschwächt ist, offenbar hat er sich von den Schlägen noch nicht erholt, aber jedenfalls ist er am Leben. Peter versichert mir, dass er meine Briefe bekommt, auch wenn er nicht antworten kann.«

»Hören Sie, diese Sache mit Chile zieht sich zu lange hin, ich traue diesem Kerl nicht. Der betrügt Sie vielleicht. Wir sollten Samuel in Sicherheit bringen.«

»Ich tue, was ich kann, Herr Oberst.«

»Daran zweifele ich keinen Moment, Frau Adler, aber wir können nicht länger warten. Sie haben sicher davon gehört, dass Großbritannien bereit ist, zehntausend jüdische Kinder unter siebzehn Jahren aufzunehmen. Viele Familien haben sich als Paten für die Kinder auf die Listen setzen lassen. Samuel könnte eine Weile dort unterkommen, bis Sie und Ihr Mann in Chile oder einem anderen Land Fuß gefasst haben und ihn zu sich holen können.«

»Ich soll mich von Samuel trennen? Wie stellen Sie sich das vor!«

Nichts wünschte der alte Oberst weniger, als diesen Jungen zu verlieren, zu dem er eine tiefe Zuneigung gefasst hatte, aber er konnte die Gefahr besser einschätzen als Samuels Mutter, und ihm war klar, dass dieser Fluchtweg nur für kurze Zeit offen sein würde. Man musste ihn nutzen, ehe die Nazis ihn wieder versperrten. Hitlers völkische Hetzreden würden in einen neuen Krieg münden, davon war er überzeugt, und dann würde es ungleich schwerer, wenn nicht unmöglich sein, Samuel in Sicherheit zu bringen.

»Die ersten zweihundert Kinder sind gerade in Berlin aufgebrochen«, sagte er. »Die Reise ist kurz, die Kinder werden begleitet und in England erwartet. Diese Holländerin, Geertruida Wijsmuller-Meijer, hat nicht lockergelassen und es geschafft, dass auch sechshundert Kinder aus Österreich ausreisen dürfen. Wenn ich es richtig verstanden habe, dann nehmen sie vorrangig Waisen, Kinder aus den ärmsten Familien und solche, bei denen ein Elternteil oder beide im Konzentrationslager sind. Das trifft auf Samuel zu. Ich bitte Sie, Frau Adler, denken Sie an die Sicherheit des Jungen.«

»Sie verlangen von mir, dass ich mein Kind in die Fremde schicke!«

»Es ist doch nur vorübergehend. Anders können wir Samuel nicht schützen. Sie müssen sich schnell entscheiden, der Transport geht in wenigen Tagen.«

Peter Steiner war derselben Meinung wie der Oberst. Zensur und Propaganda erschwerten es, herauszufinden, was tatsächlich im Land vorging, aber aus dem, was in Deutschland geschah, ließ sich einiges für Österreich ableiten, und Steiner war durch manche seiner Apothekenkunden und Pokerbrüder recht gut im Bilde.

In ihrer Verzweiflung suchte Rachel Rat bei ihrem Vater und ihrem Bruder und hoffte, denen werde ein anderer Ausweg einfallen, aber auch die beiden drängten sie, sich um einen Platz für ihr Kind im Transport der Niederländerin zu bemühen. England sei nicht weit, sagten sie, sie könne ihn besuchen. Die beiden versuchten ihrerseits, Transitpapiere für Portugal zu bekommen, um von dort aus in jedes Land weiterzureisen, das ihnen Zuflucht böte. Die Zahl der Juden, die Deutschland und Österreich verlassen wollten, wuchs, und es wurde immer schwieriger, Visa zu ergattern.

»Meine Familie bricht auseinander«, sagte Rachel weinend.

»Im Moment zählt vor allem, dass du Samuel in Sicherheit bringst«, sagte ihr Vater streng.

»Es ist alles so schrecklich unklar, da müssen wir doch zusammenbleiben. Wenn wir uns trennen, sehen wir uns vielleicht nie mehr wieder.«

»Sobald du mit Rudolf nach Chile oder wohin auch immer ausreisen kannst und ihr eingerichtet seid, kümmern wir uns darum, dass wir uns bei euch zusammenfinden.«

»Ich kann mich nicht von Samuel trennen!«

»Tu es für ihn. Du musst dieses Opfer bringen, Rachel. Andere Familien in der Gemeinde denken auch über den Kindertransport nach«, sagte ihr Vater.

Auch wenn Rachel ihre Anspannung und ihre Ängste nach Kräften vor Samuel verbarg, bekam der Junge doch mit, was vorging, und fragte häufig nach seinem Vater. Dann passte er eine Gelegenheit ab, in der seine Mutter nicht da war, und fragte den Oberst, warum sie ihn fortschicken wollten. Oberst Volker setzte sich mit ihm an den Esstisch, breitete eine Landkarte aus, zeigte ihm, wo Wien lag und wo England und wie man dort hinkam. Er versicherte ihm, die Trennung von seinen Eltern sei notwendig und werde kurz sein, er solle sich vorstellen, auf eine Abenteuerreise zu gehen.

»Ich muss doch auf Papa warten, wann kommt er denn wieder? Wo ist er?«

»Das weiß ich nicht, Samuel. Du bist doch schon ein großer Junge. Du musst deiner Mutter helfen, sie hat so viele Sorgen, weil dein Vater nicht da ist. Zeig ihr, dass du dich auf die Reise mit den anderen Kindern freust.«

»Aber ich freue mich nicht, Herr Oberst. Ich habe Angst, weil …«

»Wir haben alle sehr oft Angst, Samuel. Auch die Allertapfersten haben Angst, aber sie stellen sich ihr und tun ihre Pflicht.«

»Haben Sie auch schon mal Angst gehabt?«

»Sehr oft, Samuel.«

»Ich will lieber hier bei Mama und bei Ihnen bleiben, bis Papa wieder da ist.«

»Ich hätte auch gern, dass du hier bei mir bleibst, aber das geht leider nicht. Eines Tages wirst du das verstehen.«

Sobald Rachel, mit gebrochenem Herzen, den Entschluss gefasst hatte, ging alles sehr schnell. Ein Vertreter der Israelitischen Kultusgemeinde fand sich am nächsten Tag in Volkers Wohnung ein, um die Lage zu prüfen. Dass Samuels Vater im Konzentrationslager war und die Drohung im Raum stand, als Nächstes würden die Ehefrauen der Häftlinge deportiert, gab den Ausschlag dafür, den Jungen auf die Liste zu setzen. Der Mann erklärte ihnen, die Kindertransporte würden von den jüdischen Komitees sorgfältig vorbereitet, sie würden auch Kinder aus Polen, Ungarn und der Tschechoslowakei herausbringen. Mehrere Länder hätten sich erboten, Kinder aufzunehmen, aber nirgendwo gebe es so viele Plätze wie in Großbritannien. Samuel würde mit dem Zug in die Niederlande fahren, in die Nähe von Rotterdam, und von dort mit der Fähre über den Ärmelkanal weiter in die englische Hafenstadt Harwich.

Am frühen Morgen des 10. Dezember brachten Rachel und der Oberst Samuel zum Bahnhof. Rachel war betäubt von einer starken Dosis von Steiners Medikamenten und bewegte sich wie im Schlaf. Am Tag zuvor hatte sie eine so heftige Panikattacke erlitten, dass Volker den Apotheker zu Hilfe rief. Der hatte sich mit Rachel in ihrem Zimmer eingeschlossen und ihr ins Gewissen geredet, sie solle sich zusammenreißen, sie dürfe ihren Zustand nicht auf ihren Sohn übertragen. Der Junge gebe sich übermenschliche Mühe, ruhig zu bleiben, und sie müsse ihn dabei unterstützen, sie habe nicht das Recht, vor ihm zusammenzubrechen. Nach dieser Standpauke spritzte er ihr ein starkes Schlafmittel, das sie für neun Stunden außer Gefecht setzte. Unterdessen packte der Oberst Samuels kleinen Koffer mit den Sachen, die er ihm einige Nummern zu groß gekauft hatte, damit er sie möglichst lange tragen konnte. Er steckte ihm zehn Mark in die Tasche seines neuen Mantels und heftete ihm einen seiner Kriegsorden ans Revers.

»Das ist ein Tapferkeitsorden, Samuel. Ich habe ihn vor ein paar Jahren im Krieg bekommen.«

»Ist er für mich?«

»Nur geliehen, damit du daran denkst, dass du tapfer sein musst. Wenn du Angst hast, machst du die Augen zu und reibst ihn zwischen den Händen, dann spürst du jede Menge Kraft, da in deiner Brust. Ich möchte, dass du ihn benutzt, bis wir uns wiedersehen, dann gibst du ihn mir zurück. Pass gut darauf auf«, sagte der Oberst mit belegter Stimme.

Am Bahnhof drängte sich eine große Menge von Eltern mit ihren Kindern. Es waren Kinder jeden Alters dabei, manche konnten noch kaum laufen und gingen an der Hand von etwas älteren. Viele der ganz kleinen schrien und klammerten sich an ihre Eltern, doch überwiegend ging es ruhig und geordnet und ohne Zwischenfälle zu. Dutzende von Freiwilligen – fast ausnahmslos Frauen – kümmerten sich um jedes reisebereite Kind, während Aufpasser in Naziuniform aus einiger Entfernung alles beobachteten, sich aber nicht einmischten.

Rachel und der Oberst begleiteten Samuel zum Kontrollpunkt, wo eine junge Frau, die nicht aus der jüdischen Gemeinde in Wien stammte, sondern Engländerin war, nachschaute, dass der Junge auf der Liste stand, und ihm sein Namensschild umhängte. Sie strich ihm über die Wange und sagte freundlich zu ihm, die Geige müsse er leider dalassen, jeder Passagier dürfe nur ein Gepäckstück mitnehmen, für mehr sei kein Platz.

»Samuel trennt sich nie von seiner Geige«, erklärte ihr Oberst Volker.

»Das verstehe ich gut, fast alle Kinder möchten noch etwas zusätzlich mitnehmen, aber wir können keine Ausnahme machen.«

»Der durfte doch auch durch«, sagte Volker und deutete auf einen vielleicht dreijährigen Jungen mit einem Teddybären im Arm.

Ertappt suchte die junge Frau nach Ausflüchten, sie befolge ja nur Anweisungen. Die Zeit drängte, hinter ihnen standen die wartenden Kinder in einer Schlange, und um sie herum hatte sich eine Menschentraube gebildet. Einige beschwerten sich, wann es endlich vorangehe, andere meinten, es sei doch nichts dabei, wenn der Junge seine Geige mitnähme, aber die Frau beharrte darauf, sie müsse sich an die Regeln halten.

Da legte Samuel, der seit ihrem Weggang von zu Hause kein Wort gesagt hatte, den abgewetzten Geigenkasten auf den Boden, packte das Instrument aus, klemmte es sich unters Kinn und begann zu spielen. Sofort wurde es still rings um das Kind, das den Bahnhofsvorplatz mit den Klängen einer Serenade von Schubert füllte. Die Zeit hielt inne, und für wenige traumhafte Minuten fühlte sich die von Trennungsleid und Ungewissheit geschundene Menge getröstet. Samuel war klein für sein Alter und sah in dem übergroßen Mantel noch anrührender und zerbrechlicher aus. Mit geschlossenen Augen wiegte er sich zur Musik.

Als er geendet hatte, nahm er den Applaus gewohnt ernst entgegen und legte die Geige behutsam zurück in den Kasten. In dem Moment wich die Menge etwas zurück und ließ eine beleibte, ganz in Schwarz gekleidete Frau zu ihm durch, deren Name leise die Runde machte: Sie war die Holländerin, die den Transport auf die Beine gestellt hatte. Gerührt beugte sie sich zu Samuel hinunter, schüttelte ihm die Hand und wünschte ihm eine gute Reise. »Nimm deine Geige ruhig mit. Ich bringe dich zu deinem Platz«, sagte sie.

Auf dem Pflaster kniend, schloss Rachel ihr Kind fest in die Arme, konnte ihre Tränen nicht zurückhalten und flüsterte Anweisungen und Versprechen, die sie nicht würde halten können. »Bis bald, mein Schatz, vergiss nicht, dass du vor dem Schlafengehen deine Milch trinkst und dir die Zähne putzt. Und iss nicht zu viele Süßigkeiten. Du musst brav sein bei den Leuten, zu denen du kommst, und auch immer danke sagen. Ich hole dich bald ab, gleich wenn Papa wieder da ist, kommen wir und bringen Tante Leah mit und vielleicht auch den Opa, in England ist es sehr schön, es gefällt dir dort bestimmt. Ich hab dich lieb, so lieb …«

Bis ins hohe Alter sollten diese Bilder aus seiner Vergangenheit Samuel Adler unverändert vor Augen stehen: Die letzte verzweifelte Umarmung seiner Mutter und wie sie dann, in Tränen aufgelöst, gehalten vom kräftigen Arm von Oberst Volker, am Bahnsteig stand und ein weißes Taschentuch schwenkte, während der Zug davonfuhr. An diesem Tag endete seine Kindheit.

~ SAMUEL ~

London, 1938-1958

Die Reise von Österreich nach England dauerte drei Tage, die dem kleinen Samuel endlos vorkamen. Zu Beginn sangen die Kinder noch unter Anleitung ihrer Betreuerinnen, aber im Verlauf der Stunden siegten ihre Müdigkeit und die Angst. Die Kleinsten weinten und riefen nach ihren Eltern. Den zweiten Tag verbrachten fast alle zusammengedrängt schlafend auf den harten Holzbänken oder auf dem Boden, doch Samuel saß weiter ausdruckslos da, hielt seine Geige fest und wiederholte stumm für sich das Track-tra-track der Eisenräder auf den Schienen. Der Zug hielt häufig an, und Soldaten stiegen ein, die mit einschüchterndem Gebaren alles inspizierten, bis ihnen Frau Wijsmuller-Meijer mit kühler Autorität entgegentrat. Endlich erreichten sie an einem regnerischen Abend den düsteren, eisigen Hafen in Holland, verließen im Gänsemarsch den Zug und bestiegen erschöpft und mit hängenden Köpfen die Fähre. Das Wasser war ölfarben und aufgewühlt, und viele der Kinder, die nie zuvor das Meer gesehen hatten, weinten vor Angst. Samuel wurde seekrank, lehnte über der Reling und erbrach sich, besprüht von der salzigen Gischt.

In England warteten die Familien, die sich bereit erklärt

hatten, Flüchtlingskinder aufzunehmen, und bekamen ihre Schützlinge anhand der umgehängten Namensschilder zugeteilt. Für Samuel waren zwei Frauen vorgesehen, Mutter und Tochter, die um ein Mädchen gebeten hatten, das alt genug wäre, ihnen im Haushalt zu helfen, weshalb sie sich eine Weile mit den Organisatorinnen stritten, während er mit seinem kleinen Koffer, seiner Geige und seinem vom Erbrochenen fleckigen Mantel an einer Mauer stand und wartete. Er blieb nur kurz bei den beiden. Sie arbeiteten in einer Fabrik für Militäruniformen und wirkten trotz des Altersunterschieds von über zwanzig Jahren durch ihre gekünstelte Art, zu sprechen, ihre Löckchenfrisur, ihre Männerschuhe und ihren Mundgeruch wie Zwillinge. Sie bewohnten ein schmales, mehrgeschossiges Haus, das vollgestopft war mit pingelig und unverrückbar angeordneten Nippsachen, Kuckucksuhren, Kunstblumen, Häkeldeckchen und anderem Krimskrams von zweifelhaftem Geschmack und Gebrauchswert. Samuel durfte nichts anfassen. Sie waren sehr streng und immer missmutig, besaßen endlos viele Regeln des Zusammenlebens, zählten die Zuckerwürfel für den Tee ab und bestimmten, wer sich wo hinsetzen durfte und wann. Sie verstanden kein Wort Deutsch, und dass das Kind kein Englisch sprach, steigerte ihre Gereiztheit. Noch dazu kauerte Samuel oft stundenlang stumm in irgendeiner Ecke und machte nachts ins Bett. Als ihm die Haare büschelweise auszugehen begannen, schoren sie ihm den Kopf.

Schnell wurde klar, dass das für Samuel Adler kein geeignetes Zuhause war, man schickte ihn zu einer anderen Familie, dann zur nächsten und zur nächsten. Kränklich und schwermütig, wie er war, wollte keine ihn lange behalten. Nach einem Jahr kam er in ein Waisenhaus außerhalb Londons. Der klotzige Steinbau, der im Ersten Weltkrieg als Lazarett gedient hatte, stand inmitten der idyllischen Hügellandschaft aus Wiesen und Wäldern und beleidigte das Auge. Es war ein Heim für ältere Jungen als Samuel und wurde mit militärischer Strenge geführt. Jedes Kind hatte eine Holzpritsche mit einer dünnen Matratze, zu essen gab es Porridge und Kohl, wie fast überall im Land in diesen Kriegsjahren. Die Klassenräume waren im Winter klamm und im Sommer stickig, und es wurde viel Sport getrieben, weil man geistig wie körperlich tüchtige junge Männer heranbilden wollte. Ihre Streitereien untereinander mussten die Kinder mit Boxhandschuhen im Ring klären, für Fehlverhalten gab es Rutenschläge aufs Hinterteil, Feigheit galt als schlimmste Charakterschwäche. Weil er asthmatisch und so viel jünger war als die anderen, wurde Samuel zu Beginn von einigen Aktivitäten und Strafen ausgenommen, aber diese Vorzugsbehandlung endete bald.

In all der Zeit war die Geige Samuels ständiger Begleiter, aber man erlaubte ihm nicht, sie zu spielen, deshalb dachte er sich heimlich Melodien aus und übte sie in Gedanken in der Stille der Nacht. Auch von dem Kriegsorden, den Oberst Volker ihm vor ihrem Abschied am Bahnhof an den Mantel geheftet hatte, trennte Samuel sich nie. Um ihn nicht zu verlieren, hatte er ihn ans Futter des Geigenkastens gesteckt. Der Orden besaß Zauberkräfte, genau wie der Oberst gesagt hatte: Samuel musste ihn nur reiben und konnte seine Angst besiegen. Er passte gut darauf auf, weil der Orden ja geliehen war und er ihn zurückgeben musste.

In England galt die Losung, man müsse zuversichtlich bleiben, der Sieg sei gewiss, auch wenn der Krieg unermessliche Ressourcen und einen hohen Blutzoll forderte. Die Deutschen stellten ihre Bombardements schließlich ein, die über vierzigtausend Menschen das Leben gekostet und ganze Stadtviertel in Trümmerfelder verwandelt hatten, weil sie ihr Ziel, die Bevölkerung durch diesen Terror zum Aufgeben zu zwingen, nicht erreichen konnten. Sobald die feindlichen Flugzeuge sich entfernten und die Sirenen das Ende des Angriffs verkündeten, verließen die Menschen die Schutzräume, rückten ihre Kleidung zurecht, heuchelten eine Ruhe, die niemand empfand, und gingen daran, die Brände zu löschen und in den Trümmern nach Überlebenden zu suchen. Alles war rationiert, zu essen gab es wenig, es fehlten Benzin und Heizöl für den Winter, die Krankenhäuser waren überfüllt, und in den Straßen sah man kriegsversehrte Soldaten und hungrige Kinder. Doch alle bemühten sich um ein Leben in Würde und ohne Aufregung. Das geschätzte britische Phlegma half, der Gefahr und den vielen Alltagswidrigkeiten mit einer gewissen Ironie zu begegnen, als hätte all das mit einem selbst nichts zu tun. »Ruhig bleiben und weitermachen« war das Gebot der Stunde.

Im Jahr 1942 bekam Samuel eine Lungenentzündung. Auf seiner Metallpritsche im Krankenhaus, wo er zwischen einem Dutzend Patienten in einem Zimmer lag, rang er nach

Atem, glühte im Fieber, wurde gleich darauf von eisigen Schauern geschüttelt. Irgendwann spürte er, dass er sterben würde, und dachte, er müsse seine Eltern benachrichtigen. Er hatte ihnen immer wieder geschrieben, jedoch nie eine Antwort erhalten, nur zwei Briefe von seiner Mutter hatten ihn im ersten Jahr seines Exils erreicht. In seinen kurzen wachen Momenten schrieb er unter großen Mühen einen Brief auf eine Seite seines Hefts. Niemand konnte ihm helfen, weil der Brief ja auf Deutsch war.

Liebe Mama, lieber Papa!
Ich bin krank. Ich schreibe euch das, falls ihr kommt und mich in der Schule abholen wollt und ich bin nicht da. Das Spital ist sehr groß und hier kennt es jeder. Manchmal schwebe ich und kann mich von oben sehen, wie ich im Bett liege. Niemand sagt mir, ob ich sterbe, aber wenn ich tot bin, sollt ihr die Geige als Erinnerung bekommen. Und bitte gebt dem Nachbarn aus dem 2. Stock seinen Orden zurück. Der Orden ist in meinem Geigenkasten. Bitte entschuldigt die Schreibfehler, ich habe fast vergessen, wie man auf Deutsch schreibt.
Euer Sohn
Samuel

Er adressierte den Umschlag an »Herrn Rudolf Adler und Frau Rachel Adler, Wien, Österreich« und bat eine Krankenschwester, ihn zur Post zu bringen. Weil ihr klar war, dass der Brief seinen Bestimmungsort niemals erreichen würde, gab die Frau ihn an Luke Evans weiter, da er und seine Ehefrau die Einzigen waren, die den Jungen im Krankenhaus besuchten.

Luke und Lidia Evans waren Quäker und kümmerten sich seit Jahren um die Unterstützung von Kindern aus Kriegsgebieten. Begonnen hatten sie damit während des Bürgerkriegs in Spanien, und danach hatten sie auf dem Kontinent mit jüdischen Organisationen zusammengearbeitet. Samuel kamen die beiden steinalt vor, dabei waren sie erst Mitte vierzig. In ihrer symbiotischen Liebe füreinander hatten sie sich äußerlich stark angeglichen, sie sahen aus wie Geschwister, eher klein gewachsen, dünn, mit strohblonden Haaren und Nickelbrillen.

Lidia litt an Parkinson, was ihre Bewegungsfähigkeit mit der Zeit stark einschränken sollte, aber als Samuel sie kennenlernte, merkte man davon noch nichts. Die Krankheit hatte die beiden gezwungen, ihre Arbeit an der Front aufzugeben und nach England zurückzukehren, wo sie sich um Kinder wie Samuel kümmerten. Die beiden hatten keine eigenen Kinder und verloren ihr Herz an diesen klugen und so bedauernswert zartbesaiteten Jungen. Aus dem Krankenhaus, wo er mehrere Wochen verbrachte, nahmen sie ihn mit zu sich. Ins Kinderheim kehrte Samuel nicht zurück: Er hatte das Zuhause gefunden, das er so dringend brauchte.

Die Evans wurden zu seiner Familie. Sie meldeten ihn auf einem Quäker-Internat an und holten ihn an den Wochenenden und in den Ferien zu sich. Wegen seiner Herkunft sorgten sie sich um seine religiöse Erziehung und schickten ihn zum Unterricht in die Synagoge, doch erlahmte ihr Eifer schon nach wenigen Monaten. Samuel empfand sich nicht als Teil dieser Gemeinde und brachte trotz der Bemühungen des Rabbiners kein Interesse für Religion auf. Auch zum Christentum fühlte er sich nicht hingezogen, aber seine Schule war tolerant und verlangte nicht von ihm, dass er konvertierte. Die Werte der Quäker teilte er auch so: Einfachheit, Frieden, Aufrichtigkeit, Toleranz, Macht der Stille. Sie waren wie für ihn gemacht.

Die Evans und die Schule gaben ihm Halt, seine Asthmaanfälle und Albträume wurden seltener, und der Haarausfall, unter dem er jahrelang gelitten hatte, hörte von selbst auf. Die kahlen Stellen verschwanden unter dichten Locken, die zu seinem augenfälligsten Merkmal wurden. Er lernte gern und spielte Rugby, was ihm half, sich in der Klasse einzuleben, auch wenn er keine Freundschaften schloss. Rugby war der einzige Mannschaftssport, den er in seinem Leben ausüben sollte, weil die Schule ihn vorschrieb und es ihm gefiel, sich beim Rempeln, Niederreißen und Wälzen im Dreck abzureagieren. Als Samuel älter wurde, tat er sich hervor, denn endlich durfte er wieder Geige spielen und trat ins Schulorchester ein. Lange hatte er nicht üben können, und auch wenn er die Musik nach wie vor liebte, war er nicht mehr das Wunderkind von einst.

Samuel war zwölf, als der Krieg im Mai 1945 endete. Für immer sollten ihm die Festtagsglocken in Erinnerung bleiben, der Jubel auf den Straßen, in den Häusern, in der Schule, überall, die Umarmungen, das Rufen, das Lachen. Als die Euphorie sich legte, konnte Europa die Bilanz dieses blutigen Sieges ziehen: zerstörte Städte, verwüstetes Land,

Konzentrations- und Vernichtungslager, in denen die Nazis die Menschen systematisch umgebracht hatten, Massaker, 17 Millionen zivile Opfer, allein sechs Millionen ermordete Juden, Massen von Heimatlosen auf der Suche nach einem Ort, wo sie bleiben und zur Ruhe kommen konnten. Samuel dachte, dass seine Eltern darunter sein könnten, dass sie vielleicht nach ihm suchten, vielleicht bald zur Schule kämen und nach ihm fragen und ihn nicht wiedererkennen würden, wenn sie ihn sähen, aber er würde sie erkennen, denn ihre Fotografie steckte in seinem Geigenkasten neben dem Orden von Oberst Volker. Die Geige seiner Kinderjahre hatte er durch eine andere ersetzt, aber die beiden Erinnerungsstücke begleiteten ihn nach wie vor überallhin. Seine Eltern würden sich in diesen sechs Jahren der Trennung bestimmt nicht stark verändert haben, dachte er. Sein Vater trug auf dem Foto eine Brille, er hatte einen Schnauzbart und blickte ernst in die Kamera, anders als seine Mutter, eine schöne Frau mit dunklen Augen und welligem Haar, die offen lächelte. Gekleidet war der Vater in einen etwas altmodischen dunklen Anzug mit Weste und Fliege, die Mutter in eine weiße Bluse, ein dunkles Jäckchen mit einer Brosche am Revers und einen kecken Hut.

Doch es sollte noch Jahre dauern, bis Samuel Gewissheit über seine Familie bekam. 1942 hatte die Naziführung die »Endlösung« beschlossen, wie sie die Vernichtung der Juden nannte, aber Einzelheiten über den Holocaust wurden erst erheblich später bekannt. Die Evans hatten sich einer der Organisationen angeschlossen, die den Millionen durch den Krieg heimatlos gewordenen Menschen halfen, blieben in ihren Bemühungen, die Adlers ausfindig zu machen, jedoch erfolglos. Sie versuchten zu verhindern, dass Samuel Bilder aus den Konzentrationslagern sah, aber eines Samstags entwischte er ins Kino, und vor dem Hauptfilm zeigte eine Wochenschau Dokumente des Grauens: Berge von Toten, Knochen, zu Skeletten abgemagerte Überlebende. Voller Entsetzen unterdrückte Samuel den Gedanken, seine Eltern könnten darunter sein.

Nach Abschluss der Schule hätte er eigentlich zum Militär gemusst, wurde jedoch wegen seines Asthmas und einer Rückenverletzung, die er sich beim Rugby zugezogen hatte, befreit und konnte sich mit einem Stipendium an der Royal Academy of Music einschreiben, dem ältesten Konservatorium Englands, das 1822 gegründet worden war und strenge Aufnahmeprüfungen durchführte.

Der Zufall wollte es, dass der erste, strahlende Unterrichtstag, als sich Samuel endlich ganz dem Studium der Musik hingeben durfte, auch einer der schwärzesten seines Lebens wurde.

Von seinem Hochgefühl wie berauscht, war er vom Konservatorium zu Fuß nach Hause gelaufen, um wieder etwas zu sich zu kommen. Gegen sieben traf er bei den Evans ein, und schon auf der Schwelle traf ihn die Vorahnung hart wie ein Schlag in den Magen. Lidia kam auf ihn zu, wollte ihn vorwarnen. »Warte, Samuel«, schaffte sie noch zu sagen und hielt ihn an der Jacke fest, aber er ließ sie nicht weitersprechen. Im Wohnzimmer stand eine junge Frau, drall und albinohaft blond.

»Samuel? Ich bin Heidi Steiner. Erinnerst du dich an mich?«, fragte sie ihn auf Deutsch. »Nein, sicher nicht, du bist ja noch so klein gewesen, als wir uns das letzte Mal gesehen haben. Ich bin eine Tochter von Peter Steiner.«

Auch dieser Name sagte Samuel nichts. Er hatte seit Jahren kein Deutsch gesprochen, verstand die Frau aber. Er wartete, dass sie weitersprach, während der Druck in seinem Magen zunahm. Wegen der Sprache schloss er, dass es um seine Eltern ging.

»Ich habe dich finden können, weil ich wusste, dass du mit dem Kindertransport nach England gekommen bist und die Organisation jedes Kind registriert hat. In deiner Akte stehen alle Adressen und das Kinderheim, wo du gewesen bist, bevor die Evans dich aufgenommen haben, und auch die Schule der Quäker.«

Sie habe nicht früher nach ihm suchen können, entschuldigte sie sich, es habe Jahre gedauert, bis die Besiegten zurückgefunden hätten in ihr Leben. Deutschland sei in Trümmern gelegen, gedemütigt, verarmt, und in Österreich habe es kaum besser ausgesehen.

»Wir haben im Abfall nach Essen gesucht«, sagte sie. »Der Hunger war so groß, es gab keine Hunde und Katzen mehr, sogar Mäuse haben wir gegessen.«

Peter Steiner, Heidis Vater, hatte unter der Naziherrschaft um seine Freiheit gefürchtet, er hatte Freunde mit guten Verbindungen, und die warnten ihn, die Gestapo habe ihn wegen kommunistischer Umtriebe im Visier. Er legte ein Geldversteck für seine Familie an, für den Fall, dass ihm etwas zustieße, ohne zu ahnen, dass sich die Scheine mit der Niederlage in wertloses Papier verwandeln würden. Zusammen mit seinen Ersparnissen hatte er auch den Kaufvertrag über Praxis und Wohnung von Rudolf Adler aufbewahrt, dazu ein Schreiben, in dem er erklärte, dass der Kauf ein Scheingeschäft gewesen war und Adler der rechtmäßige Eigentümer.

»Es tut mir leid, Samuel, aber das Gebäude ist bei einem Bombenangriff zerstört worden«, sagte Heidi.

Samuel begriff, dass die Frau mit diesen Umschweifen Zeit schinden wollte. Was kümmerte ihn eine Wohnung in Wien? Sie konnte nicht deshalb die weite Reise gemacht haben.

Heidi berichtete, zwei ihrer Brüder, die als Heranwachsende eingezogen worden waren, seien im Krieg gefallen. Eine ihrer Schwestern sei an Typhus gestorben und eine weitere verschwunden, als die Rote Armee Österreich besetzte. Von den sechs Geschwistern Steiner hätten nur sie und der jüngste Bruder überlebt, und auch die Mutter sei noch am Leben, aber in einem Heim.

»Mein Vater ist 1943 verhaftet worden, er wurde als Kommunist angeklagt, die Apotheke und unsere Wohnung wurden beschlagnahmt. Er ist in Auschwitz gestorben«, sagte sie.

»Was mit deiner Familie passiert ist, tut mir leid. Das ist furchtbar … weißt du denn etwas über meine Eltern?«

»Es ist so traurig, Samuel, aber deshalb bin ich gekommen. Diese Ungewissheit ist schlimmer als die Trauer … deinen Vater hat man festgenommen, als er schwerverletzt im Spital lag, zwei oder drei Tage nach den Pogromen im November …« Heidi stockte, wusste nicht weiter.

»Bitte, ich muss es wissen, was ist mit ihm?«

»Nach dem, was wir von anderen Gefangenen gehört haben, ist er schon kurz nach seiner Ankunft in Dachau an einer Hirnblutung gestorben.«

»Dann war meine Mutter, als sie mich nach England geschickt hat, schon Witwe und hat es nur nicht gewusst?«, sagte Samuel und unterdrückte ein Schluchzen.

»Offenbar ja.«

»Und sie? Was ist mit ihr?«

»Ihr ist es nicht besser ergangen. Sie hat auf deinen Vater gewartet und so die Chance verpasst, das Land noch zu verlassen. Erst hat sie ihr Nachbar, ein Kriegsveteran namens Theobald Volker versteckt, dann meine Familie. Sie hat bei dem Oberst gewohnt, er hat sie, solange er konnte, beschützt, aber dann ist er schwer krank geworden, und mein Vater hat ihr im Hinterzimmer der Apotheke ein Versteck eingerichtet. Eigentlich im Keller, dort hat sie ziemlich lang leben müssen. Als mein Vater festgenommen wurde, hat man die Apotheke durchsucht und sie gefunden, es ging alles so schnell, wir konnten sie nicht warnen.«

»Und dann?«

»Es tut mir so leid, dass ich nur schlimme Nachrichten habe, Samuel … sie wurde nach Ravensbrück gebracht.«

»In das Frauenlager?«

»Ja. Dort sind fast dreißigtausend Gefangene gestorben. Auch deine Mutter und deine Tante Leah.«

»Hab Spaß, Samuel, versuch, das Leben zu genießen, du solltest verwirklichen, was deinen Eltern verwehrt worden ist«, hatte Lidia Evans einmal zu ihm gesagt, aber er war immer schon ernst gewesen, und das Grauen, das seine Eltern erlitten hatten, machte ihn schwermütig. Der Spaß, zu dem Lidia ihn ermuntern wollte, blieb ihm fremd. Seine erste Anstellung fand er beim London Philharmonic Orchestra, das trotz seines erst rund zwanzigjährigen Bestehens einen herausragenden Ruf genoss. Samuel wusste, dass ein Orchester auf den ersten Blick als höchste Vollendung von Teamarbeit erscheinen mag, dass in Wahrheit aber jeder Musiker eine Insel ist. Das kam seinem einzelgängerischen Wesen sehr entgegen.

Das Orchester war seine Zuflucht und Musik das Einzige, was ihm wahrhaft Genuss verschaffte. Unvergleichlich war es, in sie einzutauchen wie in einen Ozean, mühelos auf ihren Wogen, in ihren Strömungen zu gleiten, sich mit seiner Geige dem großartigen Spiel der anderen Instrumente mit ihren je eigenen, unverwechselbaren Stimmen anzuschließen. In solchen Augenblicken wurde die Vergangenheit getilgt, und er spürte, wie er sich auflöste. Sein Körper verschwand, und mit jeder Note erhob sich, frei und freudig, sein Geist. Am Ende überraschte ihn jedes Mal der Applaus, stieß sein Tosen ihn jäh in den Saal zurück. Wenn die anderen Orchestermitglieder dann noch in den Pub gingen, um etwas zu trinken, machte er sich zu Fuß auf den Weg in die Wohnung, die er in einem Viertel karibischer Einwanderer gemietet hatte. Den Geigenkasten schützte er mit einem Plastiküberzug vor Nebelfeuchte und Regen, und im Gehen summte er die eben gespielten Stücke vor sich hin. Diese anderthalb Stunden, wenn er gelöst durch die dunklen Straßen schritt, waren das Spaßähnlichste, das er kannte.

An spielfreien Tagen unternahm er Ausflüge oder ruderte auf der Themse. Mehr als einmal verlief er sich in den Hügeln oder wurde auf dem Fluss von so dichtem Nebel überrascht, dass er Stunden brauchte, bis er wieder zum Ausgangspunkt zurückkam. Die einsame körperliche Betätigung an der frischen Luft wirkte auf ihn wie die Musik: Sie gab ihm Frieden. Oft besuchte er die Evans. Er hatte keine gleichaltrigen Freunde und lachte über Lidias Bemühungen, eine Partnerin für ihn zu finden. Luke lachte ebenfalls darüber. »Lass es doch, Lidia, er ist noch viel zu jung, um zu heiraten«, sagte er, aber Samuel dachte, dass er wohl nie eine Frau finden würde, die ihn liebte.

Alles änderte sich für ihn, als er mit fünfundzwanzig beschloss, eine Urlaubsreise in die USA zu unternehmen, weil er sich eingehender mit Jazz befassen wollte, für ihn die aufregendste Entwicklung in der westlichen Musik seit dem 19. Jahrhundert. Ihn faszinierten die Freiheit und die Energie des Jazz, die Kühnheit, mit der er unterschiedliche Stile aufnahm und sich beim Spielen neu erfand, der unbändige Esprit der Musiker, die in einem eigenen Bewusstseinszustand, in Ektase, spielten, das Genie von Stars wie Miles Davis, Louis Armstrong, Ella Fitzgerald, Billie Holiday und anderen, deren Platten er wieder und wieder, fast besessen, hörte. Er musste Jazz live erleben, sich in seinen Synkopen, in der Melancholie des Blues, in der unwiderstehlichen Kraft der miteinander sprechenden Instrumente verlieren und ihrem Ruf folgen. Dafür musste er dorthin, wo der Jazz herkam, nach New Orleans.

~ LETICIA ~

El Mozote/Berkeley, 1981-2000

Leticia Cordero besaß die Staatsbürgerschaft und einen Pass der Vereinigten Staaten, doch wer sie sah, nahm an, sie stamme von woanders. Ihre Haut hatte einen Karamellton, ihr kurzes, schwarzes Haar band sie zu einem Pferdeschwanz, und sie hatte indigene Gesichtszüge. Weil sie Englisch ohne Akzent sprach, wurde sie manchmal gefragt, ob sie eine Angehörige der Native Americans sei. Ihr waren keine Wurzeln in einem anderen Land geblieben, alle, die sie besaß, befanden sich in Kalifornien. Laut ihrem Vater gab es noch entfernte Verwandte in El Salvador, aber Leticia kannte sie nicht. Von ihrer eigenen Familie waren nur sie und ihr Vater übrig.

Die Vereinigten Staaten hatte sie schwimmend, an ihren Vater, Edgar Cordero, geklammert, über den Rio Grande erreicht. Das war Anfang Januar 1982 gewesen, vierundzwanzig Tage nach dem Massaker von El Mozote. Sehr selten hatte sie darüber gesprochen. Mit ihrem Vater hatte sie nie darüber geredet, weil er seinen Schmerz in einem versiegelten Bereich seiner Erinnerung verwahrte. Für ihn konnte dieser Schmerz nur durch Schweigen unversehrt bleiben. Wörter verwässern und verformen die Erinnerung, und er wollte nichts vergessen. Auch gegenüber den Menschen in ihrer neuen Heimat sagte sie nichts, denn in den USA hatte nie jemand von El Mozote gehört, und wenn sie davon erzählt hätte, hätte man ihr nicht geglaubt. Tatsächlich fanden die wenigsten El Salvador auf einer Landkarte, und die Tragödien, die sich in diesem so nahe gelegenen Land abspielten, waren wie alte Geschichten aus fernen Weltgegenden. Die Menschen, die aus Mittelamerika ins Land kamen, sahen alle gleich aus, waren dunkelhäutige und arme Geschöpfe, Geschöpfe von einem anderen Stern, die sich mit ihrem Sack voller Probleme aus dem Nichts an der Grenze materialisierten.

Einige Kindheitserinnerungen waren Leticia geblieben: Der Geruch des Holzfeuers im Küchenofen, das üppige Grün, der Geschmack der Maiskolben, das Vogelkonzert, die Tortillas zum Frühstück, die Gebete ihrer Großmutter, das Weinen und Lachen ihrer Geschwister. Auch ihre Mutter hatte sie nicht vergessen, obwohl sie nur eine einzige Fotografie von ihr besaß, aufgenommen auf einem Dorfplatz, als sie mit ihrem ersten Kind schwanger war. Leticia verwahrte das Bild wie eine Reliquie in einem Kästchen, das ihr als Reisealtar diente, darin auch zwei Fotos von ihrem Vater, ihre dritte Heiratsurkunde (die einzige, die für sie zählte), der erste Zahn ihrer Tochter und andere Kleinode, die ihr heilig waren. Am deutlichsten erinnerte sie sich aus dieser Zeit an das Massaker, obwohl sie nicht dort gewesen war, als es geschah. Die Bilder hatte sie im Laufe ihres Lebens gesammelt, hatte gesucht und gesucht und darum gerungen, das Geschehene zu begreifen. Und vom vielen Suchen war es schließlich, als wäre sie doch dort gewesen.

Ihre Familie hatte seit mehreren Generationen in dem salvadorianischen Örtchen El Mozote gelebt, etwas über zwanzig Hütten, eine kleine Kirche, ein Gemeindehaus und eine Schule. Ihre Hütte war, wie fast alle, aus Brettern gebaut, sie hatte einen gestampften Lehmboden und zwei Schlafräume, die sich die Eltern, die Kinder und die Großmutter teilten. Im Radio lief immer ein Sender, der Nachrichten und Popmusik brachte. Es gab ein handkoloriertes Foto von ihrer Mutter und ihrem Vater am Tag ihrer Hochzeit, sehr steif und feierlich, und eine kleine Gipsstatuette von Unserer Lieben Frau vom Frieden, der Schutzheiligen von El Salvador. Die Corderos waren evangelikal wie die übrigen Bewohner des Dorfes, eine Ausnahme in diesem fast durchweg katholischen Landstrich, aber das hinderte sie nicht daran, die Friedensmadonna zu verehren. Leticia schlief mit zwei von ihren Geschwistern auf einer Strohmatte auf dem Boden, die Großmutter teilte ihr Bett mit einem ihrer Enkelkinder, das nicht laufen konnte, weil es mit einer Knochenkrankheit auf die Welt gekommen war, und die Eltern schliefen zusammen mit den beiden jüngsten Kindern. Sie hatten Hühner, Hunde, Katzen und ein Schwein. Die Tiere liefen frei herum, die Kinder ebenfalls, niemand überwachte sie, sie spielten in den Höhlen am Berghang, im Gebüsch und an den Wasserlöchern. Außerdem halfen sie von klein auf bei der Hausarbeit und auf dem Feld. Leticia ging mit ihrer Mutter zum Wäschewaschen an den Fluss, seifte die über Nacht im Aschewasser eingeweichten

Sachen ein und schlug sie gegen die Steine. Auf dem Weg zur Schule trug sie ihr einziges Paar Sandalen in der Hand, um sie nicht abzunutzen, und schlüpfte erst hinein, wenn sie angekommen war. Sie waren viele in der kleinen Schule, weil die Kinder auch aus den umliegenden Dörfern kamen, und es gab nur eine Lehrerin, die aus über die Jahre vergilbten Schulbüchern unterrichtete und sich Respekt verschaffte, indem sie zur Belohnung Bonbons und zur Strafe Stockschläge auf die Handflächen verteilte. Leticias Vater arbeitete wie die anderen Männer in der Gegend auf dem Feld, er besaß ein kleines Stück Land, auf dem er zusammen mit den Nachbarn Mais, Yuca und Avocados anbaute. Er sagte, sie seien arm, aber nicht so arm wie andere, müssten nicht auf den Kaffeeplantagen der Großgrundbesitzer schuften und keinen Hunger leiden. Der Sonntagsgottesdienst war das Ereignis der Woche, Sonntag der einzige Ruhetag, man zog Ausgehsachen an, sang Kirchenlieder und betete, dass die Ernte von Krankheiten verschont bliebe und die Tiere Nachwuchs bekämen, die Guerrilla und die Soldaten einen in Frieden ließen, man Jesus näherkäme. Die Corderos beteten außerdem für Leticia, die seit Monaten Bauchschmerzen hatte, gegen das die Tees aus Anis, Minze und Petersilie nicht halfen. Der wichtigste Festtag des Jahres war die Taufe der achtjährigen Kinder. Begangen wurde er am Morgen mit einer Prozession, dem feierlichen Untertauchen im Fluss, und am Abend gab es Musik, Tanz und Essen. Die Großmutter nähte schon für das kommende Jahr das weiße Kleid für Leticia.

Leticias Bauchschmerzen wurden von Woche zu Woche

schlimmer. Sie war aufgebläht, wollte nicht essen, schlief ständig ein, bewegte sich wie im Dämmer. Sie war so geschwächt, dass sie ihrer Mutter nicht mehr beim Wäschewaschen und ihrer Großmutter nicht beim Kochen helfen musste, aber dem Unterricht durfte sie nicht fernbleiben. Eines Tages erbrach sie sich im Schulhof. Am Nachmittag begleitete die Lehrerin sie nach Hause, um mit dem Vater zu sprechen.

»Hören Sie, Don Edgar, Ihre Tochter spuckt Blut, das ist ernst.«

»Sie übergibt sich manchmal. Der Arzt, den die Regierung schickt, hat sie angeschaut, als er hier war, das ist jetzt wohl vier, fünf Wochen her.«

»Und was hat er gesagt?«

»Dass sie Verdauungsstörungen und Blutarmut hat. Er hat ihr Tropfen gegeben und gesagt, sie soll viel Fleisch und Bohnen essen, aber sie verträgt nichts. Es ist nicht besser geworden. Eher schlechter, wenn Sie mich fragen.«

»Sie muss ins Krankenhaus.«

»Das ist sehr teuer.«

»Wir sehen, was man tun kann.«

Am folgenden Sonntag schilderte der Wanderpastor seinen Gläubigen die Lage, und wie immer bei Notfällen gaben alle, so viel sie konnten, in den Klingelbeutel, der vollständig für zwei Busfahrkarten und als Handgeld für die beiden Reisenden bestimmt war. Die Großmutter packte dem Kind eine Tasche mit seinen besten Sachen, damit es in der Hauptstadt anständig gekleidet wäre, und außerdem einen Proviantkorb mit Brot, Käse und einem halben Grillhähnchen. Die Mutter konnte sich an den Vorbereitungen kaum beteiligen, da sie gerade eine lange und schwere Entbindung hinter sich hatte und noch sehr erschöpft war, aber sie begleitete ihren Mann und ihre Tochter zum Bus. Etliche Nachbarn, der Pastor und die Lehrerin kamen ebenfalls pünktlich, um die zwei zu verabschieden. Nachdem er kurz für sie und ihren Vater gebetet hatte, gab der Pastor Leticia ein kleines Kreuz aus Plastik und erklärte ihr, dass es in der Nacht leuchtete wie die Liebe Jesu in dunklen Stunden.

Die Reise in dem vollbesetzten Bus, zwischen Eltern mit Kindern, lebenden Hühnern und allen Arten von Gepäckstücken, über holprige, kurvenreiche Straßen hätte für Leticia zur Tortur werden können, aber die Lehrerin hatte ihr ein Fläschchen mit Baldriantropfen überlassen, die sie gegen ihre Schlaflosigkeit nahm. Mit den Tropfen schlief Leticia mehrere Stunden an ihren Vater gelehnt, und eine weitere Dosis half ihr später in der Stadt, als sie die Nacht auf einer Parkbank im Zentrum verbrachten.

Im Krankenhaus wurde ihnen gesagt, sie müssten sich für einen Termin in zwei Monaten anmelden, doch als Edgar Cordero eben dabei war, den Anmeldebogen auszufüllen, zeigte das Schaukeln des Busses eine verspätete Wirkung, seine Tochter sackte auf die Knie und spuckte der Frau an der Anmeldung Blut vor die Füße. Im Laufschritt wurde sie auf einer Trage weggebracht, und ihr Vater sah sie hinter einer Tür verschwinden. Viele Stunden später teilte man ihm mit, dass Leticia ein blutendes Magengeschwür gehabt hatte und notoperiert worden war. Man erklärte ihm, sie habe viel Blut verloren, sie brauche eine Transfusion und müsse im Krankenhaus bleiben, bis ihr Zustand stabil sei. Er solle besser nicht warten, sondern in ein paar Tagen anrufen und nachfragen, wann er sie abholen könne. Er durfte kurz zu ihr, aber sie war noch benommen von der Narkose, und er konnte sie nur auf die Stirn küssen und Jesus bitten, über sie zu wachen.

Für die Rückfahrt hielt Edgar Cordero mehrere Lkws an, weil er die Busfahrkarten aufheben musste. Sie waren für seine Heimreise mit Leticia bestimmt.

Zwei Tage nach der Operation hatte Leticia einen Verband um den Bauch und die Arme voller Blutergüsse von den Spritzen und Kanülen, aber sie konnte schon Brei essen und ging, wie man es ihr aufgetragen hatte, mehrmals am Tag mit einem Rollator den Gang auf und ab, um ihre Beine zu stärken. Zu Beginn wurde ihr dabei schwindlig, und ihre Knie waren wie Gelee, aber sie strengte sich weiter an, weil sie so schnell wie möglich gesund werden und zu ihrer Familie zurückkehren wollte. Sie konnte es kaum erwarten, ihr neugeborenes Geschwisterchen in die Arme zu schließen.

Das öffentliche Krankenhaus war für ein großes Einzugsgebiet zuständig, das nicht wohlhabend war, es hatte zu viele Patienten und nur geringe Mittel, die Ärzte waren ständig in Eile, die Krankenschwestern müde, schlecht bezahlt und überarbeitet. Die Luftfeuchtigkeit schälte die Farbe von den Wänden, in den Toiletten blühten die Rostflecken, viele Abfallbehälter quollen über, und die Bettlaken waren, sofern vorhanden, so fadenscheinig, dass man hindurchsehen konnte. Auf manchen Betten schützte nur ein Plastiküberzug die Matratze. Die Patienten warteten häufig über Monate auf einen Behandlungstermin, wie es Leticia ja auch ergangen wäre, hätte sie nicht so viel Blut verloren. Die medizinische Versorgung war jedoch trotz der ärmlichen Ausstattung des Krankenhauses gut.

Leticia lag als einziges Kind in einem Krankensaal voller Erwachsener. Nie war es still dort, ein ständiges Kommen und Gehen von Personal, Trubel wie auf dem Markt, aber sie fühlte sich allein wie beim Versteckspielen in den Höhlen, wenn sie darauf wartete, dass die anderen Kinder sie fanden. Sie war daran gewöhnt, nachts bei ihren Geschwistern zu schlafen, ihre Familie um sich zu haben, die Hütte und das Dorf waren die Grenzen ihrer Welt, sie hatte Heimweh nach ihrer Mutter und Angst, dass ihrem Vater etwas zustieße und er sie nicht abholen könnte. Sie hätte gern herausgefunden, ob das kleine Plastikkreuz wirklich in der Nacht leuchtete, aber in dem Krankensaal brannte immer Licht, und nie wurde es dunkel. Sie weinte still, um nicht zu stören.

Am fünften Tag wurde sie entlassen, wartete mit ihrer gepackten Tasche auf ihren Vater, war frisch gewaschen, hatte die Haare wieder wie sonst zu Zöpfen geflochten und statt des dicken Verbands nur noch ein Pflaster auf dem Bauch. Sie hatte sich vom Personal und von den Patienten im Krankensaal verabschiedet und war begierig wegzukommen. Als ihr Vater eintraf, erkannte sie ihn fast nicht. Ein schmutziger Landstreicher mit verfilzten Haaren, Bartstoppeln und einem Entsetzen im Gesicht, als hätte er die Hölle gesehen.

Die Krankenschwester, die für das Stockwerk zuständig war, unterbrach ihr Hin und Her für einen Moment, um Edgar Cordero zu erklären, was weiter zu tun war. Der Heilungsverlauf sei bisher ausgezeichnet, sagte sie, in zwei Wochen sei Leticia wieder wie neu, noch müsse sie aber auf ihre Ernährung achten und sich ausruhen. Sie sollte jede Anstrengung vermeiden, damit die Wundnaht nicht aufbrach.

»Mir tut gar nichts mehr weh, Papa. Ich kann essen und muss mich nicht übergeben«, sagte Leticia.

Edgar nahm sie an der Hand, warf sich ihre Tasche über die Schulter und trat mit ihr hinaus ins gleißende Mittagslicht.

»Fahren wir mit dem gleichen Bus zurück, Papa?«

»Wir fahren nie mehr zurück, Lety«, sagte ihr Vater, und seine Stimme versagte in einem tiefen Schluchzen.

Viele Jahre später machte sich Leticia daran, so viel wie möglich über diesen grauenhaften Dezember 1981 herauszufinden, der ihr Leben bestimmt hatte. Mehr als ein Jahrzehnt musste vergehen, ehe die Wahrheit nach und nach doch ans Licht kam, denn weder in El Salvador noch in den USA hatten die Regierungen ein Interesse daran, dass in Einzelheiten bekannt wurde, was in El Mozote und anderen Dörfern der Gegend geschehen war. Das Massaker wurde geleugnet, eine Untersuchung untersagt, den Mördern Straffreiheit zugesichert. Eine Blutorgie war es gewesen, begangen von einem Militärkommando, das die CIA in der berüchtigten School of the Americas in Panama ausgebildet hatte, um die Aufständischen der Frente Farabundo Martí zu bekämpfen. Dass sich die USA wegen ihrer eigenen politischen und wirtschaftlichen Interessen im Land einmischte, machte die grausame Unterdrückung dort über Jahre erst möglich. Tatsächlich wurde hier, wie in anderen Ländern während des Kalten Krieges, ein Feldzug gegen die Armen geführt. Linke Bestrebungen, insbesondere Guerrillabewegungen, sollten mit Stumpf und Stiel ausgerottet werden.

In El Mozote gab es keine Guerrillakämpfer, nur Bauern aus dem Dorf und etliche andere, die gekommen waren, weil bekannt war, dass das Militär anrücken würde, und man ihnen versichert hatte, dort werde ihnen nichts geschehen. Das stimmte nicht. Am 10. Dezember landeten die Soldaten des Batallón Atlácatl mit Kriegsgetöse in Hubschraubern und besetzten binnen Minuten mehrere Ortschaften mit dem Auftrag, die Landbevölkerung zu terrorisieren, damit sie die Aufständischen nicht unterstützte. Am nächsten Tag wurden die Menschen aufgeteilt, die Männer auf die eine, die Frauen auf die andere Seite, die Kinder ins Gemeindehaus, das »Kloster« genannt wurde. Alle wurden gefoltert, selbst die Kinder, um an Informationen zu kommen. Die jungen Mädchen wurden vergewaltigt, dann wurden alle hingerichtet, die einen erschossen, andere mit Messern oder Macheten ermordet, einige lebendig verbrannt. Die Kinder wurden mit Bajonetten aufgespießt, mit Maschinengewehren niedergemäht, danach wurde das Kloster in Brand gesteckt. Ihre kleinen Leichen verbrannten bis zur Unkenntlichkeit. Mit dem Blut eines Kindes schrieben die

Soldaten an die Wand der Schule: »Ein totes Kind, ein Guerrillero weniger«. Auch die Tiere töteten sie, legten Feuer an die Wohnhäuser und die Pflanzungen. Die Leichen ließen sie liegen, die Felder brennen. Ihr Auftrag war gründlich erfüllt: Über achthundert Menschen waren tot, die Hälfte davon Kinder in einem Alter von durchschnittlich sechs Jahren. Das Leben war ausgelöscht.

In den achtziger Jahren gab es viele solcher »Operationen«, die zwölf Bürgerkriegsjahre kosteten fünfundsiebzigtausend Menschen das Leben, die überwiegende Mehrheit wurde ermordet durch das Militär.

Edgar Cordero kehrte zwei Tage nach dem Massaker aus der Hauptstadt, wohin er mit seiner Tochter gefahren war, in sein Dorf zurück. Die Soldaten waren bereits abgezogen, und alles, was er fand, waren Tote, die, von Fliegen umschwirrt, in der Sonne verwesten. So musste niemand ihm berichten, was geschehen war, er hatte es mit eigenen Augen gesehen. Leticia fand nie heraus, ob er ihre Mutter, ihre Geschwister und ihre Großmutter hatte begraben können, denn er redete nicht über das, was er gesehen hatte. »Besser, du weißt es nicht«, sagte er, wenn sie ihn fragte.

Leticia erfuhr beim Verlassen des Krankenhauses nur, dass das Militär da gewesen war und es ihre Familie nicht mehr gab. Sie müssten weit fortgehen, sagte ihr Vater, und ein neues Leben beginnen. Das Kind konnte das Ausmaß der Tragödie nicht erfassen, empfand sie als gewaltige Leere in der Brust. Leticia war noch nicht weit genug genesen, um die Reise anzutreten, die ihr Vater im Sinn hatte. Über zwei Wochen blieben sie in der Stadt, ohne Geld und ohne jemanden zu kennen. Sie fanden Zuflucht in einer evangelikalen Kirche, wo man ihnen einen Schlafplatz für die Nacht und am Morgen Kaffee und Brot zum Frühstück gab, wo sie sich tagsüber aber nicht aufhalten durften. Edgar ließ seine Tochter dann im Schatten einiger Bäume in einem Park und suchte nach Arbeit, um wenigstens etwas Geld für Essen zu verdienen. Allein und hungrig dort unter den Bäumen, erholte sich Leticia schließlich so weit, dass sie losgehen konnten nach Norden.

Einen großen Teil der Strecke legten sie zu Fuß zurück, hielten manchmal einen Lkw an oder fuhren ein Stück auf dem Dach eines Güterzugs mit, denn Geld für Transportmittel hatten sie nicht. Zu essen bekamen sie von mildtätigen Menschen, in Kirchen oder Einrichtungen, die Migranten Unterstützung boten. Manchmal konnten sie dort für einen oder zwei Tage im Innenhof ausruhen, man gab ihnen eine warme Mahlzeit, und sie konnten sich an einem Wasserschlauch waschen, dann wieder schliefen sie aneinandergedrängt irgendwo auf freiem Feld zwischen anderen, die auf derselben Route unterwegs waren, so dass man sich gegenseitig etwas Schutz bot gegen Überfälle, Banden und die Schikanen der Polizei. Da sie niemanden hatten, der sie leitete – keinen Schlepper –, folgten sie dem Strom der Männer, Frauen und Kinder, die wie sie in den Norden zu gelangen hofften. Sie kamen langsamer voran als die meisten anderen, weil Leticia immer wieder die Kräfte versagten, dann setzte ihr Vater sie manchmal auf seine Schultern und schritt, angetrieben von Schmerz und Zorn, weit aus.

Eine von Leticias schlimmsten Erinnerungen war die nächtliche Durchquerung des Rio Grande, sie mit einem Seil an den Oberkörper ihres Vaters gebunden, der sich seinerseits mit beiden Händen an einen Autoreifen klammerte. Dort im Wasser verlor sie das Kreuz, das im Dunkeln leuchtete. Manchmal wachte sie nachts schreiend auf, mit dem lebhaften Gefühl der Angst, waren die Kälte und Dunkelheit wieder da, die Stille, die Gebete und das gewaltige Zerren der Strömung.

Die erste Zeit in den USA war schwierig. Edgar Cordero fand nur Gelegenheitsarbeiten, bei der Obsternte, in Ziegeleien, als Lastenträger. Nichts war von Dauer, sie zogen oft um. Mal kamen sie bei anderen Einwandererfamilien unter, mal mieteten sie ein ärmliches Zimmer, ständig waren sie auf dem Sprung, aber die Schule besuchte Leticia ohne Unterbrechung. Böse wurde ihr Vater nur mit ihr, wenn sie schlechte Noten heimbrachte, und ein einziges Mal schlug er sie, als sie im Supermarkt ein Lipgloss stahl.

Die evangelikalen Kirchen der Latino-Gemeinschaft halfen ihnen. Auch sie waren in Bewegung, genau wie ihre Anhängerschaft aus Eingewanderten, von denen viele keine Papiere besaßen und auf der Suche nach Arbeit von einem Ort zum nächsten wechselten. Leticias Vater fand Trost bei denen, die seinen Glauben teilten, besuchte mehrmals in der Woche den Gottesdienst und las unter Mühen in seiner spanischen Bibel. Ihr gesamtes Sozialleben spielte sich in den Kirchen ab, dort fühlten sie sich als Teil einer Gemeinschaft, waren nicht allein. Die Gläubigen unterstützten einander, boten Sport für die Kinder an, Nähkurse, Bingonachmittage für die Älteren, Sonntagsfrühstücke mit Donuts und heißer Schokolade, Treffen der Anonymen Alkoholiker und vieles mehr. Der Pastor empfing alle an der Tür zum Gebetsraum, die Menschen grüßten einander, manche kannten sie beim Namen, fragten, ob sie etwas brauchten. Leticia erinnerte sich an die Kirchenlieder, die sie mit Inbrunst gesungen und die sich ihr eingeprägt hatten. Der Pastor sagte, dass Gott alle Menschen liebe, die Hautfarbe spiele keine Rolle, nur die Sünder werde er zurückstoßen. Am Ende des Gottesdienstes lud er diejenigen, die um Vergebung bitten oder selbst vergeben sollten, ein, nach vorne zu kommen. Die Hälfte der Gemeinde tat das, die Gläubigen umarmten einander, und einige fielen, von ihren Gefühlen überwältigt, in Trance. Edgar weinte, denn den Mördern seiner Familie konnte er nicht vergeben.

Leticias Vater fand nur sehr schlecht bezahlte Arbeit, weil er keine Papiere besaß und kein Englisch sprach. Sie übersetzte für ihn. Er selbst hatte nur zwei Jahre lang die Grundschule besucht, aber seine Tochter sollte aufs College gehen und einen Beruf lernen, er war überzeugt, mit dem Beistand Jesu werde sie ein Stipendium erhalten.

In der Zeit ihrer größten Armut lernten sie Cruz Torres kennen, einen Mexikaner, der schon viele Jahre in den USA lebte. Er war Bauunternehmer und leitete ein Team von Lateinamerikanern. Cruz verstand etwas von Beton, Ziegeln, Holz und Natursteinen, kannte sich mit Klempnerei und Elektrik aus, konnte Dächer erneuern und Swimmingpools bauen. Edgar, dieser stille, traurige Mann, der alles verloren hatte und sich an seine Tochter klammerte wie an einen Rettungsring, tat ihm leid. Torres ahnte, dass Leticia der einzige Grund dafür war, dass er noch lebte. Er griff Edgar unter die Arme. Da seine kleine Baufirma in Nordkalifornien tätig war, überredete er ihn, dorthin umzuziehen, und versprach, dass er Arbeit genug für ihn hätte. Er besorgte ihm zwei spottbillige Zimmer in Berkeley. Bei einigen Gebäuden dort war die Miete reguliert und durfte nicht erhöht werden. Das Haus war eine Bruchbude, für Edgar und Leticia jedoch ein Palast.

Statt aufs College zu gehen, brannte Leticia vor dem Ende der High School mit ihrer ersten Liebe durch. Trotz ihres Traumas, der Entwurzelung und Armut war sie eine einnehmende junge Frau geworden, die mit fremden Menschen auf der Straße ins Gespräch kam und immer für eine Party zu haben war. Sie war die geborene Tänzerin. Mit sechzehn verliebte sie sich altersangemessen unsterblich in einen jungen blonden, muskelbepackten US-Amerikaner, der genauso gern feierte wie sie. Tatsächlich hatten die beiden sich in einer Bar kennengelernt, in die Leticia niemals einen Fuß hätte setzen dürfen, weil sie erstens minderjährig war und ihr Vater zweitens einen Herzinfarkt bekommen hätte, wenn er davon gewusst hätte. Edgar war sehr streng und nahm die Moralvorstellungen seiner Religion beim Wort, die Alkohol, Popmusik, jede Form von Tanz, aufreizende Kleidung und öffentliche Schwimmbäder verteufelte.

»Ein jungfräuliches Mädchen kann beim Baden mit Männern schwanger werden«, warnte er seine Tochter.

»Papa, bitte! Das Schwimmbad ist so stark gechlort, da überlebt doch kein Keim«, sagte Leticia, war sich aber selbst nicht so sicher.

Ihr Freund, Klempner von Beruf und Trinker aus Berufung, beschaffte ihr eine Geburtsurkunde, die sie zwei Jahre älter machte, damit sie heiraten konnten. Das war ein Segen, weil sie sich später ohne Papierkram trennen konnten. Die Eheschließung war niemals rechtskräftig gewesen, was Leticia jedoch erst geraume Zeit später herausfand, als ihre Geduld erschöpft war.

Leticia enttäuschte ihren Vater, weil sie die Schule abbrach und fortging, aber auch, weil sie der Religion den Rücken kehrte. »Auch wenn du Jesus verlässt, wird Er dich doch niemals verlassen«, sagte Edgar immer wieder und betete auf Knien für die Rettung seiner Tochter. Aber Religion ist eine Frage des Glaubens, und den besaß Leticia nicht, sie stellte zu viele Fragen. Was sie allerdings nicht davon abhielt, in aussichtlosen Situationen auf die Hilfe von Judas Thaddäus zu setzen und bei Reisen auf den Beistand des heiligen Christophorus. Sein Heiligenbild steckte in ihrem Geldbeutel und sollte sie gegen Unfälle schützen. Sie hörte auf, den Gottesdienst zu besuchen, weil sie es nicht mehr ertrug, dass die jeweiligen Pastoren ihr vorschreiben wollten, was sie zu denken, wie sie zu leben und sogar wen sie zu wählen hatte. Einer hatte von ihr verlangt, bei dem Klempner zu bleiben, der sie schlug, da Gott launenhafte und hochmütige Frauen, die glaubten, sie seien den Männern gleichgestellt, nicht billige, schließlich sei die Bibel in diesem Punkt unmissverständlich: Eva war aus Adams Rippe gemacht und ihm daher zu Gehorsam verpflichtet. Mit Männern war der Pastor nachsichtiger.

Die brennende Leidenschaft der beiden war sehr schnell in Aggression umgeschlagen: Sie stritten sich aus Eifersucht, um Geld, wegen seiner Besäufnisse, weil sie es leid war, bei McDonald's Burger zu braten und mit Schulden zu leben, während er seinen Lohn durchbrachte, kurzum, alles taugte als Vorwand für Beleidigungen, Schreierei und Schläge. Der Klempner hatte eine kurze Karriere als Wrestler hinter sich, von der ihm eine gebrochene Nase, einige martialische Teufels- und Drachentattoos und ein unwiderstehlicher Hang zur Handgreiflichkeit geblieben waren. Die Beziehung war bald vorbei, denn Leticia hatte rasch begriffen, dass sie mit zwei verschiedenen Männern zusammenlebte. Der eine, den alle kannten, war feierfreudig, hilfsbereit, großzügig und verdiente mit seiner Arbeit gutes Geld, auch wenn nichts davon übrig blieb, weil er ständig überflüssige Sachen kaufte, es verspielte oder an seine Freunde verlieh. Verliebt hatte sie sich in diesen Mann, den Luftikus, dann aber einsehen müssen, dass ein Monster in ihm lauerte, das zum Vorschein kam, wenn er trank. Man merkte ihm den Alkohol oft nicht an, er konnte seinen Verpflichtungen über Tage nachkommen, obwohl er nicht nüchtern war, aber wenn er den Pegel überschritt, war er zum Fürchten.

Der Alkohol entfachte in ihm eine Wut, die er früher beim Wrestling hatte ausleben können, für die es im normalen Leben aber kein Ventil gab, so dass der Druck stetig zunahm. Leticia beobachtete ihn genau, um jedes Anzeichen für einen gefährlichen Pegel beizeiten zu erkennen, denn wenn sie sich dann nicht in Sicherheit brachte, drosch er auf sie ein. Das ertrug sie zwei Jahre in der Hoffnung, er werde sich ändern, was er bei jeder Versöhnung beteuerte, bis sie eines Abends, als er sie schlagen wollte, wie ein rasender Kampfstier auf ihn losging und ihm einen formidablen Kopfstoß gegen die Brust verpasste. Darauf war er nicht gefasst, verlor das Gleichgewicht und stürzte rücklings gegen die Granitplatte am Herd. Die Kante traf ihn am Nacken, und er blieb reglos in einer Blutlache liegen, während Leticia entschlossenen Schrittes durch die halbe Stadt bis zur Wohnung ihres Vaters ging. Auf die Idee, den Notarzt zu rufen, kam sie nicht. Ihr Vater sah, wie sie seelenruhig, mit Blutspritzern auf den Schuhen, bei ihm ankam und behauptete, sie habe ihren Mann umgebracht. Doch wie sich herausstellte, war er nicht tot, sondern nur bewusstlos gewesen. Von da an hatte er Respekt vor ihr. Als sie ihm sagte, sie werde ihn verlassen, wagte er nicht, etwas dagegen einzuwenden. Leticia sah ihn nie wieder und ließ sich nie wieder von irgendwem einschüchtern.

Den Klempner ersetzte ein anderer Mann, den sie ohne Urkundenfälschung heiraten konnte, der aber ebenfalls bald wieder aus ihrem Leben verschwand. Sie hatten einander in dem Restaurant kennengelernt, in dem beide kellnerten. Der Mann war in Ordnung, fing aber nach wenigen Monaten etwas mit einer anderen Frau an, mit einem hergelaufenen Flittchen, wie Leticia sie die wenigen Male nannte, wenn sie darauf zu sprechen kam. Tatsächlich hinterließ dieser Ehemann so wenig Erinnernswertes, dass sie mit den Jahren sogar seinen Namen vergaß.

Über El Salvador wusste Leticia zunächst kaum mehr als das, was ihr die Lehrerin in der Dorfschule in El Mozote noch hatte beibringen können, erkundete das Land dann aber in der öffentlichen Bibliothek. Dort betrachtete sie im Internet, in Büchern und Zeitschriften Hunderte Bilder, die tropische Vegetation, das viele Wasser, die Früchte und vielfarbigen Blumen, die Bergketten und Vulkane, das Tiefblau des Pazifiks. Ein Vogelbuch mit einem Türkisbrauenmotmot auf dem Umschlag, dem schillernd bunten Nationalvogel mit den langen Schwanzfedern, schaute sie lange an. Sie selbst verband nichts mehr mit diesem Land, aber sie hatte zahlreiche Freunde in der salvadorianischen Community der Bay Area. Mit ihnen teilte sie die Sprachmelodie, manche Gewohnheiten, die Musik und das Essen, nicht jedoch das Heimweh. Viele von ihnen reisten jedes Jahr nach El Salvador, um Verwandte zu besuchen, dagegen war sie selbst nur ein einziges Mal dort gewesen. »Was soll ich da?«, sagte sie, wenn sie gefragt wurde. Sie hatte weder Familie noch Bekannte im Land, und sie hörte ständig, es sei gefährlich. Mit dem Friedensabkommen zwischen Regierung und Guerrilla war der Bürgerkrieg 1992 offiziell beendet worden, doch die Gewalt hörte nicht auf. Die Gefängnisse waren voll mit über und über tätowierten Kriminellen und Narcos, Mitgliedern der berüchtigten Maras, die noch keine Regierung hatte zerschlagen können.

Als sie zweiundzwanzig war, zwischen dem trinkenden Klempner und dem Restaurantkollegen, der sich mit dem Flittchen davonmachte, reiste Leticia nach El Salvador. Ihr Vater weigerte sich mitzukommen, er hatte sich geschworen, nie wieder einen Fuß auf dieses vom Blut seiner Familie befleckte Land zu setzen. Leticia stellte sich vor, sie könnte ein paar Verwandte ausfindig machen, einige entfernte Großcousinen und -cousins musste es noch geben, das wusste sie, aber dann blieb sie nicht lange genug, um nach ihnen zu suchen. Sie fuhr geradewegs nach El Mozote und stellte sich ihren Erinnerungen und Albträumen.

Sie hatte einen Guide gefunden, der bereit war, sie ins Dorf ihrer Familie zu bringen, sie aber vorwarnte, dort gebe es nichts zu sehen. Über zehn Jahre hatte die Regierung das Massaker geleugnet, hatte Beweise vernichtet und die zaghaften Anklagen von Überlebenden zum Schweigen gebracht, dennoch war mit dem Ende des Bürgerkriegs alles ans Licht gekommen. In der Gegend erinnerte sich jeder an das, was geschehen war. Leticia und ihr Guide fuhren mit dem Bus und mussten das letzte Stück zu Fuß zurücklegen. Sie erkannte die Landschaft wieder, auch wenn ihr das Grün viel üppiger und die Hitze drückender vorkamen als in ihrer Erinnerung. Sie mussten lange gehen, sich an vielen Stellen ihren Weg bahnen, weil der Pfad überwuchert war, aber der Guide kannte sich aus. Er erzählte, er sei zehn gewesen, als das Massaker geschah, er habe es, in den Hügeln versteckt, überlebt, dort hätten die Bauern sich während des Bürgerkriegs verborgen. Die Soldaten hätten alle zwei, drei Monate solche Einsätze durchgeführt, dann seien die Menschen in die Höhlen geflüchtet. Über Jahre sei das so gegangen, er habe seine Kindheit auf der Flucht verbracht, und jetzt könne er nicht mehr stillhalten. Auch seine Familie sei in diesem Dezember 1981 vollzählig umgebracht worden. Die Soldaten hätten Befehle befolgt, und weil sie sich vor niemand verantworten mussten, seien sie wie im Blutrausch gewesen.

»Aber wieso haben sie die Kinder umgebracht? Kein Raubtier hier in den Bergen tut so was. Und die Mörder waren genau wie ihre Opfer, das waren Leute vom Dorf, arme Leute«, sagte er.

Leticia fand keinen Anhaltspunkt für ihre Vergangenheit, keinerlei Spur von ihrer Mutter, ihren Geschwistern oder ihrer Großmutter. Dort, wo einmal ein kleines Dorf gewesen war, gab es nur von Erde oder Wildwuchs verschlungene Knochen und die vereinzelten Überreste von Hütten. Niemand war hier. In der Luft sirrten Insektengesumm und das Wispern unerlöster Seelen. Man hörte die Kinder weinen, oder vielleicht war es auch der Wind im Schilf.

Edgar Cordero starb, da war Leticia mit Bill Hahn zusammen, ihrem dritten Ehemann. Seine Enkeltochter, auf die er sich so gefreut hatte, lernte Edgar nicht mehr kennen. Leticia hatte ihm gesagt, sie werde das Kind Alicia nennen, nach ihrer Mutter. Edgar wurde auf einem Stuhl am Tisch sitzend gefunden, sein Kopf ruhte auf der geöffneten Bibel. Er war weder krank noch alt gewesen, sein Leben war einfach in einem gütigen Übergang erloschen. Nach den Worten des Pastors war er in den Armen von Jesus, Unserem Herrn, in den Himmel aufgefahren. Cruz Torres kümmerte sich um die Beerdigung, bezahlte alles, vom Sarg bis zu den Blumen, und lud die Trauergäste im Anschluss zum Essen in ein mexikanisches Restaurant ein.

An die Hand ihres Mannes geklammert, mit Siebenmonatsbauch und vom Weinen verquollenem Gesicht, nahm Leticia daran teil, weil sie Cruz nicht kränken wollte.

»Wo Don Edgar jetzt nicht mehr ist, sollst du nicht vergessen, dass ich wie ein Pate für dich bin, Leticia. Du kannst immer zu mir kommen, wenn du etwas brauchst.«

»Vielen Dank, Don Cruz«, sagte Bill Hahn. »Bei allem Respekt, aber sie ist meine Frau, also ist es an mir, für sie da zu sein.«

»Das stimmt, aber man weiß nie, was passieren kann. Ich hoffe jedenfalls, dass wir in Kontakt bleiben, Leticia.«

Bill Hahn stammte von den Pionieren ab, die 1849 zu Fuß Nordamerika durchquert hatten, um bei der Goldsuche reich zu werden. Auf der Jagd nach dem Vermögen, das sie nie zu fassen bekamen, hatten seine Ururgroßeltern ein entbehrungsreiches Leben geführt. Ein paar seiner Vorfahren erlebten kurze Phasen des Wohlstands, aber geprägt war das Los der Familie von harter Arbeit und geringer Entschädigung. Bill, der stolz auf seine Abstammung war, hatte sich eingehend mit dem Goldrausch von San Francisco beschäftigt und gesammelt, was er an Briefen und Dokumenten seiner Vorfahren hatte finden können. Seine Leidenschaft für Geschichte hatte ihm zu einer Anstellung im Oakland Museum verholfen, die nicht üppig, aber doch ausreichend bezahlt war, um seine Frau anständig zu versorgen. Er wollte nicht, dass sie während der Schwangerschaft oder danach arbeitete, wenn sie sich würde um das Kind kümmern müssen, das sie erwartete. Bill war ein introvertierter, zu starken Gefühlen fähiger Mann und hatte sich im Foyer des Museums auf den ersten Blick in Leticia verliebt. Ihre Statur, ihre Selbstsicherheit und das Lächeln, mit dem sie sich bedankte, als er ihr den Weg zur Cafeteria zeigte, hatten ihn entwaffnet. Er war so hingerissen, dass er seinen Arbeitsplatz verließ, ihr hinterherging, seine tiefsitzende Schüchternheit überwand und sie fragte, ob er sich zu ihr setzen dürfe. Von da an folgte er einem strategischen Plan, um sie für sich zu gewinnen, was ihm schließlich gelang. Zwei Jahre waren die beiden verheiratet, und Leticia war nie glücklicher gewesen in ihrem Leben. Dieser äußerlich unscheinbare Mann verfügte über einen unerschöpflichen Vorrat an Zärtlichkeit und einen überraschenden Sinn für Humor.

Doch genau wie Cruz Torres am Tag von Edgars Beerdigung gesagt hatte, weiß man nie, was passieren kann. Bill hatte seit einigen Wochen starke Kopfschmerzen gehabt, die er mit großen Mengen von Tabletten in Schach hielt. Manchmal trübte sich sein Blick, und er hatte einen steifen Hals, aber er schob den Besuch beim Arzt vor sich her in der Hoffnung, dass es, wie fast jede Malaise, von selbst wieder weggehen würde. An jenem Abend, als das Museum schloss, er nachgesehen hatte, dass alles in Ordnung war, so dass die Schicht an die Nachtaufsicht übergeben werden konnte, platzte ein Aneurysma in seinem Gehirn. Ein blitzartiger Schmerz blendete ihn, er stürzte und wurde zwei Stunden später am Boden liegend gefunden.

Leticia erfuhr es durch einen Polizisten, der zu ihr kam und sie bat, ihn zu begleiten und den Toten zu identifizieren. Unter ihr tat sich ein Abgrund auf. Sie stand tränenüberströmt mit ihrem kleinen Mädchen auf dem Arm in dem eisigen Raum, in den ihr Mann gebracht worden war. Als sie ihn lange auf den Mund küsste, wiederholte sie das Versprechen, das sie ihm viele Male gegeben hatte: Sie würden für immer zusammen sein.

Zu Beginn schloss sich die junge Witwe in der kleinen Wohnung ein, in der sie mit ihrem Mann gelebt hatte, klammerte sich an ihre Tochter, konnte sich in ihrer Verzweiflung nicht überwinden, nach draußen zu gehen. Sie wollte niemanden sehen, trotzdem kam ständig jemand und klopfte an ihre Tür, brachte Essen und bot Zuspruch. Bill war hilfsbereit gewesen und sie gesellig, fröhlich und immer großzügig, jetzt war es an der Zeit, ihr etwas zurückzugeben, aber mit den Wochen, die vergingen, wandten sich die Freunde und Nachbarn wieder ihrem eigenen Leben zu, und sie spürte die Einsamkeit mit voller Wucht. Sie hatte sich daran gewöhnt, dass sie von Bill abhängig war, er ständig für sie da, sie zu dritt schliefen, mit ihrer Tochter in der Mitte. Seit über zwei Jahren hatte sie nicht gearbeitet, das Geld auf ihrem Konto ging zur Neige, und sie musste für die kleine Alicia sorgen. Sie konnte es sich nicht erlauben, noch länger zu weinen.

Es war das Jahr 2000, sie war siebenundzwanzig, ihre Tochter achtzehn Monate alt, und ihr Leben hing in Fetzen. Da tauchte wie vom Himmel geschickt Cruz Torres wieder auf. Als er sah, wie hilflos, traurig und arm sie war, sicherte er ihr eine monatliche Unterstützung zu und mietete für ein Jahr ein Zimmer an, in dem sie leben konnte, bis sie alleine klarkommen würde. Er renovierte gerade eine alte Villa in den Hügeln von Berkeley, eine längere Baustelle, weil viel daran zu tun war. Er machte Leticia mit der Eigentümerin bekannt, die jemanden suchte, der ihr beim Putzen und bei anderen Haushaltstätigkeiten half. Die Frau stellte Leticia auf gut Glück und ohne Nachfragen ein. Dass Cruz sie empfahl, genügte ihr.

~ SELENA ~

San Francisco/Nogales, Dezember 2019

Am 23. Dezember erschien Selena Durán in der Kanzlei Larson, Montaigne & Lambert in der Montgomery Street, im Herzen des Bankenviertels von San Francisco. Die Kanzlei belegte die oberen drei Stockwerke des Wolkenkratzers und bot einen spektakulären Blick über die Stadt. Stahl, Sichtbeton und Fensterflächen, Möbel aus Leder und gebürstetem Aluminium, baumgroße Grünpflanzen, neutrale Farben, Fotografien von Dünen und Wolken. Gleich hinter der zweiflügligen Glastür mit den eingravierten, vergoldeten Namen der Mehrheitseigner umfing einen die Atmosphäre von Autorität, Effizienz, Zackigkeit und Hierarchie. Die Frau an der Anmeldung forderte Selena auf zu warten, ohne ihr eine Sitzgelegenheit anzubieten, und griff nach dem Hörer des Haustelefons. Selena lächelte amüsiert, weil der höflich kühle, fast schroffe Empfang sicher dazu gedacht war, die Besucher einzuschüchtern. So leicht war sie allerdings nicht zu beeindrucken.

Eine Viertelstunde wartete sie im Stehen, begutachtete die Dünen und Wolken an den Wänden und sah mehrfach Menschen mit zugedeckten Tabletts einen Flur betreten und dort wieder verschwinden. Schließlich kam eine Frau mittleren Alters, in ein zu enges Kostüm und High Heels gezwängt, und holte sie ab.

»Selena Durán? Guten Tag, ich bin die Assistentin von Herrn Lambert.«

»Ich habe einen Termin bei ihm«, sagte Selena.

»Ja, sicher. Wenn Sie mir bitte folgen wollen. Entschuldigen Sie das Durcheinander. Heute ist unser letzter Arbeitstag vor Weihnachten. Am Nachmittag findet unsere Feier zum Jahresende statt.«

Selena dachte an die Tabletts, die man an ihr vorbeigetragen hatte, und stellte sich sautinierte Krabbenschwänze, Schweinerippchen und Filetspieße vor. Sie hatte um fünf am Morgen eine Tasse Kaffee und zwei Scheiben Toastbrot gefrühstückt, weil sie auf den ersten Flug um 7:15 Uhr von Tucson nach San Francisco gebucht war. Jetzt war fast Mittag, und sie war hungrig.

Die Assistentin führte sie durch einen breiten Flur zur Doppeltür am Ende und klopfte leise an. Kurz darauf öffnete Ralph Lambert persönlich. Selena kannte sein Bild aus der Presse und wusste um seinen Ruf. Er war das Gesicht dieser Anwaltskanzlei, die bekannt dafür war, dass sie aufsehenerregende Prozesse für Klienten gewann, die in der Lage waren, exorbitante Honorare dafür zu zahlen. Lambert war ein Mann in den Sechzigern und kleiner und schmaler, als sie es vermutet hätte.

»Schön, dass Sie da sind, wir erwarten Sie schon«, sagte er.

Selena betrat einen großen Konferenzraum mit einer vollverglasten Seitenwand und einem langen Tisch, an dem etwa ein Dutzend Menschen saßen. Noch einmal so viele standen. Wohl die Nachwuchshoffnungen der Kanzlei, dachte sie.

»Frau Selena Durán, vom Magnolia-Projekt«, verkündete Lambert und deutete für Selena auf einen Stuhl.

Sie stellte ihre unförmige Guatemala-Handtasche auf den Boden neben der Tür, schob sich eine Haarsträhne hinters Ohr, ignorierte den Stuhl und wandte sich vom Kopfende des Tischs aus im Stehen an die Anwesenden.

Selena wusste, dass sie in Situationen wie dieser auf ihr Erscheinungsbild achten musste. Ihre Großmutter lag ihr oft genug damit in den Ohren, aber in ihrem Arbeitsalltag war Bequemlichkeit zumeist wichtiger als das Aussehen, deshalb trug sie fast immer Jeans, T-Shirt und Turnschuhe. Heute hatte sie sich im Morgengrauen alle Mühe gegeben, den Vorstellungen ihrer Großmutter gerecht zu werden, hatte ihr Haar im Nacken hochgesteckt, Lippenstift aufgetragen und ihre »Bettelmontur« angezogen, wie sie das schwarze Kleid nannte, das sie ausschließlich trug, um Spenden einzuwerben. Sie bildete sich ein, darin seriös auszusehen.

Am Tisch saß nicht weit von ihr Frank Angileri, der junge Staranwalt der Kanzlei, von den Neidern im Kollegenkreis hinter seinem Rücken »Schätzchen« genannt, weil er in ihren Augen von Ralph Lambert verhätschelt wurde und immer die öffentlichkeitswirksamsten Fälle bekam. Gerade war er mit dem Fall Alperstein betraut. Frank betrachtete die junge Frau und wusste nicht, wie er sie einordnen sollte. Er hielt sich für einen Experten darin, bei Begegnungen auf den ersten Blick zu wissen, mit wem er es zu tun hatte, was in seinem Beruf durchaus nützlich war. Dem Namen nach war sie Latina, aber das passte vom Typ her nicht, sie war großgewachsen und hellhäutig. Er fand sie sehr attraktiv, auch wenn sie ein paar Kilo mehr auf den Rippen hatte, als er für vorzeigbar hielt. Was war das bloß für ein Projekt?

»Guten Tag. Ich arbeite im Magnolia-Projekt für Geflüchtete und Einwanderer«, stellte sie sich vor. »Wie Sie alle wissen, haben wir es an der Grenze zu Mexiko mit einer schweren humanitären Krise zu tun. Die Regierung setzt auf Null-Toleranz und hat angeordnet, dass Familien, die um Asyl nachsuchen, getrennt werden. Auch bevor es diese offizielle Anweisung gab, ist das bereits vorgekommen. Tausende von Kindern wurden ihren Familien weggenommen, darunter Säuglinge, die man den Müttern aus den Armen gerissen hat. Einmal musste ich ein einjähriges Kind ohne Eltern zur Anhörung vor Gericht begleiten. Das Kind lag im Kinderwagen. Schlafend.«

Seit im Mai des vergangenen Jahres die erste Reportage darüber im Fernsehen gelaufen war, waren die Vorgänge allgemein bekannt. Die Empörung im In- und Ausland war damals lautstark gewesen. Kein Mensch konnte teilnahmslos mitansehen, wie man Kinder in Käfigen zusammenpferchte, wo sie weinend und verdreckt auf dem Boden schlafen mussten. Die Regierung hatte dem öffentlichen Druck schließlich nachgegeben und die Anordnung zurückgenommen, aber bis dahin gab es an der Grenze bereits mehrere tausend elternlose Minderjährige. Selena erklärte, auch weiterhin würden Familien unter verschiedenen Vorwänden getrennt, und Hunderte von Kindern befänden sich noch immer in Lagern, weil keine sorgfältige Registrierung stattgefunden habe und man ihre Eltern nicht ausfindig machen könne. Niemand habe daran gedacht, dass die Familien wieder zusammengeführt werden mussten. Daneben würden mehrere tausend Minderjährige festgehalten, die unbegleitet eingereist seien, und es kämen immer neue dazu.

»Das Magnolia-Projekt versucht ihnen zu helfen«, fuhr sie fort. »Wir sind nicht die Einzigen, es gibt mehrere ähnliche Organisationen. Fast vierzigtausend Anwälte und Studierende der Rechtswissenschaften arbeiten ehrenamtlich in diesem Bereich. Jeder Serienkiller hat das Recht auf einen Anwalt, für Einwanderer und Geflüchtete gilt das jedoch nicht. Kinder, die ohne Rechtsbeistand vor einen Richter müssen, werden fast ausnahmslos abgeschoben. Hat das Kind eine Verteidigung, erhält es dagegen häufig Asyl.«

»Frau Durán hat unsere Kanzlei um Unterstützung gebeten, und natürlich sind wir dazu bereit«, ergänzte Ralph Lambert.

Frank vermutete, dass das Teil der neuen Imagekampagne war. Die Kanzlei war dafür bekannt, dass sie erfolgreich Kriminelle vertrat, deren Schuld außer Frage stand und die ein Vermögen dafür zahlten. Früher hatte man sich dessen gebrüstet, inzwischen wollte man es lieber verbergen, weil der gesellschaftliche Wind sich gedreht hatte. Dass es eine Frage des Geldes war, ob man straffrei davonkam, wurde nicht mehr so einfach hingenommen. Daher die plötzlichen philanthropischen Gesten, die Beförderung von Frauen auf Schlüsselposten, die People of Color im Kollegenkreis. Inzwischen sah man nicht mehr ausschließlich weiße Männer in diesen lichtdurchfluteten Büros.

Einwanderung war ein politisch brisantes Thema und konnte nach Franks Einschätzung mehr Scherereien als Vorteile bringen, aber Lambert hatte das Risiko sicher abgewogen. Die gelassene Redegewandtheit der jungen Frau beeindruckte ihn jedenfalls, und er schämte sich etwas, dass er der Tragödie, die sich an der Grenze abspielte, bisher nicht mehr Aufmerksamkeit geschenkt hatte.

Selena fragte Lambert, ob sie eine kurze Präsentation zeigen dürfe, es werde nicht lange dauern. Er gab seiner Assistentin einen Wink, die drückte auf einen Wandschalter, und lautlos senkte sich die Verschattung herab. Ein Beamer wurde auf dem Tisch gegenüber der Leinwand platziert, und Selena schloss rasch ihren Laptop an. Sie war geübt darin und wusste, dass es vor allem darauf ankam, die Aufmerksamkeit der Zuhörerschaft nicht zu verlieren. In schneller Folge wechselten die Bilder an der Wand und zeigten Familien aus Mittelamerika auf der gefahrvollen Reise aus ihren Dörfern zur Grenze: Viele hundert Menschen auf dem Dach eines Güterzugs; andere zu Fuß in der Wüste; schwimmend im Fluss; Grenzpatrouillen und bewaffnete Zivilisten, die sich anmaßten, das Gesetz mit Schüssen zu verteidigen; die Zellen in den Internierungslagern, »Eisschränke« genannt, weil dort Menschen, die aus tropischen Gegenden kamen, bei sehr niedrigen Temperaturen inhaftiert waren; die herzzerreißenden Szenen, wenn Beamte die schreienden Kinder wegbrachten; die verzweifelt flehenden

Mütter und Väter. Selena erklärte, dieses Vorgehen sei weiterhin üblich, werde inzwischen aber vertuscht. Man tue das jetzt nachts.

Niemand rührte sich, Stille im Raum. Viele wirkten betroffen, zwei Frauen tupften sich Tränen ab.

»Wie können wir helfen?«, fragte eine von ihnen.

»Wir brauchen Anwälte, die ehrenamtlich die Minderjährigen verteidigen und dieser Folterpraxis ein Ende setzen. Ein für alle Mal«, sagte Selena.

»Ich kenne mich mit Einwanderungsrecht nicht aus.«

»Das ist nicht schwierig. Sie bekommen von uns die notwendige Schulung.«

»Dann bin ich dabei.«

»Wie ist Ihr Name?«

»Rose Simmons. Ich weiß nicht, ob ich behilflich sein kann, ich spreche kein Spanisch.«

»Wir haben Dolmetscher. Vielen Dank, Rose.«

»Die Kanzlei wird Ihnen bei gleichem Gehalt mit den Arbeitszeiten entgegenkommen, Frau Simmons, sofern Sie Ihre Pflichten uns gegenüber nicht vernachlässigen. Die Zusatzarbeit ist Ihre Sache«, stellte Lambert klar.

»Das ist mir bewusst.«

»Sie werden es nicht bereuen, Rose, glauben Sie mir«, sagte Selena.

Frank wurde rot. Ihm kam es vor, als würde Selena Durán ihn mit dem Blick durchbohren, sich auf ihn beziehen, ihn herauspicken und verurteilen, als sie sagte:

»Was wir tun, verspricht weder Geld noch Ruhm, deshalb sind auch fast ausnahmslos Frauen bei uns engagiert.

Auch die Betreuung der Kinder in den Lagern und die soziale und psychologische Unterstützung liegt weitgehend in weiblicher Verantwortung.«

Unwillkürlich hob Frank die Hand und verkündete, er stehe ebenfalls zur Verfügung. Ein Raunen ging durch den Raum. Vom Schätzchen, dem ehrgeizigsten Mitglied des Teams, hätte das niemand erwartet. Lambert bat ihn nach draußen auf den Flur und schloss die Tür hinter ihnen beiden.

»Wie wollen Sie das anstellen, Angileri? Sie müssen sich vollständig auf den Fall Alperstein konzentrieren.«

»Ich nehme meine freie Zeit dafür.«

»Sie haben keine freie Zeit. Und keinen Urlaub.«

»Über Weihnachten bin ich bei meinen Eltern in Brooklyn. Ich bleibe nur zwei Tage und nehme die Akte Alperstein mit. Aber Wunder kann auch ich keine vollbringen, das wissen Sie, jedes Geschworenengericht wird ihn schlachten. Eins seiner Opfer, das er unter Drogen gesetzt und vergewaltigt hat, war vierzehn.«

»Verhindern Sie um jeden Preis, dass es zum Prozess kommt, Angileri. Wenn Sie einen Fehler machen, war's das mit Ihrer Karriere.«

»Seien Sie unbesorgt.«

Die Sitzung war beendet, Selena Durán packte ihren Laptop und ihre Notizen ein, ließ sich von Rose Simmons und Frank Angileri die Visitenkarten geben und erklärte ihnen, welche Verpflichtungen sie gegenüber dem Magnolia-Projekt eingehen würden. Zunächst werde sie ihnen eine kurze

Onlineschulung über die Rechtslage freischalten und dann würden ihnen, noch als Teil der Schulung, ein oder zwei Fälle zugeteilt. Sie sollten die Kinder kennenlernen, die in verschiedenen Lagern festgehalten würden, ihre Verteidigung vorbereiten und sie zur Anhörung begleiten. Das könne allerdings dauern, die Gerichte seien überlastet und hätten noch Tausende von unbearbeiteten Fällen auf dem Tisch.

»Und eine kleine Warnung: Wer sich einmal darauf einlässt, kommt nicht mehr davon los«, sagte sie fröhlich.

»Wo Sie uns schon in die Falle gelockt haben, Frau Durán …«, setzte Frank an.

»Nenn mich doch bitte Selena.«

»Selena, also, wo wir jetzt schon in der Falle sitzen, könntest du uns zum Mittagessen begleiten.«

»Ich kann leider nicht«, sagte Rose. »Meine Schwiegereltern reisen für die Feiertage aus Missouri an.«

»Und ich fliege am Nachmittag nach Los Angeles«, sagte Selena.

»Lebst du dort?«

»Nein, in Arizona, aber meine Familie lebt in L. A. Ich verbringe Heiligabend bei ihnen und mache mich dann übermorgen wieder an die Arbeit.«

Frank dankte im Stillen dem Himmel, dass Rose sich verabschiedete, überzeugte Selena davon, dass sie bis zu ihrem Flug noch alle Zeit der Welt hatte, und ging mit ihr ins Boulevard, ein teures Restaurant, in dem seine Chefs vorm Mittagessen Dom Pérignon bestellten. Die junge Frau mit den abgewetzten Stiefeln, dem Mantel, der aussah wie aus dem

Secondhandladen, und dieser grellbunten Tasche, die sie als Handgepäck benutzte, war so ziemlich das Gegenteil der schicken Begleiterinnen, mit denen er sich sonst in der Öffentlichkeit zeigte. Er wollte sie damit beeindrucken, dass er den Maître mit Namen begrüßte, aber sie hing am Handy und redete auf Spanisch auf jemanden ein. Man gab ihnen einen Tisch hinten beim Fenster, und der Kellner, der ein gutes Gedächtnis für großzügige Trinkgeldgeber besaß, stellte jedem ein Glas Prosecco hin, ehe er ihnen die Speisekarte reichte.

»Das ist ein Schaumwein aus dem Veneto, einem Anbaugebiet in Norditalien«, ließ Frank Selena wissen.

»Echt lecker«, sagte sie, nachdem sie ihn zügig getrunken hatte.

Frank begriff, dass ein guter Tropfen an sie vergeudet sein würde, weil sie einen Wein von Quintessa nicht von einem zum Kochen unterscheiden konnte. Es war ein Fehler gewesen, sich für diese Ehrenamtsarbeit zu melden, ohne sich vorher genauer zu informieren, und der nächste Fehler, diese Frau zum Essen einzuladen. Mit beiden Entscheidungen hatte er sich selbst festgenagelt. Beide hatte er wegen der sexuellen Anziehung getroffen, die erste, weil er Selena zeigen wollte, dass er ein Mann mit Wertvorstellungen und hehren Gefühlen war, und die zweite, um den Boden für eine intimere Begegnung in nicht allzu ferner Zukunft zu bereiten, wenn er zurück wäre aus Brooklyn. Ich bin ein Idiot, dachte er, eher peinlich berührt als verärgert. Aber nach wenigen Minuten Gespräch waren seine Zweifel verflogen.

Sie tranken die Flasche Quintessa und erzählten sich dabei ihr Leben, oder eigentlich redete Frank die meiste Zeit, und Selena hörte mehr oder weniger aufmerksam zu. Sie wunderte sich, dass er ihr lang und breit darlegte, wie kompliziert seine Arbeit war, wie viel Erfahrung er bei Gericht gesammelt hatte, und auch noch beiläufig fallen ließ, er habe seinen Abschluss in Yale gemacht, dass er sie aber nicht fragte, welche Aufgaben jetzt auf ihn zukommen würden. Sie wollte ihn nicht drängen, dieser Wichtigtuer würde noch früh genug auf dem Boden der Tatsachen landen, dachte sie amüsiert.

Selena bestellte Filet Mignon mit Pommes. Frank hätte um ein Haar etwas wegen der Kalorien und des Cholesterins gesagt, verkniff es sich aber noch rechtzeitig. Er wählte den gedämpften Steinbutt, er achtete auf seine Linie. Im Allgemeinen waren seine Eroberungen Vegetarierinnen und pickten sorgfältig in ihrem Essen herum. Er konnte sich nicht erinnern, dass je eine Brot oder Nachtisch gegessen hätte, so wie Selena Durán, die ihr Essen verschlang und Dressing an ihren Salat tat.

Das Mittagessen zog sich hin, und Frank beschloss, die lästige Feier im Büro zu verpassen und stattdessen Selena zum Flughafen zu fahren, damit er noch eine halbe Stunde mit ihr verbringen konnte. Dass er später noch einmal für seinen eigenen Flug hinmusste, hielt ihn nicht ab.

Selena war ausgehungert genug, um sich auch über die Profiterols mit Schokoladensoße noch mit Genuss herzumachen, während er ihr von seinem Weihnachten in Brooklyn erzählte, wo seine Familie lebte, seit die Großeltern aus Sizilien eingewandert waren. Weihnachten war die einzige Gelegenheit, zu der alle im Haus seiner Eltern zusammenkamen: beide Großeltern, seine Geschwister mit ihren Partnerinnen und Partnern und etlichen Kindern, einige Cousinen und Cousins, eine alleinstehende Nachbarin, die Opernsängerin gewesen war, und Onkel Luca, der nicht ganz richtig im Kopf war.

»Er läuft immer mit einem Schießeisen aus Garibaldis Zeiten herum und behauptet, er hätte bei den Internationalen Brigaden im Spanischen Bürgerkrieg gekämpft. Dafür müsste er mindestens hundertdrei sein, er sieht aber höchstens aus wie neunzig.«

»Erzähl mir von deinen Eltern«, bat sie, weil sie selbst nicht reden und ungestört essen wollte.

»Sie betreiben den besten italienischen Lebensmittelladen von Brooklyn. Mein Vater hat wahrscheinlich in seinem Leben nie ein Buch gelesen, wollte aber unbedingt, dass alle seine Kinder einen Uniabschluss machen. Meine Mutter ist eine Naturgewalt und normalerweise ein Schatz, aber wenn sie wütend wird, muss man Abstand halten. Als wir klein waren, hat sie uns mit dem Holzlöffel gehauen. Einmal hat sie mir den Deckel vom Spaghettitopf übergezogen. Wehgetan hat es nicht, aber seitdem mache ich einen Bogen um sie, wenn sie kocht. Sie hat nie Englisch mit uns gesprochen. In meiner Familie streiten und vertragen wir uns auf Italienisch.«

»In meiner auf Spanisch«, sagte Selena. »Dein Italienisch wird dir helfen, die Sprachen sind ja nah beieinander.«

»Ich hatte Spanisch in der Oberstufe und an der Uni, muss es aber auffrischen.«

»Die Kinder, die deine Mandanten werden, verstehen ein Lächeln und einen freundlichen Tonfall, Frank, sie brauchen sehr wenige Wörter. Mein Spanisch ist auch nicht perfekt, aber besser geworden durch die Arbeit.«

»Immerhin ist es alltagstauglich.«

»Dank meiner Urgroßmutter, sie hat immer nur Spanisch mit mir gesprochen.«

»Du hast eine Urgroßmutter? Ziemlich seltenes Glück.«

»Meine Familie besteht aus mehreren Generationen unsterblicher Frauen. Die Männer kommen und gehen oder sterben, sie halten jedenfalls nie lang bei uns, deshalb bleiben wir alle beim Nachnamen meiner Urgroßmutter und nennen uns Durán. Sie ist in Mexiko zur Welt gekommen, genau wie meine Großmutter, die hellsichtig ist, aber meine Mutter ist hier geboren, ebenso meine Schwester, ihre beiden Kinder und ich.«

»Hellsichtig, sagst du?«

»Ja, ein Medium. Die Gabe ist angeboren. Manchmal treten Tote mit ihr in Verbindung. Einige sieht sie auch.«

»Du machst Witze!«

»Sie ist berühmt. Sag bloß, du hast noch nie von Dora Durán gehört? Es gab mehrere Fernsehreportagen über sie. Sie hat an einem Forschungsprojekt der Chapman University zu paranormalen Phänomenen teilgenommen. Die Polizei und Menschen von überall her suchen ihren Rat.«

»Wobei denn?«

»Kommt drauf an.«

»Hast du ein Beispiel?«

»Bei einem der letzten Fälle ging es um einen neunjährigen Jungen, der verschwunden war. Meine Großmutter konnte sagen, dass die Leiche in einem Brunnen liegt.«

»Und konnte sie den Mörder überführen?«, fragte Frank belustigt.

»Er ist nicht umgebracht worden, er ist hineingefallen.«

»Woher hat deine Großmutter das gewusst?«

»Manchmal hat sie einen Traum, manchmal ein starkes Gefühl oder eine Vorahnung. Es kommt auch vor, dass die verlorene Seele zu ihr kommt. Bei dem Jungen war das so. Sie wollte die Kinder meiner Schwester von der Schule abholen und hat zum Warten auf einer Parkbank gesessen, da stand plötzlich ein kleiner Junge neben ihr. Meine Großmutter hat gespürt, wie ihr von Kopf bis Fuß eiskalt wird und ihr Herz rast. Der Junge hat ihr gesagt, wo er ist, dann war er weg.«

»Muss ja gruselig sein, umringt von Toten aufzuwachsen.«

»Ich sehe und höre sie nicht, sie haben mich nie gestört«, entgegnete Selena und wischte die Reste der Schokoladensoße mit dem Finger auf.

Sie verließen als letzte Gäste das Restaurant, gingen Franks Auto holen und fuhren zum Flughafen. Unterwegs verabredeten sie, dass sie sich nach Weihnachten in Arizona treffen und Selena ihm vorher die Schulung schicken würde, die er sich anschauen sollte. Sie erklärte ihm, die Richter hätten nicht allzu viel Zeit für Papierkram, man müsse alles einfach halten und zügig zum Punkt kommen, die rechtliche Argumentationslinie sei die Grundlage, aber ausschlaggebend sei es, Emotionen zu wecken. Alles hänge vom Richter ab, einige hätten Verständnis, andere seien Arschlöcher. Die neueren seien durchweg Arschlöcher.

Frank begleitete sie im Flughafen bis zum Sicherheitscheck und folgte ihr mit dem Blick, bis sie die Schleuse passiert hatte und in Richtung Gate verschwand. Er hoffte, sie werde sich umdrehen und ihm zum Abschied winken, das hätte er mindesten erwarten dürfen, wo er ihr so viele Stunden seiner Zeit geschenkt hatte, aber sie enttäuschte ihn.

In Nogales, Arizona, das zehn Minuten entfernt war von Nogales in Sonora, Mexiko, teilte sich Selena Durán die Wohnung mit einer weiteren Sozialarbeiterin. Das war ein Provisorium, das inzwischen seit zwei Jahren bestand, und laut Milosz Dudek, Selenas ewigem Verlobtem, wurde es langsam Zeit für eine dauerhaftere Lebensplanung. Also beispielsweise dafür, zu heiraten und nach Los Angeles zurückzukehren, wo Selenas Familie lebte und wo er mittlerweile recht zermürbt und immer ungeduldiger auf sie wartete. Unter stets neuen Vorwänden zögerte sie die Heirat hinaus, dabei waren sie beide schon wer weiß wie lange ein Paar. Bei der Mehrheit der Familie Durán galt Milosz als hervorragende Partie: Er war jung, gesund, frei von schlechten Angewohnheiten und verdiente besser als ein Arzt damit, dass er in riesenhaften Sattelschleppern quer durchs Land fuhr, was emotionale Stabilität und physisches Durchhaltevermögen erforderte. Seiner Verlobten hatte er einen gesicherten Lebensunterhalt und eine über Jahre bewiesene Liebe zu bieten. Er wünschte sich Kinder, ein behagliches Zuhause und eine glückliche Ehefrau, die ihn dort erwartete, wenn er von seinen Touren zurückkehrte. Die Trucks waren langsam und die Strecken lang. Die Durán-Frauen waren sich einig, dass Selena nichts Besseres passieren konnte, denn wo sonst würde sie einen Mann finden, den sie mit einem Augenaufschlag im Griff hatte und der obendrein die meiste Zeit nicht da war? Keine vernünftige Frau wünscht sich schließlich einen Vollzeit-Ehemann. Milosz hatte sie schon geliebt, da war sie noch ein Teenager gewesen, zweimal hatten sie kurz davor gestanden zu heiraten, sich dann aber gestritten, sich getrennt, sich doch wiedergefunden und von vorn angefangen. Inzwischen war er es leid. Er hatte mehr als genug Chancen bei anderen Frauen, und hin und wieder nutzte er sie, erinnerte sich danach aber nicht mal an den Namen seiner Flirts. Selena war seine einzige Liebe.

Ehe sie beim Magnolia-Projekt anfing, hatte Selena beim Kalifornischen Gesundheitsdienst gearbeitet und dort Erfahrungen in Verwaltung und Organisation gesammelt. Auf ihrer neuen Stelle verdiente sie weniger als die Hälfte, fühlte sich aber am richtigen Platz. Als sie davon erfahren hatte, dass an der Grenze Familien auseinandergerissen wurden, hatte sie ihre drei Wochen Jahresurlaub genommen und sich trotz der Einwände ihres Verlobten und ihrer Familie an das seit knapp dreißig Jahren bestehende Magnolia-Projekt gewandt, um als Freiwillige zu helfen. Sie war eine von mehreren tausend Empörten, die ihre Unterstützung anboten. Nach einer Woche Arbeit mit den Kindern kündigte sie ihren Job. Sie kehrte nicht nach Los Angeles zurück und wurde nach kurzer Zeit Teil des Magnolia-Teams. Seit dieser Zeit arbeitete sie tagsüber und absolvierte am Abend Onlinekurse in Rechtwissenschaften und Psychologie. Sie träumte davon, wieder an die Universität zu gehen, sobald die Krise an der Grenze ausgestanden wäre. Das würde ihre Studienschulden erhöhen, wäre es aber wert.

Frank hatte mit Selena vereinbart, dass er am 25. Dezember zu ihr kommen und das Mädchen kennenlernen würde, das sie für ihn vorgesehen hatte. Als er ins Flugzeug stieg, lagen ihm die kulinarischen Weihnachtsausschweifungen noch im Magen. Seine Mutter begann immer schon eine Woche vor Heiligabend mit den Kochvorbereitungen: Manicotti, Scampi, Langusten, frittierten Aal, Pulpo-Salat, Filet Wellington, ihre legendäre Reistorte mit Spinat und als Nachtisch Cannoli, Mandelturrón und eine unanständige Menge unterschiedlicher Plätzchen. Das Weihnachtsessen begann nachmittags gegen vier und zog sich, bis man im Pulk zur Mitternachtsmesse aufbrach. An diese Tradition hielten sich alle, auch wenn die Hälfte der Familie nicht religiös war. Falls jemand nicht satt geworden sein sollte, gab es danach noch Gnocchi mit Tomatensoße, und wenn etwas übrig blieb, war seine Mutter gekränkt. Frank war in dieser dem guten Leben zugetanen Sippe als Einziger schlank. Seiner Mutter kamen manchmal die Tränen beim Gedanken an ihren armen Jungen, der ganz allein und hungrig in diesem Sündenpfuhl San Francisco lebte, Stadt der Gottlosen, Herumtreiber, Drogenabhängigen und Homosexuellen. Alle vierzehn Tage schickte sie ihm per Express gefrorene Fleischbällchen.

Auf seinem Flug nach Arizona mit Umstieg in Denver hatte Frank sieben Stunden Zeit, um sich den Fall Alperstein anzusehen. Der Großunternehmer mit Verbindungen zum Präsidenten wurde des Handels mit Minderjährigen, der Veruntreuung von öffentlichen Mitteln und der Geldwäsche beschuldigt. Frank war in einer Nachrichtensendung im Fernsehen hinter ihm zu sehen gewesen, und seine Mutter hatte fast einen Herzanfall bekommen. Am Telefon hatte er ihr zu erklären versucht, dass jeder Mensch das Recht auf juristische Verteidigung besitze und sein Mandant bis zum Beweis des Gegenteils als unschuldig zu gelten habe, aber sie hatte ihn niedergebrüllt: »Mi ha spezzato el cuore! Che peccato! Un mio figlio che difende un pedofilo!«, und aufgelegt. Sie hatte recht, Alperstein war ekelhaft. Und auch wenn Frank nicht daran glaubte, dass es Sünde war, einen Kinderschänder zu verteidigen, wollte er seiner Mutter nicht das Herz brechen und hatte sie auf einem Zettelchen in einer Schachtel Pralinen um Verzeihung gebeten. Er war von dem Nachtflug von San Francisco nach New York, dem vielen Essen im Haus seiner Eltern und vom Schlafmangel etwas derangiert, freute sich aber auf das Wiedersehen mit Selena. Sie war der eigentliche Grund für diesen Flugmarathon, das meiste hätten sie auch über Videocall erledigen können. Er hatte unangemessen viel an sie gedacht, dabei war sie weit entfernt von seinem weiblichen Ideal und offenbar, wenn er ihre Körpersprache richtig deutete, auch nicht weiter an ihm interessiert. Eigenartig. Vielleicht eine ungewöhnliche Art zu flirten, dachte er. Er würde ihr noch eine Chance geben.

Am Flughafen von Tucson mietete er ein Auto und traf wenig später in Nogales ein, einer zwischen Hügeln und Bergen liegenden Wüstenstadt, die von ihrem Zwilling in Mexiko durch die sich lang schlängelnde, düstere Grenzmauer getrennt war. Er hatte erwartet, dass es heiß sein würde, aber die Temperatur war gemäßigt und bei weitem angenehmer als die Dezemberkälte in New York. Das Büro des Magnolia-Projekts war um diese Zeit geschlossen, und Selena würde ihn bei sich zu Hause erwarten, was ihm ein gutes Zeichen schien. Er fühlte sich erschöpft, aber wenn er ihr Bad benutzen dürfte, könnte er sich frisch machen und rasieren und sie dann zum Abendessen ausführen. Es war drei Stunden früher als in New York.

Das Wohnhaus war einer von mehreren Betonklötzen in einer Straße, in der kein einziger Baum Schatten gab. Der Fahrstuhl war außer Betrieb. Über eine Treppe von zweifelhafter Sauberkeit stieg Frank hinauf bis zu einer grünen Tür. Ihm öffnete eine Frau, die sich als Selenas Mitbewohnerin vorstellte, ihm ein Glas Wasser anbot und eine Katze vom Sofa scheuchte, damit er sich setzen konnte. Frank reagierte allergisch auf Katzen.

Das Appartement bestand aus einem Wohn-Essbereich, der durch eine Arbeitsplatte von der kleinen Küche getrennt war, einem Flur mit zwei Türen, hinter denen Frank die Schlafzimmer vermutete, und einem Bad am Flurende. Jede Wand war in einer anderen Farbe gestrichen, Himmelblau, Terracottarot, Zimtgelb, Flechtengrün, Steingrau, offenbar die Farben der Wüste. Die Wirkung war verheerend und wurde durch das Sofa mit Schottenmuster, das sicher schon den einen oder anderen Vorbesitzer gehabt hatte, nicht besser. Frank bekam Heimweh nach seiner Wohnung, die weiß war, kahl, aufgeräumt, schlicht, maskulin.

Die Frau sagte, Selena werde gleich da sein, und verabschiedete sich, weil sie ein Date hatte. Als Selena eine halbe Stunde später eintraf, fand sie Frank mit der Katze auf dem Bauch leise schnarchend auf dem Sofa. Sie schob ihm ein Kissen unter den Kopf, deckte ihn zu, weil es nachts stark abkühlte, und nahm die Katze mit in ihr Schlafzimmer.

Das stechende Morgenlicht und der Duft von Kaffee weckten Frank um sechs am Morgen, und erst wusste er nicht, wo er sich befand. Sein Mund war trocken, der Zweitagebart juckte, er fühlte sich stinkig und verschwitzt. In Jeans und mit nassen Haaren stellte ihm Selena Durán einen Becher mit Kaffee hin.

»Auf, auf, wir haben viel vor heute, und hier fangen wir früh an.«

»Ich muss erst duschen. Und ich brauche das frische Hemd aus meinem Koffer.«

Sie schickte ihn ins Bad, fütterte die Katze, briet Speck und schnitt Gemüse für eine Tortilla. Das Frühstück war die einzige Mahlzeit, die sie daheim zubereitete, den Tag über ernährte sie sich von Sandwiches und Limo. Eine halbe Stunde später verließ Frank Angileri als neuer Mensch das Badezimmer. Auf seine Körperpflege legte er Wert, duschte gerne lange und sehr heiß, hatte auf Reisen immer ein halbes Dutzend Pflegeprodukte in kleinen Fläschchen dabei und benutzte nie die Hotelware. Sein Aftershave und sein Eau de Toilette besaßen eine subtile Moschusnote, er hatte gelesen, das wirke aphrodisierend. Die Tortilla war inzwischen kalt, und Selena sprach auf Spanisch in ihr Handy. Frank vermutete, dass es der tägliche Anruf bei ihrer Familie war, von dem sie erzählt hatte. Sie beendete das Gespräch, holte eine Aktenmappe und breitete den Inhalt auf dem Esstisch aus.

»Deine Mandantin, Anita Díaz, sieben Jahre«, erklärte sie Frank. »Sie wurde von ihrer Mutter, Marisol Díaz, Ende Oktober getrennt. Seit acht Wochen ist sie in einem Heim. Ihre Mutter hat man in eine Aufnahmeeinrichtung in Texas gebracht, eigentlich ein riesiges, mit Stacheldraht umzäuntes Privatgefängnis im Nirgendwo, wo die Insassen bekanntermaßen misshandelt und ausgebeutet werden. Nach kurzem Aufenthalt dort wurde sie erneut verlegt, offenbar wegen gesundheitlicher Probleme, denn als sie hier ankam, war sie von einer Schussverletzung geschwächt, die noch aus ihrem Heimatland stammt, und von der harten Reise, aber Genaueres wissen wir nicht. Wir vermuten, dass sie inzwischen abgeschoben wurde.«

»Wohin?«

»Auch das wissen wir nicht. Sie und Anita stammen aus El Salvador, aber wir haben keine Anhaltspunkte, dass Marisol dorthin ausgewiesen wurde. Oft werden die Leute auf die andere Seite der Grenze gebracht, nach Mexiko. Wir konnten Marisol bisher nicht ausfindig machen.«

»Wie ist sie mit ihrer Tochter hergekommen?«

»Mitte Oktober haben die beiden an einem Grenzübergang hier in Nogales um Asyl ersucht. Man hat sie nicht reingelassen. Die Anordnung aus dem Weißen Haus, dass niemand über die Grenze darf, gilt nach wie vor. Zehn Tage später ist Marisol illegal rübergekommen und in der Wüste, auf US-amerikanischem Boden, zusammen mit ihrem Kind festgenommen worden. Auf dem Posten der Grenzschützer hat sie ausgesagt, dass sie um ihr Leben und das ihrer Tochter fürchtet und auf der Flucht ist vor einem Mann. Er würde sie verfolgen, er sei ein Mörder, das wisse sie, er habe versucht, sie umzubringen. Sie zeigte die noch frische Narbe einer Schussverletzung in ihrer Brust, die sie nur knapp überlebt hatte. So steht es im Bericht. Was nicht drinsteht, ist die Antwort des Beamten: ›Ich glaube dir kein Wort, alle behaupten dasselbe, ich werde nicht dafür bezahlt, dass ich dich in die USA lasse.‹«

»Der Staat ist rechtlich dazu verpflichtet, denjenigen Schutz zu gewähren, die um Asyl bitten«, sagte Frank.

»Theoretisch ja, aber praktisch werden die Asylsuchenden wie Verbrecher behandelt. Niemand will sie haben. Die Null-Toleranz-Politik soll sie abschrecken, deshalb trennt man die Kinder von ihren Eltern.«

»Und Marisols Tochter?«

»Ist wie gesagt in einem Kinderheim. Zweimal habe ich es geschafft, dass sie mit ihrer Mutter telefonieren konnte. Danach haben wir Marisols Spur verloren.«

»Wie kann so was sein!«

»Durcheinander, Unlust, Schlamperei, Straflosigkeit. Für all das wird nie jemand geradestehen müssen, die Befehle kommen von ganz oben, vom Präsidenten«, sagte Selena.

»Hat das Mädchen schon einen Termin für die Anhörung bei Gericht?«

»Noch nicht. Das wird deine Aufgabe sein, Frank. Du musst verhindern, dass sie abgeschoben wird, und erwirken, dass wir genug Zeit bekommen, um ihre Mutter oder irgendwelche Angehörigen in den USA zu finden, die sich ihrer annehmen können. Man hat Anita schon gedrängt, die freiwillige Rückführung zu beantragen, obwohl sie nach Aussagen der Mutter dort, wo sie herkommt, in Lebensgefahr ist.«

»Sie ist erst sieben!«

»So was passiert ständig. Ich hatte erst kürzlich einen bizarren Fall. Da hat der Richter meinen Mandanten gefragt, ob er der freiwilligen Rückführung in sein Herkunftsland zustimmen würde. Was hätte das Kind darauf sagen sollen? Es war ein Jahr alt und konnte noch nicht sprechen. Aber Anita ist clever. Sie weigert sich, ohne ihre Mutter nach El Salvador zurückzukehren.«

Selena berichtete, in ihren kurzen Telefonaten mit Marisol habe sie erfahren, dass die beiden drei Tage in den sogenannten Eisschränken festgehalten wurden, zusammen mit anderen Frauen und Kindern, davon einige noch keine zwei Jahre alt, alle bibbernd vor Kälte, zusammengedrängt auf dem blanken Betonboden, mit nichts als ein paar Notfalldecken zum Warmhalten. Eigentlich sollten die Festgenommenen nur für ein paar Stunden in diesen Zellen sein, dann befragt und verlegt werden, aber oft würden sie drei, vier Tage dort verbringen. Ein fünfjähriger Junge sei allein dort gewesen, weil man ihn bei der Festnahme von seinem

Vater getrennt hatte. Er rief unablässig nach seinem Papa und ließ sich von den Frauen in der Zelle nicht beruhigen. Die Bedingungen waren haarsträubend: zu wenig zu essen, keine Möglichkeit, sich zu waschen, Beleuchtung rund um die Uhr, verbale Übergriffe. Anita habe gejammert, weil sie Durst hatte, da habe ein Aufpasser zu ihr gesagt, wenn du Wasser willst, dann geh zurück, wo du herkommst. Wegen des Jungen, der nach seinem Vater rief, habe Marisol gedacht, dass ihr und ihrer Tochter dasselbe passieren könne, und sie habe versucht, Anita für diesen Fall zu wappnen. Sie hatte ihr gesagt, sie würden wahrscheinlich für ein paar Tage getrennt werden, sie müsse keine Angst haben, man werde sich um sie kümmern und sie würden bald wieder zusammen sein. Sie solle Geduld haben und tapfer sein, das sei eine Prüfung, danach würde es ihnen gut gehen in den USA.

»Marisol ist mit Hand- und Fußfesseln zur Befragung durch einen Beamten der Einwanderungsbehörde gebracht worden, und als sie in die Zelle zurückkam, war Anita nicht mehr da. Sie hat sie nicht wiedergesehen. Wie so viele andere Mütter, hat man ihr nicht mal erlaubt, sich von ihrem Kind zu verabschieden«, sagte Selena. »Die Leute, die dort arbeiten, sind nicht geschult, um mit derartigen Situationen umzugehen, außerdem sind sie völlig überlastet. Einige beantragen ihre Versetzung, weil sie es nicht über sich bringen, die Anordnungen umzusetzen.«

Frank vergrub sein Gesicht in den Händen. In seinen Jahren als Anwalt war ihm schon Vieles begegnet, aber keine amtlich verordnete Unmenschlichkeit, wie Selena sie schilderte.

»Himmel, Selena! Für gewöhnlich vertrete ich große Unternehmen und Mandanten wie Alperstein, die dafür bezahlen, dass man die Justiz austrickst. Ich weiß nicht, ob ich die notwendigen Hebel finde, um Anita zu beschützen.«

»Entscheidend ist, dass du greifbar bist und der Richter dich nicht bei irgendeinem Verfahrensfehler ertappt, weil das dazu führen kann, dass der ganze Fall abgewiesen wird.«

»Mit Einwanderungsrecht kenne ich mich nicht aus.«

»Du wirst dich ein bisschen einlesen müssen, Frank. Ich helfe dir.«

Das Heim, zu dem Selena mit Frank fuhr, gehörte zu den besseren dieser über das ganze Land verstreuten Betreuungseinrichtungen. In den meisten lebten zwischen hundert und vierhundert Kinder, hier nur zweiundneunzig. Die Kinder bekamen bei der Aufnahme eine Nummer, weil die Angestellten häufig die Namen nicht aussprechen konnten und damit überfordert waren, sie sich zu merken, aber für Selena war es Ehrensache, dass sie alle Kinder, die sie kennenlernte, mit Namen ansprach. »Sie haben schon so viel verloren, es wäre schrecklich, auch noch ihren Namen zu verlieren«, hatte sie Frank erklärt.

»Ein Journalist hat einmal über eine dieser Einrichtungen geschrieben, es hätten sich ihm chaotische Szenen dargeboten, alles verdreckt und unhygienisch, die Kinder nicht gewaschen, viele erkältet, ohne Zugang zu sauberer Kleidung, Betten, Waschräumen, Seife oder Zahnbürsten. Es habe schon von draußen gestunken. Ich vermute, dass sie deshalb inzwischen keine Presse mehr reinlassen. Aber hier wirst du so was nicht sehen, das Heim ist in Ordnung«, sagte sie.

Die Einrichtung bestand aus zehn kleinen Gebäuden für Gruppen von acht bis zehn Kindern und einem Gemeinschaftshof. Sie war für kleine Kinder gedacht, das jüngste war elf Monate, Anita war die Älteste. Jede Gruppe hatte zwei Betreuerinnen.

»Die Kinder sollten so kurz wie möglich in diesen Einrichtungen sein«, erklärte Selena. »Wenn es keine nahen Angehörigen oder irgendwelche Paten gibt, die sie bei sich aufnehmen, kommen sie in Pflegefamilien. Manchmal melden die Angehörigen sich nicht, weil sie keine Papiere haben und fürchten, dass man sie festnimmt und abschiebt. Anitas Fall ist ungewöhnlich, sie ist hier schon so lang wegen des bürokratischen Durcheinanders.«

Selena erzählte, die Einrichtungen für ältere Kinder, die häufig alleine einreisten, seien eigentlich Gefängnisse, wie dieses umgebaute Warenhaus in Texas oder der ehemalige Militärstützpunkt in Florida, die durch die Medien bekannt waren. Einige davon würden von Privatunternehmen betrieben, die ein Interesse daran hätten, möglichst viele Kinder möglichst lange festzuhalten, weil sich damit eine Menge Geld machen lasse. Die Regierung gebe pro Kind und Tag hohe Summen aus. Menschenrechtsorganisationen und Presse würden in die Einrichtungen nicht hineingelassen, Kongressabgeordnete auch nicht.

»Ich kümmere mich um die Fälle, die mir zugeteilt werden. Wir Sozialarbeiterinnen kommen nicht hinterher, es sind zu viele Kinder.«

Ihre Aufgabe bestand darin, herauszufinden, wie es zu der Trennung gekommen war, passende Hilfsprogramme zu finden und die juristische Verteidigung vorzubereiten, Kontakt zu Angehörigen aufzunehmen und wenn möglich auch therapeutische Unterstützung zu organisieren. Manchmal war es schwierig, an Informationen zu kommen, waren die Kinder noch sehr klein und erinnerten sich nicht, konnten noch nicht sprechen oder waren traumatisiert.

»Es gibt Hunderte Kinder, die wie Anita irgendwo festhängen, weil ihre Eltern unauffindbar sind«, sagte Selena. »Wir brauchen bestimmt noch mindestens zwei Jahre, bis alle identifiziert und mit ihren Familien wiedervereint sind. Und bei einigen wird das gar nicht mehr möglich sein. Es ist ein Albtraum.«

»Ich begreife nicht, wie jemand im Wissen, dass ihm das Kind weggenommen werden kann, das Risiko eingeht und über die Grenze kommt«, sagte Frank.

Selena schilderte ihm, wovor die Menschen auf der Flucht waren. Die meisten von ihnen kämen aus Guatemala, El Salvador und Honduras, einer der gefährlichsten Regionen der Welt, dort tötete Armut die Menschen langsam, häusliche Gewalt tötete Frauen, Banden, Drogenkartelle und organisiertes Verbrechen töteten rücksichtslos und korrupte Regierungen töteten ungestraft. Es müsse einen nicht wundern, dass einige der Flüchtenden ihre Kinder lieber nie mehr wiedersahen, als mit ihnen zurückgehen zu müssen, vor etwas seien sie schließlich geflohen. So hart die Bürokratie in den USA auch sein mochte, sie war immer noch besser als der Terror in ihren Herkunftsländern.

»Aber wie lässt sich das lösen, Selena? Wir können doch nicht Millionen von Einwanderern und Geflüchteten aufnehmen.«

»Mauern und Gefängnisse sind offensichtlich keine Lösung, und die Familien zu trennen erst recht nicht. Wir brauchen ein neues Einwanderungsrecht und müssen die Gründe beseitigen, aus denen die Menschen ihre Heimat verlassen. Niemand will alles aufgeben und fliehen, das geschieht aus Verzweiflung.«

»Aber das ist doch nicht Sache der US-Regierung.«

»Zum Zustand dieser Länder haben wir maßgeblich beigetragen. Um linke Bewegungen zu vernichten, hat man das Militär hochgerüstet, ideologisch geschult und trainiert und den Unterdrückungsapparat finanziert. Hierzulande wurde das damit begründet, man wolle ihnen die Demokratie bringen, passiert ist aber genau das Gegenteil: Demokratien wurden zerschlagen und brutale Diktaturen errichtet, um die Interessen von US-Unternehmen zu schützen.«

»Bist du Kommunistin, Selena?«

»Kommunisten sind heutzutage selten, Frank, mach's dir nicht so leicht. Okay, vielleicht gibt es noch ein paar in China oder Nordkorea. Es geht hier aber gar nicht um links, rechts oder überhaupt um Weltanschauung, es geht um umsetzbare Lösungen.«

Selena brachte Frank in eins der sogenannten Häuschen, wo alles möglichst heimelig wirken sollte. Es gab einen Gemeinschaftsraum, drei Schlafzimmer mit jeweils zwei Stockbetten, ein Bad und eine Kochnische, in der Fläschchen bereitet und Fertiggerichte erwärmt werden konnten. In einer Ecke stand ein kleiner Weihnachtsbaum, die Wände waren mit Kinderzeichnungen und mexikanischen Papiergirlanden geschmückt. Selena sagte, die Verpflegung sei hier in Ordnung, Kleidung werde vom Haus gestellt, weil die Kinder meist nur besaßen, was sie am Leib getragen hatten, es gebe Stunden zur freien Verfügung, sie könnten fernsehen und spielen, der Tagesablauf sei festgelegt und sehr strukturiert. Andere Einrichtungen habe man der Vernachlässigung beschuldigt, sogar Vergewaltigungsvorwürfe habe es gegeben, es seien Kinder gestorben, weil sich niemand gekümmert habe, aber so etwas sei ihr noch nicht begegnet. Die Kinder im Raum trugen saubere Hosen und T-Shirts, aber Frank fiel sofort auf, dass es hier ungewöhnlich still war, völlig anders als in den Szenen untröstlichen Weinens, die ihm Selena beschrieben hatte. Alle malten mit Buntstiften, und niemand schaute auf. Selena deutete auf das einzige Kind, das sich nicht beteiligte und mit einer Puppe auf dem Schoß auf einem Bett saß.

»Anita! Ich bin's«, rief sie auf Spanisch.

Die Kleine sprang auf und lief zu Selena hin, die in die Hocke ging und sie an sich drückte. Anita war sehr schmal und klein für ihr Alter, hatte einen goldschimmernden Teint, feine Gesichtszüge und schwarze, raspelkurz geschnittene Haare. Selena hatte Frank erzählt, es bleibe selten ausreichend Zeit, um mit den Kindern eine vertrauensvolle Beziehung aufzubauen, da sie meist rasch verlegt würden und dann auch ihre Betreuungspersonen wechselten, aber um Anita hatte sie sich von Beginn an gekümmert.

»Das hier ist Frank, gib ihm die Hand«, sagte Selena.

Das Mädchen erstarrte. Selena hatte Frank schon vorgewarnt, dass Anita Männern gegenüber misstrauisch war, was sich auch bei den wenigen männlichen Mitarbeitern in der Betreuungseinrichtung zeigte und bestimmt mit schlechten Erfahrungen mit Grenzschützern oder jemandem in ihrer Vergangenheit zu tun hatte. Frank stützte ein Knie auf den Boden, um mit Anita auf einer Höhe zu sein.

»Du musst keine Angst haben, Frank ist in Ordnung«, sagte Selena. »Er wird dir helfen, dass du wieder mit deiner Mama zusammenkommst.«

Endlich, nach einem Zögern, das Frank endlos vorkam, streckte Anita ihm vorsichtig die Hand hin, und er drückte sie. Da erst wurde ihm klar, dass sie nicht sehen konnte.

Am Tag darauf flog Frank Angileri zurück nach San Francisco. Er hatte viele Stunden in der Einrichtung verbracht, hatte erst mit Anita gespielt, damit sie ihre Scheu vor ihm verlor, und ihr dann in dem winzigen Büro, das Selena für ihn aufgetrieben hatte, viele Fragen gestellt. Zum Mittag hatte er mit den beiden aufgewärmte Burritos gegessen, und um sechs am Abend schwirrte ihm der Kopf von dem, was er erlebt hatte, und er war mit einem Heft voller Notizen zurück zu Selenas Wohnung gefahren, wo sie im Wohnzimmer ein Nachtlager für ihn aufschlug. Eigentlich hatte er ein Zimmer in einem Hotel in der Nähe des Flughafens von Tucson reserviert, aber als sie anbot, er könne auch bei ihr übernachten, willigte er sofort ein. Sein Vorhaben, sie zu verführen, hatte er fürs Erste auf Eis gelegt, denn hier ging es um etwas viel Ernsteres als diesen Flirt, den er sich zusammenfantasiert hatte, und ihm war klar, dass jeder Annährungsversuch von seiner Seite verfehlt und kränkend gewesen wäre. Er hatte sich für unwiderstehlich gehalten, eine schlechte Angewohnheit, die er besser ablegen sollte. Womöglich hätte Selena ihn sogar ausgelacht. Beeindruckt wirkte sie jedenfalls nicht.

Während des zweieinhalbstündigen Flugs hätte er noch einmal die Unterlagen durchgehen sollen, die er mit Lambert nach seiner Ankunft besprechen würde, las aber stattdessen seine Notizen über Anita. Die Kleine war überraschend reif für ihr Alter, vielleicht wegen der Erlebnisse auf der Reise oder der traumatischen Trennung von der Mutter. Die Umstände zwangen sie dazu, alleine zurechtzukommen. Ihre Sehschwäche glich sie durch ihr Gedächtnis und durch große Aufmerksamkeit aus, ihr entging nichts, als hätte sie Antennen für das, was in ihrer Umgebung geschah. Abgesehen davon, dass sie Didi, ihre Puppe, niemals losließ und leise mit ihr sprach, verhielt sie sich, als wäre sie einige Jahre älter, wodurch ihr zerbrechliches Äußeres noch stärker hervorstach. Selena hatte sich erboten, bei dem Gespräch zu dolmetschen, aber er stellte erfreut fest, dass er fast alles verstand, was Anita sagte. Sein Schulspanisch war nicht völlig verschüttet.

Anita bestätigte, was er von Selena schon wusste, und berichtete ihm von ihrer Reise von El Salvador nach Guatemala und dann quer durch Mexiko bis an die Grenze zu den Vereinigten Staaten. Sie vermisste ihre Mutter, und wenn das Gespräch auf sie kam, rang sie mit den Tränen.

»Bist du schon immer blind gewesen?«, fragte Frank.

»Ich habe einen Unfall gehabt, als ich klein war. Wenn viel Licht ist, kann ich ein bisschen sehen. Ich bin in die Schule gegangen und habe lesen gelernt, aber irgendwie vergesse ich das langsam. Meine Schule ist nicht für Blinde gewesen.«

Laut Selena besaß Anita wohl eine Cousine oder eine Tante in den USA, die man bisher jedoch nicht hatte ausfindig machen können. Möglicherweise handelte es sich um eine Angehörige von Anitas Vater, Rutilio Díaz, der gestorben war, als Anita drei Jahre alt war.

»Bei wem hast du denn früher gewohnt, daheim in El Salvador?«, fragte Frank.

»Bei meiner Tita Edu. Das ist meine Oma. Und bei meinem Opa, der ist aber krank und liegt immer im Bett. Meine Mama ist Samstag und Sonntag gekommen.«

»Wir wissen, dass du mit deiner Mama eine sehr schwierige Reise gemacht hast, ungefähr einen Monat lang, und ein paar Strecken seid ihr auf dem Dach von Güterzügen gefahren«, sagte Frank.

»Ja, mit vielen anderen. Ich war die Kleinste.«

»Weißt du denn, warum ihr das gemacht habt?«

»Weil ein Mann meine Mama umbringen wollte. Er hat auf sie geschossen. Meine Tita Edu ist mit mir ins Krankenhaus gefahren, um sie zu besuchen, da bin ich so erschrocken, ich habe gedacht, sie stirbt, aber wir haben gebetet und in der Kirche Kerzen angezündet, und da ist sie nicht gestorben. Dann ist es ihr ein bisschen besser gegangen, sie hat mich geholt und wir sind weg. Meine Tita Edu und meine Mama haben viel geweint, aber ich habe nicht geweint, weil ich meiner Mama versprochen habe, dass ich brav bin.«

»Weißt du, wer der Mann war?«

»Onkel Carlos. Er hat eine Uniform und eine Pistole gehabt.«

»Weißt du auch, wie er mit Nachnamen heißt?«

»Gómez. Manchmal ist er zu meiner Tita Edu nach Hause gekommen, aber sie hat ihn nicht gemocht. Meine Mama auch nicht.«

»Erzähl mir was von deiner Oma. Wie heißt sie denn eigentlich?«

»Eduvigis«, sagte Anita sofort.

»Wenn ich es richtig verstanden habe, dann ist sie die Schwiegermutter von Marisol, also die Mutter ihres Ehemanns Rutilio Díaz«, erklärte ihm Selena. »Marisols Mädchenname ist Andrade, ihr voller Name Marisol Andrade de Díaz. Um es sich leicht zu machen, haben sie hier Marisol Díaz auf die Einwanderungspapiere geschrieben.«

»Meine Tita Edu ist lieb. Sie hat auf mich aufgepasst, wenn meine Mama arbeiten war. Sie arbeitet auch«, sagte Anita.

»Was arbeitet sie denn?«

»Mit dem Indigo. Sie weiß alles über Indigo und erklärt das den Besuchern und Touristen.«

Am Abend, als sie zurück in der Wohnung waren, half Selena Frank dabei, seine Notizen um weitere Einzelheiten zu ergänzen, die ihr von Anitas Odyssee im Gedächtnis waren, und gemeinsam entwarfen sie eine juristische Verteidigungsstrategie. Zum Abendessen bestellten sie Pizza, und dann redeten sie lange und hörten lateinamerikanische Musik. Es war Mitternacht vorbei, als sie sich verabschiedeten, Selena in ihrem Zimmer verschwand und er sich auf das Sofa voller Katzenhaare legte. Selena schlief ein, sobald sie ihren Kopf aufs Kissen gelegt und sich die Katze neben ihr zusammengerollt hatte, und ahnte nicht, dass Frank nebenan auf dem Sofa wach lag und an sie dachte. Als sie im Teenageralter gemerkt hatte, welche Anziehung sie auf andere ausübte, und begriff, wie viel Macht ihr das verlieh, hatte sie kurze Zeit damit gespielt, aber dann war sehr bald Milosz Dudek in ihr Leben getreten, und sie bediente sich ihrer Wirkung nur noch, wenn sie bei einem Mann für eins der Kinder, die sie verteidigte, etwas erreichen wollte.

Durch eine dünne Wand von Selena getrennt, fühlte Frank sich mit großer Kraft zu ihr hingezogen und versuchte, mit Vernunft dagegen anzugehen, stellte im Kopf eine Liste auf mit allem, was sie voneinander unterschied und was gegen sie sprach: dass sie sich so nachlässig kleidete, wenig Wert auf ihr Aussehen legte und nicht kultiviert war, keinen Geschmack hatte – man musste sich ja nur die Wohnungseinrichtung ansehen. Kurzum, die Liste war lang, aber er schaffte es nicht, sie zu vervollständigen, weil ihm Selenas betörende Rundungen in den Sinn kamen, ihre freundlichen Augen, ihre melodische und klare Stimme, ihre unbeschwerte und fröhliche Art, sich dem Leben zu stellen, obwohl sie umgeben war von so viel fremdem Leid. Er dachte auch an die kleine Anita Díaz. Ihm schwante, dass dieser Fall der wichtigste seines Lebens und als einziger unvergesslich sein würde. Wenn er bei Alperstein einen Fehler machte, würde ihn das seine Karriere kosten, Lambert hatte ihn gewarnt, doch wenn er bei Anita einen Fehler machte, kostete ihn das seinen Seelenfrieden.

~ ANITA ~

Nogales, November-Dezember 2019

Die Mama muss ganz in der Nähe sein, am Telefon ist mir das so vorgekommen. Was meinst du, Claudia? Sie hat sich doch ganz nah angehört, oder? Ich hab nicht geweint, dabei hätte ich gern. Und ein bisschen hab ich doch geweint, aber das hat sie nicht gemerkt, so leise war ich. Du weißt doch, Claudia, wenn die Mama herkommen könnte uns abholen, dann würde sie das tun. Sie kann halt gerade nicht. Sie hat auch geweint, deshalb hab ich ihr gesagt, dass es uns hier im Haus und mit den anderen Kindern super geht, dass es nicht so ist wie im Eisschrank, dass es einen Garten gibt und Spielsachen und dass wir manchmal Schleckeis kriegen. Warum hätte ich ihr sagen sollen, dass wir nichts essen wollen, weil es nicht schmeckt? Das Essen ist ganz anders als bei der Tita Edu. Das weiß die Mama besser nicht. Miss Selena hat gesagt, sie probiert, ob sie die Mama noch mal anrufen kann, aber das ist schwierig, weil man die Mama woanders hingebracht hat. Es hilft nichts, wenn wir weinen, dann wird die Mama noch trauriger. Wenn die Tränen kommen und wir nichts sagen können, dann gebe ich das Handy der Didi, damit die mit der Mama redet.

Natürlich weiß ich noch, wie sie die Mama in Ketten weggebracht haben, aber das war bloß, weil sie das mit den Leuten im Eisschrank so machen, das ist nur kurz, danach nehmen sie die Ketten wieder weg. Das ist kein Grund zu heulen. Ich habe auch fast nichts gesehen, aber die Wachen habe ich gehört und wie die Ketten geklirrt haben und wie Mama und die anderen Frauen im Eisschrank geschrien und gesagt haben, sie sollen uns nicht so behandeln, wir sind anständige Leute, Mütter mit Kindern, keine Narcos oder Verbrecher, aber sie haben nicht drauf gehört. Sie haben die Mama weggebracht, und sie hat bloß noch zu mir sagen können, ich soll keine Angst haben, sie kommt bald zurück. Vielleicht ist sie auch zurückgekommen, Claudia, aber als sie weg war, haben sie uns gleich geschnappt und in diesen Bus gesetzt.

Miss Selena hat mir auch erklärt, dass wir nur eine Weile hier sind, bis sie irgendwelche Papiere für die Mama geregelt haben, und dann bringen sie uns zu ihr. Hier geht es uns gut. Es geht uns supergut, das müssen wir der Mama sagen, wenn wir das nächste Mal mit ihr reden. Verstehst du, Claudia? Wir dürfen der Mama keinen Kummer machen, wir dürfen ihr nicht sagen, dass wir traurig sind und Angst haben, und sie auch nicht fragen, warum sie uns in den Norden gebracht hat, sie weiß, was sie tut. In El Salvador ist es uns gut gegangen, bis dieser Carlos gekommen ist und die Mama Angst gekriegt hat. Ich will ja auch zurück zur Tita Edu und dass alles wieder so ist wie früher, ich will nicht bei Leuten sein, die wir nicht kennen und die nicht mal so reden wie wir, aber man kann nicht alles haben im Leben.

Wenn dir nach Losheulen ist, dann musst du es so machen wie ich, Claudia, und an was Schönes denken, an die Mama, wenn sie glücklich war und wir zusammen im Bett geschlafen haben, an die Tita Edu mit ihren Hunden und den Sittichen, an die Schule, wo du mit Fingerfarben gemalt hast, ans Seilspringen, an die Abzählspiele, an die Straßenfeste mit allen Nachbarn, mit Luftballons und Krachern, und an die Picknicks am Strand. Das war so schön bei uns daheim! Fällt dir noch ein Lied ein? Mir schon. Singen wir *Pin Pon*? Lieber nicht? Dann *Arroz con leche*? Das hast du immer gern gehabt: *Arroz con leche me quiero casar, con una niñita de la capital* … Wenn ich merke, dass ich weinen muss, dann denke ich an die Pupusas, die die Tita Edu freitags gemacht hat, und wie ich ihr geholfen hab. Sie hat die Füllung gemacht und ich den Tortillateig, den kann ich gut, dafür muss man nichts sehen. Wir haben den Tisch gedeckt und Zweige und Blumen aus dem Garten draufgestellt und mit dem Essen auf die Mama gewartet, und die ist spät, mit dem Bus um acht, gekommen, aber in dem war sie immer. Die Tita Edu hat sie nichts machen lassen im Haus, weil sie von der Arbeit gekommen ist, und da soll sie sich ausruhen. Am Freitagabend hab ich der Mama vorm Fernseher die Füße massiert. Da ist sie immer eingeschlafen, und danach mussten wir ihr dann erzählen, was in der Telenovela passiert ist. Am Samstag war sie dann nicht mehr müde und ist früh aufgestanden und hat der Tita Edu geholfen, den Opa zu baden und alles im Haus zu machen. Und dann sind wir spazieren gegangen. Ich will nicht, dass du irgendwas davon vergisst, Claudia, deshalb erzähl ich dir das alles, auch wenn du's schon weißt.

Ich denke auch gern an die Märchenbücher in der Schule und an das Buch mit den Feen und den Zauberwesen, das die Tita Edu gehabt hat. Das hat sie uns vorgelesen, weißt du noch? Ich hab das auch lesen können, aber nicht so schnell, eher so nach und nach. Am besten war, wenn wir von einer Geschichte den Anfang gelesen haben, dann irgendwo hingeblättert haben in die nächste Geschichte und die nächste, alle Seiten durcheinander, da ist immer eine neue Geschichte draus geworden, und das Buch war nie aus. So hab ich vor dem Unfall am liebsten gelesen. Jetzt muss ich mit meinen Gedanken im Kopf lesen, bis ich eine echt große Lupe kriege, wie die bei der Tita Edu. In der Schule hat die mir viel geholfen. Ich rede mal mit Miss Selena, ob die so eine Lupe für mich kaufen kann. Hoffentlich sind die nicht zu teuer.

Von dem Zauberreich Azabahar hab ich dir ja schon erzählt, wo wir Prinzessinnen sind, und die Mama ist Königin, und die Tita Edu ist die gute Fee. Azabahar ist nicht der Himmel, es ist besser als der Himmel, weil man nicht sterben muss, um hinzukommen. Heilige gibt es dort keine, auch keine Märtyrer, nur die Friedensmadonna, auf die müssen alle hören. Auf dem Stern gibt es Menschen, die kommen von da, und außerdem gibt es Besucher von anderen Planeten und alle möglichen Tiere, von denen kennen wir viele, aber ein paar von denen kommen auf der Erde gar nicht vor. Und natürlich gibt es viele Schutzengel und Engelinen, die kommen nämlich von dort, das ist ihr Land. Ein paar tote Kinder gibt es auch, aber nicht viele, und man merkt es nicht, weil sie wie lebendig sind. Azabahar ist auf einem Stern dort oben, weit weg. Heute Nacht, wenn es dunkel ist und alle schlafen, gehen wir raus und schauen nach dem hellsten Stern, das ist Azabahar.

Wir dürfen nicht weinen, weil wir die Didi sonst erschrecken, und weil sie Heulsusen hier nicht mögen. Mama wäre traurig, wenn sie wüsste, dass wir weinen und nicht essen wollen. Wir haben ihr versprochen, dass wir tapfer sind. Du musst keine Angst haben, die Lehrerinnen hier sind lieb, sie hauen einen nicht oder so. Die Kinder sind auch lieb, also fast, nur der Rony und der Luisito nicht, mit denen spielen wir nicht, die sind nicht lieb, aber ich bin größer als die und passe auf, dass sie uns nichts tun. Wenn einer von denen kommt und uns die Didi wegnehmen will, dann verpass ich dem eine, ist mir egal, wenn ich dafür bestraft werde. Der Rony ist noch fieser als der Luisito. Ein Kackwurm ist das, so heißt der eigentlich. Mit dem wollen wir nichts zu tun haben, wenn er kommt, spucken wir ihn an. Und der blöde Luisito, der heißt eigentlich Lurchkotze.

Stell dir vor, Claudia, letzte Nacht, als du schon geschlafen hast, da hab ich meine Schutzengeline gesehen. Sie ist winzig. Ich hatte gedacht, die Engel und die Engelinen sind so große Leute in Nachthemden mit langen Federflügeln wie sie in den Kirchen stehen, aber so sind die gar nicht. Sie sind eher so klein wie Sittiche. Meine Engeline hat Flügelchen, die sind durchsichtig wie Fenster, man muss ganz genau hinschauen, um sie zu sehen, und einen goldenen Heiligenschein hat sie auch nicht, sondern eine Antenne auf dem Kopf mit einer einzelnen Feder dran, so ähnlich wie die Schwanzfeder von einem Motmot, und mit der redet sie, weil sie keinen Mund hat. Ich konnte sie sehen, weil man die Engelinen und die Engel nicht mit den Augen sieht, sondern nur im Kopf, da macht es nichts, dass ich ein bisschen blind bin, ich konnte sie astrein sehen, sie stand neben meinem Bett, ganz weiß, sogar ihre Haare sind weiß, wie eine Wolke. Wie Wolken aussehen, weiß ich noch, die hab ich nicht vergessen. Erst hab ich Angst gehabt, aber als sie mir gesagt hat, dass sie meine Engeline ist, war die Angst weg. Sie hat mit stummen Wörtern mit mir geredet, mit Wörtern in meinem Kopf, deshalb hat sonst niemand was gehört, die anderen Kinder haben weitergeschlafen und du auch.

Sie hat mir gesagt, dass alle, wirklich alle einen eigenen Beschützer haben. Du hast auch eine Beschützerin. Deshalb sollen wir jeden Abend beten, das ist wie ein Gruß an sie: »Schutzengeline, gibt gut auf mich Acht, bleib bei mir am Tag und auch in der Nacht.« Wenn du ein Mädchen bist, dann hast du eine Engeline, und wenn du ein Junge bist, dann hast du einen Engel. Die von den Jungen sind auch nicht so wie die in der Kirche, so mit langen Flügeln und allem. Sie sind genau wie die Engelinen, bloß blau, und manchmal auch grün, das kommt drauf an.

Meine Engeline nimmt uns auf Besuch mit nach Azabahar. Die Mama holt uns hier ab, aber wenn das zu lange dauert, dann können wir sie in Azabahar treffen. Wenn wir das nächste Mal hinreisen, dann wartet sie dort auf uns. Kann sein, sie ist unsichtbar, das passiert manchmal, das ist aber nicht schlimm, wir können sie trotzdem spüren und mit ihr reden. Ja klar, können wir die Didi mitnehmen. Aber das muss das Geheimnis von uns bleiben, erzähl bloß keinem was davon, weil sonst wird die Engeline sauer und nimmt uns nirgends mit hin. Nein, sie geht dann nicht für immer weg, Claudia, was denkst du denn, die Schutzengeline muss doch bei dem Mädchen bleiben, für das sie zuständig ist, das ist ihre Arbeit, sie kann nicht einfach weggehen, wie sie will. Deine Engeline bleibt bei dir, auch wenn sie sauer ist, aber wenn du das Geheimnis für dich behältst, dann ist sie froh.

Dass sie ins Bett machen, das passiert fast allen Kindern, das hast du doch mitbekommen, dass hier fast alle ins Bett machen, sogar der Kackwurm, deshalb ist auch das Plastik unter dem Laken, damit die Matratze nicht pappt. Ich weiß nicht, wieso das hier im Norden passiert, bei der Tita Edu hat nie jemand ins Bett gemacht. Bestraft werden wir aber nicht dafür. Miss Selena hat gesagt, dafür dürfen wir keine Strafe kriegen, es ist ein Unfall, das ist nicht dasselbe wie jemand hauen oder rumschreien. Mir macht es nichts aus, wenn dir so ein Unfall bei mir im Bett passiert, da kann man nichts machen. So ist das Leben.

Das Weihnachtsfest war super mit der Musik und den Geschenken, die wir bekommen haben. Ich hab erst Buntstifte gekriegt, aber mit denen kann ich nichts anfangen, da haben sie die gegen Knete getauscht. Daraus mach ich dir ein paar Mäuschen, dann hat die Didi Gesellschaft, was meinst du? Alle Kinder waren froh, keins hat geweint oder Krach angefangen. Dir hat bloß eine Krippe gefehlt, aber die hat man hier nicht. Ich hätte auch gern eine gehabt, wenigstens so eine wie bei uns daheim in El Salvador mit so winzigen Figuren, wo man raten muss, wer der heilige Josef ist und wer die Hirten. Das ist unser erstes Weihnachten ohne die Mama und die Tita Edu. Die Mama hat Weihnachten und Neujahr nicht gearbeitet, weißt du noch? Das waren ihre Ferien. Wir sind zu Onkel Genaro an den Strand gefahren. Wenn wir wieder in El Salvador sind, dann frage ich Onkel Genaro, ob er mir Surfen beibringt. Ich glaube nicht, dass es dabei viel ausmacht, wenn man blind ist. Weihnachten ohne die Mama und die Tita Edu hat mich traurig gemacht, aber das ist ein bisschen weggegangen, als dieser Frank hier war und gesagt hat, er versucht, dass ich so schnell wie möglich wieder mit der Mama zusammenkomme. Frank fand ich irgendwie gut, obwohl er komisch geredet hat. Er kann nicht so gut Spanisch. Ich glaube, er ist lieb, er ist nämlich ein Freund von Miss Selena. Hoffentlich hält er das, was er gesagt hat.

~ SAMUEL ~

New Orleans/London/Berkeley, 1958-1970

Auf jemanden, der in England aufgewachsen war und ein so geordnetes Leben führte wie Samuel Adler, musste New Orleans überwältigend wirken. Das Jahr 1958 hatte für die Stadt denkwürdig begonnen, im Februar fiel zum ersten Mal seit zwanzig Jahren Schnee, und im März reiste Elvis Presley für eine Filmproduktion an. Eine begeisterte Fangemeinde belagerte den Hoteleingang, so dass er über die Feuerleiter und das Dach einsteigen musste. Als Samuel einige Monate später eintraf, war Elvis unter den jungen Leuten in der Stadt noch immer das wichtigste Gesprächsthema, obwohl die Kritik ihn zerriss und die Älteren gern Frank Sinatra zitierten, der vernichtend geurteilt hatte, Rock 'n' Roll sei der ungehobeltste, hässlichste und verdorbenste Lärm, der ihm je zu Ohren gekommen sei. Samuel war der Sänger mit dem entfesselten Hüftschwung herzlich egal: Er war in New Orleans wegen des Jazz.

Wäre er tiefer in die karibische Einwanderergesellschaft in seinem Londoner Stadtteil eingetaucht, dann wäre der Eindruck, den New Orleans auf ihn machte, vielleicht weniger stark gewesen, aber er war dort nur wegen der günstigen Mieten hingezogen. Wie ein Phantom wandelte er zu

Hause durch die bunte, lärmende Menschenmenge in den Straßen, redete mit niemand, schloss Fenster und Türen, um Geige zu üben, hörte weder das blecherne Trommeln draußen noch die Radiomusik seiner Nachbarn, kaufte nur auf dem Markt, was er brauchte, um sich das immer gleiche Essen zu kochen, probierte nie Früchte oder Gemüse aus anderen Erdteilen, hatte keinen Blick für die kreischenden Vögel in ihren ziselierten Käfigen, die ihre Hinrichtung erwartenden Schweine und Hühner, die Körbe voller Fische und Meeresfrüchte, die Blumen und das Kunsthandwerk. All das sah er jetzt in New Orleans wie zum ersten Mal. Erst verstand er kaum etwas, weil auf der Straße Cajun gesprochen wurde, eine Variante des Französischen, und er sich auch in das amerikanische Englisch noch einhören musste. Die Stadt rüttelte ihn gewaltig durch und zwang ihn dazu, manche Zimperlichkeit und seine Menschenscheu zu überwinden. Wenn er etwas lernen wollte über Jazz, dann musste er in die nächtlichen Strudel im Französischen Viertel eintauchen.

Zehn Tage hatte er zur Verfügung, und er wollte sie ganz der Musik widmen, keine Zeit mit Sehenswürdigkeiten oder gastronomischen Erkundungen vertun, und das wäre ihm auch gelungen, hätte ihm der Zufall nicht im ersten Club, den er betrat, Nadine LeBlanc vor die Nase gesetzt. Der Club war einer von vielen in der Bourbon Street, bot dieselbe Einrichtung wie zu Beginn des Jahrhunderts, spärliche Beleuchtung und jede Menge Jazz. Er war gut besucht, viele Zuhörer standen, ein paar Kellner bahnten sich mit vollen Tabletts ihren Weg zwischen den Tischen, die fast durchweg besetzt waren. Vom Geruch nach Rauch, Schweiß und Parfüm musste Samuel husten, ihm war, als würde ihm eine Hand sanft die Kehle zudrücken. Mehrere ausladende Afroamerikaner streunten mit ihren Instrumenten über die Tonleitern, improvisierten allein und gemeinsam, ohne jemals den Zusammenhalt zu verlieren. Manchmal brachen das Klavier oder das Saxophon in unerforschte Galaxien auf, aber immer schafften sie es wieder zurück zur Band, und dann nahm ein anderer den Faden auf, während der Bass unbeirrt den Rhythmus hielt und ihnen den Weg zur Erde zeigte. Wie machten sie das? Samuel war klar, dass sie einander für Beginn und Ende des jeweiligen Solos oder für den gemeinsamen Schluss Zeichen gaben, aber er konnte sie nie dabei ertappen.

Er war ganz versunken in die Musik, folgte ihrem Herzschlag, ohne zu merken, dass er auf seinem Stuhl zu tanzen begonnen hatte, als sich eine Frau neben ihn setzte und ihm den Rauch ihrer Zigarette ins Gesicht blies. Verärgert rückte Samuel ab, sah jedoch durch den sich lichtenden Qualm, dass es nicht, wie vermutet, eine aufdringliche Prostituierte war, sondern eine erstaunlich junge und bezaubernde Person.

»Hi, Humphrey«, schrie sie ihn über die Musik hinweg an.

»Ich heiße nicht Humphrey«, stellte er klar.

»Hat dir noch nie jemand gesagt, dass du aussiehst wie Humphrey Bogart? Wie sein Zwillingsbruder. Schon mal in einem Film mitgespielt? Ich bin ein Fan von ihm.«

»Ist er nicht vor kurzem gestorben?«

»Sein Fan bin ich trotzdem. Hier ist es zu laut zum Reden,

komm mal mit, Mr. Bogart.« Sie nahm seine Hand und zog ihn vom Stuhl. Samuel legte noch rasch einen Schein auf den Tisch und folgte ihr hinaus.

Draußen schleppte sie ihn zu einer Gruppe von jungen Leuten, die inmitten eines fröhlichen, vielgestaltigen Getümmels zusammenstanden und tranken. Die Musik aus Clubs und Restaurants mischte sich mit dem Lärm der Menschen auf der Straße und den lautstarken Unterhaltungen von Balkon zu Balkon.

»Ist hier gerade Karneval?«, frage Samuel.

»Mardi Gras ist im Februar. Am Freitagabend ist es hier immer so. Morgen ist ein bisschen mehr los«, erklärte sie ihm.

»Ich heiße übrigens Samuel Adler.«

»Und ich Nadine«, sagte sie und stellte ihn dann, an die Runde gewandt, als ihren neuen Freund, Mr. Bogart, vor.

Nadine LeBlanc gehörte zu einer der alten französischstämmigen Familien der Stadt und wurde in diesem Sommer der Gesellschaft vorgestellt, nachdem sie zwölf Jahre in einer strengen Klosterschule zugebracht hatte, wo sie nach eigenem Bekunden außer Französisch auch gelernt hatte, wie man log, rauchte, zweisprachig fluchte und sich aus einem der Fenster im Obergeschoss nach draußen abseilte. Jetzt genieße sie jede Minute ihrer Freiheit, erklärte sie Samuel, die habe sie sich zum Leidwesen und Missfallen ihrer Eltern einfach genommen. »Ich bin unabhängig«, behauptete sie, war tatsächlich jedoch völlig auf ihre Familie angewiesen. Sie bat nur wegen nichts mehr um Erlaubnis. Nach Abschluss der Schule zeigten sich die jungen Damen ihrer Gesellschaftsschicht in der Öffentlichkeit, um gesehen und für den Heiratsmarkt taxiert zu werden: auf Bällen, im Konzert, beim Picknick, auf Ausritten und Bootsfahrten. Dabei stellten die Familien gekonnt ihre Macht, ihre Verbindungen und ihr Vermögen zur Schau, während die Debütantinnen sich nach der neuesten Mode herausputzten und sich tugendhafter und bescheidener gaben, als sie das im Allgemeinen waren. Das Rennen um einen Bräutigam war unerbittlich. Wer dem Stigma der alten Jungfer entgehen wollte, musste vor dem fünfundzwanzigsten Geburtstag verheiratet sein.

Nadine war unter diesen jungen Damen die Ausnahme. Früher hatte sie bei den Nonnen und in ihrer Familie Anstoß erregt, in diesem Jahr wollte sie das in der ganzen Stadt tun. Nichts lag ihr ferner, als den Ruf der keuschen Aristokratentochter zu pflegen, sich einen Ehemann wie ihren Vater oder ihre Brüder einzuhandeln und dann in der Rolle der Ehefrau und Mutter zu versauern. Sie sorgte lieber für wilde Gerüchte. Sie sei von Natur aus nicht zu bändigen, sagte sie über sich selbst, doch weil sie ein außergewöhnlich einnehmendes Wesen besaß, ließ man ihr eine Menge durchgehen. Sie besuchte Clubs, rauchte Zigaretten mit Spitze, trank wie ein Soldat und tanzte enthemmt, selbstvergessen, mit bloßen Füßen und zerzausten Haaren, unbeirrt von der Mischung aus Widerwillen und Neid, die sie unter den jungen Frauen und Männern ihrer Kreise hervorrief. Zum Entsetzen ihrer Familie brüstete sie sich damit, eine ihrer Urgroßmütter sei schwarz gewesen, was in dieser rassistischen

Gesellschaft solche Wellen schlug, dass sogar die Presse darüber berichtete. All das schreckte Samuel nicht, er war verzaubert. Nadine war das genaue Gegenteil von ihm, brach mit den Formen dessen, was als schicklich galt, forderte ihn heraus und verlockte ihn. Auch ihre Schönheit war unkonventionell: schmal und flach wie ein Junge, ein ausdrucksstarkes Gesicht mit unregelmäßigen Zügen und vollen Augenbrauen, schwarzgelocktes, verwuscheltes Haar, sonnenbrauner Teint, ein freimütiges, etwas schräges Lächeln auf einem großen, rotgeschminkten Mund. Das Überraschendste an ihr waren die hellen, haselnussbraunen Augen, die Samuel an einen Panther erinnerten. Nadine besaß einen seltenen Instinkt für Verführung und wusste ihn trotz ihres jugendlichen Alters gekonnt einzusetzen.

»Ich nehm dich mit auf die besten Jazz-Konzerte von New Orleans«, erbot sie sich, als sie erfuhr, weshalb er in der Stadt war.

Bei der Musik blieb es nicht. Zusammen mit ihrer Clique von Freunden, die alle jünger waren als Samuel, reich, flegelhaft und überheblich, zeigte sie ihm das unbeschwerte Leben, nahm ihn zu Privatpartys mit, fuhr mit ihm auf einem Mississippidampfer, der vor hundert Jahren als Spielsalon gedient hatte, zu einer kleinen Insel im Delta, die The Temple hieß, wo man Haschisch rauchte und billigen Whisky trank und wo Piraten aus der Karibik einst versklavte Afrikaner und die Beute ihrer Kaperfahrten versteigert hatten, und ging mit ihm auf einen nächtlichen Streifzug durch das Viertel der Spukhäuser, Zombies, Geister und Vampire, wo andere junge Frauen erschrocken kreischten, während sie sich mit einem Skelett im Arm fotografieren ließ. Sie brachte ihn zu einer Hexe aus Haiti, einer beeindruckenden, mit bunten Halsketten behängten Matrone mit Turban, die in einem Häuschen im ehemaligen Viertel der freien Quadroons lebte und Zaubersprüche, Prophezeiungen, Schutzfetische und Tränke feilbot, die Liebe oder auch das Verderben brachten. Die Hexe besprenkelte Samuel mit dem Blut eines frisch geschlachteten Huhns, nebelte ihn mit dem Rauch ihres Stumpens ein, las seine Zukunft aus ein paar Muscheln und verkaufte ihm dann zu einem vernünftigen Preis eine Handvoll in einen Lappen gewickelte Kräuter und Knöchelchen gegen den bösen Blick.

»Eine Frage darfst du mir stellen, das ist im Preis inbegriffen«, sagte sie, aber Samuel, der etwas betrunken war, fiel keine ein.

»Sag mir, ob wir heiraten werden«, nutzte Nadine die Gelegenheit.

»Aber natürlich, meine Hübsche.«

Nach vier durchgefeierten Tagen entledigte sich Nadine ihrer Clique und war nur noch für Samuel da. Sie wollte allein mit ihm sein. Dieser Mann, der ihrem Lieblingsschauspieler so ähnlich sah, zog sie unwiderstehlich an. Keiner ihrer jugendlichen Verehrer konnte ihm das Wasser reichen, neben ihm wirkten sie wie Kinder. Seine europäische Kultiviertheit blendete sie, und sein Schweigen machte sie neugierig. Sie malte sich aus, dass er Geheimnisse hatte, dass er ein englischer Spion war und seine Jazzleidenschaft nur Tarnung.

Samuel wiederum erriet schnell, dass sich hinter der vom

Kino inspirierten Femme fatale eine junge Frau verbarg, die orientierungslos, naiv und verwöhnt, vor allem aber großherzig und überaus klug war. Die beiden verliebten sich mit der Unbedingtheit der ersten Liebe.

Nach zehn Tagen musste Samuel ihr Lebewohl sagen und nach England zurückkehren. Beim Abschied bat er sie, seine Frau zu werden.

Samuel und Nadine verbrachten fast zwei Jahre getrennt voneinander, weil Nadine mit dem Heiraten warten musste, bis sie volljährig war. Ihre Eltern weigerten sich, ihr Einverständnis zu geben, besaß dieser Mann doch weder Vermögen noch gesellschaftlichen Status, ja, er war vollkommen unbekannt, Nadine in ihren Augen zu vernünftigen Entscheidungen noch nicht fähig und würde das womöglich nie sein. Nadine ging weiterhin zu Partys und schäkerte mit ihren zahlreichen Verehrern, verkündete aber noch am Tag ihrer Volljährigkeit, sie werde zu ihrer großen Liebe nach England ziehen. Die Eltern schlugen die Hände überm Kopf zusammen. Sie konnte doch nicht unverheiratet mit einem Mann zusammenleben! Nadine verabschiedete sich gut gelaunt, reiste ab in einem Hosenanzug mit Hut, dessen Hyazinthblau ihren Teint unterstrich, und nahm nichts mit als einen kleinen Koffer.

Ihre Heirat auf einem Londoner Standesamt wurde nur von den Evans bezeugt, die Samuel ihr als seine Eltern im Geiste vorgestellt hatte. Da erst war Nadine klargeworden, dass ihr zukünftiger Ehemann keine Familie besaß, dass er als Waisenkind mit diesem Quäkerpaar als einzigem emotionalen Halt aufgewachsen war. Sie fand außerdem heraus, dass er kein Engländer, sondern österreichischer Jude war, und malte sich belustigt aus, wie ihre rassistische und antisemitische Familie diese Nachricht aufnehmen würde.

Mit der Entscheidung zu heiraten bewies Nadine LeBlanc eine Reife, die ihr niemand, der sie kannte, zugetraut hätte. Ihr Mann verdiente sein Geld damit, dass er im Orchester spielte und Musikstunden gab, beide Beschäftigungen brachten gerade genug für ein bescheidenes Leben ein. Die Aussteuer, die man für Nadine, wie in wohlhabenden Familien üblich, seit ihrem fünfzehnten Lebensjahr zusammengestellt hatte, war in New Orleans geblieben: Bettwäsche und Handtücher, bestickte Tischdecken, seidene Spitzenunterwäsche, Baccarat-Kristall, Christofle-Besteck und Porzellan aus Limoges und alles, was sonst gebraucht wurde, um ein stilvolles Heim einzurichten. Ihre Schwestern würden Verwendung dafür haben, Nadine hatte kein Interesse daran. Sie ließ ihre Vergangenheit ohne Reue hinter sich und vermisste, den düsteren Prophezeiungen ihrer Familie zum Trotz, nichts und niemanden. Sie nahm sich vor, mit Samuel Adler glücklich zu werden, und das gelang ihr.

Über Nacht war aus der Spinnerin der Familie, wie ihre Geschwister sie nannten und sie sich auch selbst halb scherzhaft titulierte, ein anderer Mensch geworden. In New Orleans hatte sie einem vielköpfigen Clan angehört und in einem Netz aus familiären und gesellschaftlichen Beziehungen gelebt, war wohlsituiert und behütet gewesen. An Geld hatte sie nie gedacht, es war immer vorhanden gewesen, und sie hatte sich rücksichtslos und unhöflich verhalten, weil sie die Privilegien ihrer Kreise gewohnt war und keine Sanktionen drohten. Mit ihrer Heirat war sie im Alltag der Einwanderer gelandet, zwischen denen sie jetzt lebte, und dem stellte sie sich ohne einen Blick zurück und ohne einen Gedanken an das, was sie aufgegeben hatte.

Sie zog in Samuels schäbige Wohnung im vierten Stock ohne Aufzug, und ging daran, sie in ein einladendes Zuhause zu verwandeln. Weil die Farbe bröckelte, tapezierte sie die Wände, kaschierte die Altersschwäche des einzigen Sofas und verschönerte das Bett mit bunten Überwürfen, bastelte Lampenschirme aus Seidenpapier und stellte jede Menge Topfpflanzen auf. Zwischen ihren Nachbarn von den Antillen bewegte sie sich, als stammte sie aus Jamaika, lernte, mit Gewürzen zu kochen, von denen sie nie zuvor gehört hatte, und tanzte zu den karibischen Rhythmen, bei denen man abends in den Pubs und Restaurants um die Ecke zusammenkam. Kurze Zeit nach ihrer Ankunft nahm sie an einer Demonstration gegen Polizeigewalt teil, weil die Bobbys hier genauso rassistisch waren wie die Cops in New Orleans, bekam einen Schlagstock in den Rücken und blieb zwischen Mülltonnen auf der Straße liegen. Ein paar Nachzügler, die aufgeputscht von den Schlachtrufen und dem Gerangel mit der Polizei auf dem Heimweg dort vorbeikamen, lasen sie auf, brachten sie in eins der Cafés, das sich am Abend in eine Bar mit Tanzfläche verwandelte, und holten einen Nachbarn, der Arzt war. Der Mann, der aus Trinidad stammte, besaß eine solide medizinische Ausbildung und die Weisheit eines Heilers. Er stellte fest, dass keine Knochen gebrochen waren, und verordnete Ruhe, Eisbeutel und Aspirin. »Die Kleine ist tapfer und außerdem schwanger«, verkündete er den Umstehenden. Damit hatte Nadine das Vertrauen der Community gewonnen. Sie schloss viele Freundschaften und öffnete auch Samuel, der schon seit Jahren im Viertel lebte und niemanden kannte, die Türen in die Nachbarschaft.

In kurzer Zeit veränderte Nadine Samuels Leben und machte ihn sanftmütiger. Er begriff, dass er sie nie würde festhalten können, sie glitt ihm durch die Finger wie Sand, deshalb wollte er wenigstens an ihrer Seite sein, was sich aber ebenfalls als undurchführbar erwies. Schließlich gab er es auf, ihrem Tempo zu folgen, und begnügte sich damit, die Höhenflüge ihres Lebens, das so anders war als seins, bewundernd mitanzusehen. Sie war so viel schneller als er, unberechenbar, spontan, leidenschaftlich, gelangte mit ihrem klugen Gespür binnen Sekunden zu treffsicheren Entscheidungen, wo er wochenlang abwägen und planen musste. Sie war gesellig, neugierig und unbekümmert, begann Gespräche mit Fremden, adoptierte Tiere, brach zu rätselhaften Missionen auf, die sich regelmäßig als Wohltätigkeitsabenteuer entpuppten. Ihre Fröhlichkeit glich seinen Hang zur Schwermut aus, ihr freier Geist besiegte seine Zögerlichkeit. Samuel war sich sicher, dass er Nadine viel mehr liebte und brauchte als sie ihn, und das verlieh ihr große Macht.

Samuel sollte sie für immer im Gedächtnis behalten, wie sie in London gewesen war, frisch verheiratet, mit ihrem Bauch einer werdenden Mutter, in Baumwollkleid und Sandalen, ein Einkaufsnetz mit Gemüse am Arm und mit ihrem herausfordernden Gang. Dort in den bunten Straßen, die so wenig englisch wirkten, zwischen schwarzen Menschen und dem Duft von Kaffee, dem Lärm von Hupen, Stimmengewirr und Musik, schuf Nadine die endgültige Fassung ihrer selbst. Sie wollte ausnutzen, was London an Kunst und Kultur zu bieten hatte, fand mit Hilfe ihres Mannes Gefallen an klassischer Musik, durchstreifte Museen und ging ins Theater, wenn ihr Geldbeutel das hergab oder sie kleine Jobs hinter den Kulissen ergattern konnte.

Camille kam 1961 in einem Krankenhaus in ihrem Viertel zur Welt, wo Nadine die Erfahrung, ein Kind zu gebären, mit einer von Sklaven abstammenden Einwanderin von der Antilleninsel Saint Thomas teilte. Während Nadine wimmerte und aus Leibeskräften fluchte, wie sie es bei den Nonnen gelernt hatte, stimmte ihre Zimmergenossin zwischen den Wehen christliche Loblieder an. Als sie dann ihre neugeborenen Töchter im Arm hielten, überlegten sie, die beiden Camille zu nennen, weil Nadine den Maler Camille Pissarro fast so sehr schätzte wie van Gogh und der Frau aus Saint Thomas der Name gefiel, den sie auf der Insel schon einmal gehört, aber dort für ein Mittel gegen Würmer gehalten hatte.

Die kleine Camille wuchs als ein Anhängsel von Nadine auf, die sie, erst in einem Tragegurt auf dem Rücken und später an der Hand, überallhin mitnahm. Sie lernte sich zu benehmen wie ein abgerichtetes Haustier, blieb über Stunden still in der Ecke, in die ihre Mutter sie setzte, spielte für sich allein oder las, als sie größer wurde. Als Vater erfüllte

Samuel eine Statistenrolle. Er musste nie Fläschchen geben oder Windeln wechseln, wie alle damals ging auch er davon aus, dass sich der Mann um das Einkommen und die Frau um die Kinder kümmert. Diese Rollenverteilung kam ihm entgegen, er hatte Mühe, Bindungen einzugehen, und das galt auch für seine Tochter. Nur Nadine gelang es, zu seinen Gefühlen vorzudringen. Eine Verbindung zu Camille fand er drei, vier Jahre später, als sie reden konnte und geistreich zu werden begann. Sie war die perfekte Tochter für zwei Menschen, die ihren eigenen Neigungen nachgingen, störte nicht und war sich weitgehend selbst genug.

Die erste Anregung zu der Kunst, für die Nadine später bekannt werden sollte, erhielt sie in einem bescheidenen Nachbarschaftstreff, in dem Dutzende Bilder von Malerinnen und Malern aus Haiti hingen. Nadine sah sie sich stundenlang an, machte Fotos und malte sie ab, war begeistert von ihren Motiven und den Farben. In diesem Stil wollte sie malen, aber was dabei herauskam, wirkte unecht und grell. Um so zu malen, musste man offenbar aus Haiti sein. Als Camille in den Kindergarten kam, meldete sie sich zu einem Kunsthandwerkskurs an, in dem sie zum ersten Mal an einem Webstuhl saß. Sobald sie mit den Grundtechniken vertraut war, fing sie an, immer kühnere, haitianisch bunte Wandteppiche zu weben, aus denen mit der Zeit wertvolle Kunstwerke werden sollten.

Samuel neigte nicht zu poetischen Vergleichen, dachte aber oft, dass die Weberin ein hübsches Bild für die Persönlichkeit seiner Frau war, weil sie ihr Leben damit zubrachte, Menschen und ihre Geschichten zusammenzuführen und miteinander zu verweben, wie sie es mit den vielfarbigen Kett- und Schussfäden ihrer Wandteppiche tat.

1968, als Camille sieben war, bot man Samuel eine Stelle beim Sinfonieorchester von San Francisco an. Nadine und er mussten nicht lange überlegen, das Gehalt war verlockend, und sie wünschten sich schon länger einen Ortswechsel. Sie landeten in Kalifornien an dem Tag, als Robert Kennedy in Los Angeles ermordet wurde, der Mord an Martin Luther King in Memphis lag zwei Monate zurück, und das Land wurde von tiefgreifenden Veränderungen aufgewühlt. Vorübergehend kamen sie in einer Pension im Stadtteil Haight-Ashbury unter, dem einstigen Paradies der Hippies, das mit dem Schwinden der letzten Reste von Flowerpower zusehends verbürgerlichte.

Bei den Sinfonikern hatte Samuel schon bald die Idee, vor jeder Vorstellung eine Einführung in das Konzert, das gespielt wurde, anzubieten, weil man mehr von der Aufführung haben würde, wenn man etwas über die Musik und ihre Komponisten wusste. Zunächst nahmen dreißig, vierzig größtenteils weißhaarige Herrschaften an diesen Veranstaltungen teil, aber dann sprach es sich herum, es kam mehr und auch jüngeres Publikum, bis schließlich das halbe Parkett besetzt war. Diese lockeren, gleichwohl informativen Einführungsvorträge wurden so beliebt, dass Samuel sich damit einen Namen machte. Man bot ihm erst eine wöchentliche Sendung im Klassikradio und wenig später eine Dozentur an der University of California in Berkeley an. Die Aufzeichnungen seiner Vorträge und zwei Bücher über die

Entwicklung der klassischen Musik in der westlichen Welt sollten in den kommenden Jahren zu seinen verlässlichsten Einnahmequellen werden. Seiner großen Leidenschaft konnte er an der Universität allerdings nicht frönen. Mit dem Kurs über die Geschichte des Jazz, den er vorschlug, wurde ein afroamerikanischer Musiker aus Louisiana betraut. Wie man ihn freundlich wissen ließ, war ein weißer Engländer für dieses Themengebiet nicht der passendste Dozent. Er tröstete sich damit, dass er mehrmals in der Woche zu Sessions in seinen Lieblingsclubs ging, wo er manchmal am Klavier improvisieren durfte. Das waren Momente größten Glücks. Hin und wieder begleitete ihn Nadine, aber im Grunde hatte sie andere Interessen.

Während sich ihr Mann in seiner überlegten und einsiedlerischen Art der Arbeit widmete und den Umständen, die ihn umgaben, wenig Aufmerksamkeit schenkte, nahm Nadine in den Straßen von Berkeley die aufrührerische Stimmung jener Zeit auf mit ihren Kämpfen für Bürgerrechte und gegen Rassismus, gegen den Vietnamkrieg und die Wehrpflicht, durch die Hunderte von jungen Männern für etwas an die Front und in den Tod geschickt wurden, woran sie nicht glaubten, und erlebte den Widerhall der Studentenrevolte, die mit ihren Forderungen die Fundamente der Universität erschütterte und von hier aus rasch um sich griff. Berkeley war die junge und leidenschaftliche Seele des Landes. Nadine stürzte sich in das fortschrittliche, rebellische, multiethnische und künstlerische Leben dieser Stadt, die wie für sie gemacht war. Sie brachte Camille zur Schule und nahm dann den Bus, um ihren Tag in der Gegend um den Campus zu verbringen, in der sich alles abspielte, was sie spannend fand. Zu Mittag aß sie in irgendeinem preiswerten indischen Lokal, wo die Gerichte so scharf waren, wie sie es bei ihren karibischen Freunden in London zu schätzen gelernt hatte. Sie hörte sich Vorträge an, beteiligte sich an den Protestaktionen und Demos der Studierenden, besuchte Rockkonzerte und Improvisationstheater, schmuggelte sich in Seminare, malte Transparente für die Landarbeitergewerkschaft von César Chávez oder die Black Panther und hing mit den Schmuckverkäuferinnen, Bettlern und Junkies an der Telegraph Avenue ab.

Um diese Zeit starb ihr Vater in New Orleans, und Nadine erbte in einer Höhe, mit der sie nicht gerechnet hatte. Ihr Zweig der Familie LeBlanc war erheblich wohlhabender als von ihr vermutet. Ohne ihren Mann zu fragen, ging sie in Berkeley auf die Suche nach einem Haus. Was sie fand, schien ihr perfekt, und mit dem Argument, das Haus sei geschichtsträchtig, wollte sie Samuel überreden, es zu kaufen: Früher habe es als Bordell gedient, die Seelen der ehemaligen Profis der Liebe würden noch darin spuken. Auf Samuel machte der Stammbaum wenig Eindruck, aber ihm gefielen die Lage nahe der Uni und der Preis. Es war ein Schnäppchen und in keinem guten Zustand, aber in besseren Zeiten war es hochherrschaftlich gewesen, allein auf einer Anhöhe, mit großem Garten und angeblich auch mit Blick über die Bucht, die inzwischen jedoch von den Bäumen verdeckt wurde.

Das Haus der Adlers war zu Beginn des Jahrhunderts im Queen-Anne-Stil gebaut worden, es war wie andere Villen aus dieser Zeit mit Schindeln aus Sequoia-Holz verkleidet, besaß zwei Türmchen, gedrechselte Säulen, Geländer und Friese aus Holz, durch die Jahrhundertwendefenster mit den geschliffenen Scheiben regnete es hinein, und die fünf Stufen zur Eingangstür waren schief ausgetreten. Der Glanz der Vergangenheit war in den Details noch erkennbar, im fleckigen Marmor der Bäder, dem Schachbrettparkett aus Eiche und den originalen Lüstern im Erdgeschoss, von denen die eingestaubten Kristalltropfen herabquollen, die man schwer sauberbekam. Von außen war es die perfekte Kulisse für einen Horrorfilm. Nadine taufte es »das Spukhaus«.

»Wie sollen wir diesen Kasten jemals einrichten und heizen?«, war Samuels erste Frage bei der Besichtigung gewesen.

»Wir nehmen es Stück für Stück in Besitz. Vorläufig bleibt das Obergeschoss geschlossen«, entschied Nadine.

Auch das Esszimmer und einen der Salons ließen sie zunächst unberührt. Nadine streifte über die Flohmärkte in der Bay Area und erwarb das Nötigste, um die übrigen Räume einzurichten. Weil sie mit dem Weben, das sie mit ihrem Umzug nach Kalifornien aufgegeben hatte, wieder beginnen wollte, reservierte sie sich im Erdgeschoss den Raum mit dem besten Licht und baute dort ihre Webstühle auf.

Allerdings füllten sich die leeren Räume nach und nach in einer Weise, mit der Samuel nicht gerechnet hatte. Eines Sonntags stand er früh auf, um wie fast jeden Morgen laufen zu gehen, und wollte vorher für Nadine, die ohne Koffein nicht aus den Federn kam, noch einen Kaffee aufsetzen. Er erschrak fast zu Tode, als er vor dem Kühlschrank auf einen riesenhaften Mann traf. Unwillkürlich schrie er auf. Der Mann drehte sich mit einem Milchkarton in der Hand seelenruhig zu ihm um.

»Friede sei mit dir«, sagte er und setzte den Karton an die Lippen.

»Wer bist du?«, brachte Samuel eher krächzend heraus.

»Fetu«, sagte sein Gegenüber mit Milchbart.

»Fötus?«

»Fetu, Bruder. So lautet mein Name. Namaste.«

»Was machst du in meinem Haus? Ich rufe die Polizei!«

Fetu stammte aus Samoa. Er war fast zwei Meter groß und wog etwas über hundertdreißig Kilo, das schwarze Haar fiel ihm bis in die Mitte des Rückens, und sein langes, schütteres Bärtchen erinnerte an einen Chinesen aus dem Comic. Er steckte in einem Malcom-X-Shirt, das seine Speckrollen betonte, trug Jesuslatschen und einen Sarong. Den hielt Samuel für einen Rock. Fetus einschüchterndes Äußeres stand im Widerspruch zu seinem friedfertigen und entspannten Wesen. Nadine hatte ihn an der Telegraph Avenue kennengelernt, er gehörte zu den Hippies und Herumtreibern, die dort zwischen ein paar anderen, die mit selbstgemachtem Kunsthandwerk Geld zu verdienen versuchten, von Luft und Liebe lebten. Fetu war stolz darauf, dass er noch nie gearbeitet hatte und somit nicht zum Kapitalismus beitrug, verkaufte aber in kleinen Mengen Haschisch und Gras. Zusammen mit ein paar anderen hatte er bisher in einer Bauruine übernachtet, einem Nest für Habenichtse und Junkies, aber wegen einer Rattenplage war das Gebäude auf Anordnung des Gesundheitsamts geräumt worden. Da es Winter war und viel regnete, hatte ihn Nadine, die ihn als Freund ansah, eingeladen, für ein paar Tage zu ihr zu ziehen.

Fetu störte nicht weiter, wenn er nicht auf der Straße unterwegs war, lag er irgendwo schlafend herum. Er hatte keine Eile damit, eine andere Bleibe zu finden, im Spukhaus der Adlers war es überaus heimelig. Tatsächlich war es so heimelig, dass er eine seiner Lebensgefährtinnen zu sich einlud, eine ätherische kleine Person, die eine Tochter in Camilles Alter hatte. Sie hielt ihre Tochter für die Wiedergeburt einer keltischen Göttin, kleidete sie in lange weiße Gewänder und flocht ihr Blumen ins Haar. Dessen ungeachtet wirkte das Mädchen ziemlich normal.

»Wie lange bleiben die noch?«, wollte Samuel von Nadine wissen.

»Warum?«

»Das ist kein Hotel hier. Ich mag es nicht, dass sie im Wohnzimmer kampieren und unseren Kühlschrank leeressen.«

»Sei nicht so spießig, Mr. Bogart! Wenn du nicht willst, dass sie unten schlafen, geben wir ihnen eins von den Zimmern oben, was meinst du?«

Damit begann die Invasion. Nadines Gäste kamen nicht alle von der Telegraph Avenue, mehr als einer reiste aus San Francisco an, um sich im Spukhaus niederzulassen. Auch wechselte die Besetzung, die einen blieben länger, andere kürzer, aber nie waren es weniger als zehn, die Kinder nicht mitgezählt. Eine Kommune auf Zeit, ohne jede Regel, zusammengewürfelt aus Bohemiens, verkannten Künstlern, angehenden Rockstars und schlichten Herumtreibern, fast durchweg jung und mittellos. Da keiner von ihnen etwas zur Haushaltskasse beitrug und Nadine nur sehr selten einen ihrer Wandteppiche verkaufte, trug Samuel die Hauptlast für ihren Unterhalt.

Über Monate ging das so. Schon bald fingen Nadine und Samuel derart heftig zu streiten an, dass Samuel lieber so wenig wie möglich zu Hause war. Alles dort nervte ihn, das ständige Kommen und Gehen von Leuten, die er nicht kannte, der Dreck und die Unordnung, der Räucherstäbchen- und Grasgeruch, die Gitarren und Tamburine, die Ganesh-Statue. Als er eines Tages ein Trio beim Liebesspiel im Wohnzimmer überraschte, war seine Geduld am Ende.

»Was sind das für Vorbilder für Camille, Nadine! Wirf sie raus! Alle! Sofort!«

»Das kann ich nicht machen, Mr. Bogart. Sie wissen nicht, wohin. Man muss ihnen wenigstens eine Frist setzen.«

»Morgen will ich keinen mehr hier sehen, sonst lasse ich sie von der Polizei rausschaffen!«

»Das ist mein Haus. Ich habe es bezahlt. Schon vergessen?«

»Wenn das so ist, dann gehe ich.«

»Tu, was du nicht lassen kannst. Unsere Ehe ist sowieso am Ende, wir streiten uns nur und sind beide nicht glücklich.«

»Was soll das heißen?«

»Geh und komm nicht wieder.«

Samuel zog in eine Pension, wo er warten wollte, bis die Gemüter sich beruhigt hätten, und war sicher, dass Nadine wieder zur Vernunft kommen würde. Zwei Wochen später erhielt er ein Schreiben, dass sie die Scheidung eingereicht hatte. Damit hatte er keinen Moment gerechnet. Er überwand seinen Stolz und die Wut und machte sich auf den Weg zum Spukhaus, weil er dachte, eine gütliche Einigung müsse möglich sein. Er fand das Haus verschlossen. Auf dem Telefontisch lag ein Zettel von Nadine: »Bin mit Camille in Bolivien. Das Haus kannst du haben.«

Samuel hatte immer davon geträumt, eine Ehe zu führen wie die von Luke und Lidia Evans, seinen Eltern im Geiste. Die beiden waren ein außergewöhnliches Paar. Sie hatten sich sehr jung in der Quäkergemeinschaft in London kennengelernt, sich über Jahre dem Dienst an ihren Nächsten gewidmet und vor allem Kindern in Kriegsgebieten geholfen. Solange Lidia dazu in der Lage war, waren sie, wo immer ein bewaffneter Konflikt ausbrach, hingereist und hatten, getragen von ihrer Liebe und ihrem Glauben, ohne Tamtam Gutes getan. Sie gingen Hand in Hand, Samuel hatte sie nie getrennt voneinander gesehen. Als Lidias Krankheit schlimmer wurde, umsorgte Luke sie hingebungsvoll. In ihren letzten Jahren war er es, der sie wusch, sie anzog, sie fütterte, ihren Rollstuhl schob. Beide waren erst vor zwei Jahren gestorben, sie an Parkinson, und er hatte sich einen Tag nach ihrer Beerdigung das Leben genommen. Samuel hätte gern eine Liebe wie diese mit Nadine geteilt, aber dazu fehlte ihnen beiden das Talent.

Dem Beispiel der Evans war unmöglich nachzueifern. Nadines plötzliches Verschwinden und die Scheidung machten Samuels Traum von der vollkommenen Liebe zunichte und verstärkten die Einsamkeit, die er von jeher empfunden hatte. Er raffte sich auf und traf sich mit anderen Frauen, war aber unfähig, ein Gespräch zu führen, das nicht schon nach wenigen Minuten auf Nadine kam. An der Universität hätten sich ihm mehr als genug Gelegenheiten geboten, auch wenn eine ungeschriebene Regel lautete, man solle nichts mit Studentinnen anfangen. Es würde noch Jahre dauern, bis diese Regel zum Gesetz wurde. Die jungen Frauen boten sich ihren Professoren oft ungeniert an, sei es im Austausch für Gefälligkeiten, weil sie ihre Macht austesten wollten, oder selten auch, weil sie verschossen waren. Samuel wusste das, er hatte es mehr als einmal erlebt, war aber nie in diese Falle getappt. Mehr als den Skandal fürchtete er die Peinlichkeit. Er hatte gesehen, wie manche seiner Kollegen der Eitelkeit erlagen und sich einbildeten, sie hätten die Liebe von Frauen verdient, die halb so alt waren wie sie. Bei Sprechstunden mit Studentinnen ließ er vorsorglich seine Bürotür weit offen und vermied jede Vertraulichkeit. Das verstärkte seinen Ruf, ein kühler und eher spröder Brite zu sein. Ohne Nadine hatte er mit fast niemand mehr Kontakt, denn sie war es gewesen, die ihre Freundschaften pflegte, und er hatte sie lediglich begleitet mit seinem ansprechenden Äußeren, seinen tadellosen Manieren, seinem vornehmen Auftreten und dem Talent zuzuhören.

Er hatte zwei kurze, ausschließlich sexuelle Affären, die sich als unbefriedigend erwiesen und sich zu lange hinzogen, weil er nicht wusste, wie er sie beenden sollte, ohne die jeweilige Frau zu verletzen. Sie bestätigten seine Einschätzung, dass er bestenfalls ein mittelmäßiger Liebhaber war. Die Lust, die er mit Nadine geteilt hatte, war ausschließlich ihr zu verdanken.

Nach einigen Monaten bekam er zum ersten Mal einen Brief von Nadine, sie schrieb, dass sie nicht mehr in Bolivien, sondern in Guatemala sei, wo es eine ganz wunderbare Webtradition gebe. Etliche Fotos von Camille steckten in dem Umschlag: braungebrannt, dünn, barfuß, zerzaust und glücklich. Camille müsse nicht zur Schule gehen, sie lerne jede Menge durch ihre Begegnung mit der Natur und mit den Indigenen am Atitlansee, schrieb Nadine. Auch ein Foto von ihr war dabei in einem Kreis von mehreren Frauen in landestypischen Trachten und eins an der Hand eines Mannes in kurzen Hosen. Auf die Rückseite hatte sie seinen Namen geschrieben: Orlando, Anthropologe aus Argentinien.

Samuel bat an der Universität und beim Orchester um unbezahlten Urlaub, packte seinen Koffer, verabschiedete sich von den Gespenstern, sperrte das Spukhaus zu und brach auf nach Guatemala.

~ ANITA ~

Nogales, Februar 2020

Du hast deine Schutzengeline noch nie gesehen, weil du immer schläfst, wenn sie erscheint. Ich werde von ihrem Geräusch beim Fliegen wach, das klingt, wie wenn man Fenster putzt. Meine eigene Engeline sehe ich fast jede Nacht, wir sind schon richtig Freundinnen.

Hab ich dir gesagt, dass sie weiß ist wie eine Wolke? Ich erinnere mich noch, wie die Wolken am Himmel ihre Form verändert haben, manchmal haben sie wie Tiere ausgesehen oder wie ein Zug oder wie die Zuckerwatte, die sie im Zirkus verkauft haben. An den Zirkus erinnerst du dich bestimmt nicht mehr, Claudia, du warst noch ganz klein, als wir dort waren. Das war vor dem Unfall. Es gab Clowns dort, die haben sich gegenseitig auf den Kopf gehauen und mit Wasserpistolen bespritzt, und am Trapez sind welche hoch wie Vögel über uns geflogen, und sechs kleine Hunde haben auf den Hinterbeinen getanzt. Mama hat gesagt, die besten Zirkusse gibt es hier im Norden. Irgendwann nimmt sie uns mit in den allergrößten, der hat sogar Elefanten. Vielleicht kann ich dann, wenn sie uns mitnimmt, auch wieder ein bisschen mehr sehen. Die Engelinen verändern auch die Form, genau wie Wolken. Manchmal sehen sie aus wie winzige Frauen und manchmal wie Hühner oder wie die Segel von einem Boot, aber an der Stimme in meinem Kopf kann ich sie immer erkennen.

Ich glaube, es ist eine gute Idee, wenn wir Miss Selena mit nach Azabahar nehmen, nur sage ich ihr davon noch nichts, ich muss noch warten, bis meine Engeline die Erlaubnis bekommt. Frank lade ich nicht ein, der soll erst sein Versprechen halten und uns wieder mit der Mama zusammenbringen. Azabahar ist sehr weit weg, aber die Engelinen und die Engel, die schließen einfach die Augen, sagen ein paar Zauberwörter, und wenn sie die Augen wieder öffnen, sind sie da. Uns nehmen sie auf die Art mit. Jetzt müssen wir essen, Claudia. Es schmeckt nicht, ist aber Pizza. Miss Selena hat gesagt, es gibt kein Kind auf der Welt, dem Pizza nicht schmeckt. Pupusas gibt es hier keine, aber wenn wir mexikanisches Essen kriegen, dann esse ich manchmal auf. Die Quesadillas sind ganz gut. Ich frage auch mal nach, ob es in Azabahar Pupusas gibt, aber bestimmt gibt es die dort.

Hoffentlich gibt es in Azabahar Bäume und Blumen, die sind noch wichtiger als Pupusas. Ich weiß noch, wie Grün aussieht. Das ist die beste Farbe, weil sie alles verbindet. Das habe ich von der Mama gelernt. Hier gibt es bloß Kaktusse. Nicht mal Schatten machen die, und sie haben Stacheln und stechen wie Bienen, da bleiben wir besser weg. Miss Selena hat mir erzählt, dass es hier ganz tolle Berge gibt, die sind knallrot wie Erdbeeren und lilarot wie Rote Beete und orange wie Mango. Die würde ich gerne sehen. Das nächste Mal bringt sie mir die große Lupe mit, die ich brauche, und bezahlen muss man nichts dafür, und sie leiht mir auch ein Buch über die Landschaften in Arizona und den Grand Canyon, der eins von den Weltwundern ist. Mit der Lupe kann ich dann wenigstens ein bisschen davon sehen. Miss Selena ist lieb zu uns, sogar zur Didi ist sie lieb, sie will neue Haare für sie machen, weil sie ja schon fast kahl ist, und ein neues Kleid will sie ihr auch machen, aber du lässt sie ja nie los. Wenigstens waschen müssen wir sie, Claudia, sie mieft. So können wir sie nicht nach Azabahar mitnehmen, was soll man denken von uns, dass wir Landstreicher sind.

Du hast gesehen, was passiert ist, Claudia. Der Kackwurm hat angefangen, ich hab mich bloß gewehrt, ich lass mich doch nicht von dem hauen. Er nervt, dieser Fiesling, immer haut er uns, wenn keiner hinsieht, aber ich hab keine Angst vor dem. Für das Nasenbluten konnte ich nichts. Ich wollte ihm auf den Bauch hauen, aber wenn er sich bewegt und ich fast nichts sehe, trifft ihn der Schuh halt im Gesicht. So ein Blutbad! Das ist so ungerecht, dass ich die Strafe kriege, und ihm bringen sie Eisbeutel und ein Schleckeis, damit er aufhört zu brüllen. Ein Glück ist Miss Selena gekommen und hat die Strafe aufgehoben.

Ich hab dich ja nicht freiwillig allein gelassen, Claudia, sie haben mich ins Büro gebracht und mich mit dem Gesicht zur Wand in die Ecke gestellt, was mir nichts ausmacht, ich sehe ja nichts, egal, wo ich hingucke. Ich habe ihnen erklärt, dass der Wurm angefangen hat, da haben sie gesagt, ich soll still sein, ich darf nicht sprechen, das ist Teil von der Strafe, und die würde ich bekommen, weil ich aggressiv bin. Und der Kackwurm? Wenn hier einer aggressiv ist, dann der. Du weißt, ich schrei normal nicht, aber da bin ich fast erstickt, so hab ich gebrüllt, und wenn Miss Selena nicht gekommen wär und das geregelt hätte, ich wär jetzt tot. Viele sterben ja, weil sie im Wasser ertrinken, aber manchmal sterben auch welche, weil sie an der Luft ertrinken. Ich hab ganz schön gebraucht, bis ich mich wieder beruhigt hab. Wenn ich bei der Tita Edu so gebrüllt hätte, die hätte mir den Kopf in einen Eimer mit kaltem Wasser gesteckt und fertig, hilft immer, sagt sie, aber zum Glück ist das hier verboten. Wenn das hier jemand mit einem Kind macht, dann kommt er ins Gefängnis. Verstehst du das? Ein Kind in den Eisschrank stecken oder ihm die Mama wegnehmen, das ist doch viel schlimmer, findest du nicht, Claudia?

Als ich da im Büro gestanden bin, da hab ich gehört, wie eine von den Erzieherinnen zu einer anderen gesagt hat, dass sie uns in eine Adoptivobhut bringen, weil wir schon länger hier sind als normal. Ich hab mich nicht getraut zu fragen, was das ist, weil sie doch dann gemerkt hätten, dass ich zuhöre, und dann hätten sie mir bestimmt noch mal so eine Strafe gegeben deswegen. Ich hab gute Ohren, die hatte ich schon vor dem Unfall, und jetzt hilft mir das, und ich kriege mit, was die Leute unter sich reden, nur verstehe ich manchmal das Englisch nicht. Die Erzieherinnen haben aber Spanisch gesprochen. Das mit der Adoptivobhut hat mir nicht gefallen. Ich will nicht, dass mich wer adoptiert. Ich bin kein Waisenkind.

Am meisten Sorgen macht mir, dass du die Mama vielleicht vergisst, das passiert manchmal, wenn die Kinder sehr klein sind. Ich erzähle dir was von der Mama, und wenn du die Augen zumachst und gut zuhörst, was ich sage, dann ist das so, als würdest du sie sehen. Sie ist schön, die Mama. Früher hat sie die Haare lang gehabt mit blonden Strähnchen, so hübsch, und ich hab sie kämmen dürfen, das hat sie gern gehabt, aber auf der Reise hat sie die Haare dann ganz kurz abgeschnitten. Ihre mussten ab und meine auch, damit sie sich nirgends verheddern. Stell dir vor, wir mit langen Haaren auf dem Zug, oder als wir durch die Wüste gelaufen sind, wo es so heiß war. Nicht schlimm, sie wachsen nach. Meine gehen schon fast über die Ohren, aber sie sind ganz ungleich. Miss Selena bringt mich mal zu ihrer Friseurin, wenn ich rausdarf. Ich hab ihr erklärt, dass die Mama uns beiden die Haare abgeschnitten hat. Das war in Mexiko, kurz bevor wir auf den Zug geklettert sind, damit die Männer nicht nach ihr gucken und uns in Ruhe lassen. Sie hat gesagt, sie sagt Sohn zu mir, und ich soll Papa zu ihr sagen, aber ich habe nicht dran gedacht und dann doch Mama gesagt. Wenn sie herkommt, dann sind ihre Haare bestimmt nicht mehr so kurz. Sie ist fröhlich, die Mama, sie lacht viel, und wenn sie lacht, dann sieht man, dass ihre Zähne vorne ein bisschen auseinanderstehen, aber das mit dem Lachen, das war vor Carlos. Sie findet spielen gut und Musik, du weißt doch, wir haben alles mit ihr getanzt, sogar Swich, Swich, und manchmal hat die Tita Edu ihre Flip-Flops ausgezogen und mitgetanzt, aber nur Salsa.

~ SELENA ~

Los Angeles/El Salvador, Februar 2020

Die Duráns waren eine Familie alleinstehender Frauen, angefangen bei der ältesten, die mit ihren vierundachtzig Jahren, krumm von der Arthritis und schon leicht dement, noch immer die Matriarchin der kleinen Sippe war. Sie brüstete sich damit, dass sie als eine der zähen Aufständischen im Heer von Pancho Villa gekämpft hatte, doch zur Zeit der Mexikanischen Revolution war sie noch gar nicht geboren. In jungen Jahren hatte sie einen Meter fünfundvierzig gemessen, war mit dem Alter geschrumpft, aber weiterhin unermüdlich und meinungsstark und nahm kein Blatt vor den Mund. Die wahre Geschichte lautete, dass sie 1954 mit nichts als einem Säugling im Arm zu Fuß durch die Wüste von Arizona in die USA gekommen war, als halbe Analphabetin, ohne Papiere und ohne ein einziges Wort Englisch zu sprechen. Damals war sie achtzehn. Erst half sie, ihr Kind auf dem Rücken, im Süden von Kalifornien bei der Orangen- und Salaternte. Sie verdiente weniger als einen Dollar in der Stunde, und wie fast alle Migranten, die auf den Feldern schufteten, damit andere ihr Essen auf den Tisch bekamen, litt sie Hunger. Zehn Jahre später, als sie von der harten Arbeit chronische Kreuzschmerzen hatte und ihre von der Sonne gegerbte Haut wie Schuhleder aussah, fand sie eine Anstellung in einer Konservenfabrik, wo sie arbeitete, bis ihre Tochter und ihre Enkelin sie nötigten, in Rente zu gehen. Mit dem Alter schoss ihre Vorstellungsgabe ins Kraut, und als Frank Angileri sie kennenlernte, ähnelte sie einem achtjährigen, fantasiebegabten und unterernährten Kind. Ihre Urenkelin Selena sah neben ihr aus wie eine Riesin.

Frank brachte als Gastgeschenke einen Blumenstrauß und eine Flasche vom besten Portwein mit, den er hatte finden können, weil er von Selena wusste, dass die Urgroßmutter jeden Tag mit einem eilig runtergebeteten Rosenkranz und einem Gläschen Port beendete.

»Wie heißt dein kleiner Freund gleich noch?«, fragte sie Selena zum dritten Mal.

»Mamagrande, Ihr seid doch nicht senil, warum fragt Ihr dann immer wieder dasselbe?«

»Na, weil es dir auf den Wecker geht, Kindchen.« Und sie lachte und kaute mit ihren wenigen verbliebenen Zähnen die Luft.

»Dacht ich's mir doch. Das ist Frank Angileri, Mamagrande, der Anwalt, der das blinde Mädchen vertritt, das man von seiner Mutter getrennt hat.«

»Ach! Anita Díaz, das arme Schätzchen …«

»Genau die, Mamagrande. Hab ich's nicht gesagt, Euer Gedächtnis ist völlig in Ordnung.«

»Ich erinnere mich, woran ich mich erinnern will, und nicht, woran andere wollen. Wie finden Sie meine Familie, junger Mann?«, wandte sie sich an den Anwalt.

»Ich bin beeindruckt. Vier Generationen von …«

»Fünf sind es«, unterbrach sie ihn. »Es fehlen meine Urenkel. Das sind die ersten Jungen, die in dieser Familie geboren wurden. Ich hatte meine Dora mit achtzehn. Wir Duráns werden früh schwanger.«

»Das kommt, weil sie nicht lange drüber nachdenken«, spottete Selena.

»Und bei dir? Vom lange drüber Nachdenken kommen die Wechseljahre schneller als die Kinder«, schnaubte ihre Urgroßmutter.

»Keine Bange. Nicht mehr lang und ich bin verheiratet«, sagte Selena.

»Glaubst du, man muss dafür heiraten? Als ich meine Dora bekommen habe, war ich Jungfrau.«

»Jungfrau, Mamagrande? Sicher?«

»Natürlich, so wie die Jungfrau von Guadalupe und all die anderen Jungfrauen im Kirchenkalender.«

»Ihr wisst doch, mein Verlobter nimmt es genau, er will keine Kinder vor der Ehe.«

»Und Sie, junger Mann, was denken Sie übers Kinderkriegen?«, wollte die alte Frau unvermittelt von Frank wissen.

»Mama, bitte, lass den Anwalt in Ruhe«, rief ihre Tochter Dora aus der Küche, wo sie zusammen mit Selenas Mutter das Mittagessen bereitete.

An diesem Sonntag war Frank am Morgen aus San Francisco gekommen und würde am Abend mit der Sechsuhrmaschine zurückfliegen. Für einen Tag nach Los Angeles zu reisen war ihm in den letzten Monaten zur Routine geworden, wenn auch für gewöhnlich in Alpersteins Privatjet. Dazu holte ihn eine Limousine zu Hause ab und brachte ihn zum Flughafen, und eine zweite wartete in Los Angeles, um ihn zum Anwesen des Magnaten in Paradise Cove Bluffs zu fahren, einer Tausendquadratmeter-Villa in einem versaillesähnlichen Garten mit Privatstrand. Der Fall Alperstein war in der vergangenen Woche durch Geld abgeschlossen worden. Durch viel Geld. Der Beschuldigte würde weder vor Gericht erscheinen noch seine letzten Tage hinter Gittern verbringen müssen, nur sein Ruf war für immer ruiniert. Die Presse trat genüsslich jede Einzelheit des Skandals breit. Frank empfand das zumindest als kleine Entschädigung für die unerfreuliche Aufgabe, diesen Mann juristisch zu vertreten, der sich einmal mehr von der Strafverfolgung freigekauft hatte. In der Kanzlei hatte man ihn beglückwünscht, ihm seine Provision gezahlt und ihn wissen lassen, er werde bald eins der zweiseitig verglasten Eckbüros in der oberen Etage bekommen. Seine Mutter dagegen hatte ihn ein weiteres Mal am Telefon beschimpft, weil er so skrupellos war, diesen Verbrecher zu verteidigen.

Selena war für ein paar Tage bei ihrer Familie in Los Angeles, und da der Flug von San Francisco nur eine Stunde dauerte, hatte sie ihm vorgeschlagen, dass sie sich dort treffen und sie ihn bei der Gelegenheit mit ihrer hellsichtigen Großmutter bekannt machen könne, die er so gerne kennenlernen wollte. Sie hatten sich seit ihrem gemeinsamen Besuch bei Anita im Heim in Nogales Ende Dezember nicht mehr gesehen, aber oft miteinander telefoniert. Zwischen den beiden war eine Freundschaft entstanden, die über die anfängliche Frage, wie sie für das Kind Asyl bekommen konnten, weit hinausging. Frank verstand sich allgemein gut mit Frauen, er wusste mit ihnen umzugehen, das hatte er als Kind von seinen Schwestern gelernt. Was er für Selena empfand, hätte er nur schwer sagen können. Er schätzte die Freundschaft zu ihr und wollte sie nicht durch einen falschen Schritt gefährden, musste sich aber eingestehen, dass sein Bedürfnis, ständig mit ihr in Verbindung zu sein, verdächtige Züge von Verliebtheit trug.

Für Selena, die unter Frauen aufgewachsen war und auch im Arbeitsleben bisher fast ausschließlich mit Frauen zu tun gehabt hatte, war die Beziehung zu Frank etwas Neues. Der einzige Mann, den sie von Grund auf kannte, war ihr Verlobter, und im April wollten sie heiraten. Besser gesagt wollten Milosz und die Durán-Frauen das, während Selena dem April mit mulmigen Gefühlen entgegensah. Sie war seit acht Jahren mit Milosz zusammen, obwohl sie wenig gemeinsam hatten, vieles in ihren jeweiligen Leben nicht miteinander teilten und manche Themen, etwa Politik oder Einwanderung, mieden, weil sie gegensätzliche Ansichten vertraten und sich nicht einig wurden. Während Selena in der Flüchtlingshilfe arbeitete, hielt Milosz jeden illegalen Grenzübertritt für ein Vergehen, das mit der ganzen Härte des Gesetzes bestraft werden musste, und war mit dem Präsidenten der Meinung, die Mauer an der Grenze zu Mexiko sei für die nationale Sicherheit unabdingbar und müsse fertiggestellt werden, weil es sinnlos sei, in fernen Ländern Kriege zu führen, wenn zugleich Horden von Illegalen ins eigene Land einfielen. Milosz hatte für Selenas Arbeit nichts übrig, und sie interessierte sich nicht im Geringsten für seine. Er hatte auch nichts dafür übrig, dass sie in Arizona lebte, ging aber davon aus, dass dieser Zustand vorübergehend und mit der Heirat beendet wäre. Er war sich seiner Liebe zu ihr vollkommen sicher und glaubte, dass Selena sie in gleichem Maß erwiderte. Dabei entging ihm, dass sie jedes Mal, wenn die Sprache auf die bevorstehende Hochzeit kam, das Thema wechselte.

Die Beschäftigung, die Milosz sich gesucht hatte, passte gut zu seinem Temperament. Sie erforderte Aufmerksamkeit, Disziplin, Geduld, Ausdauer, man musste die eigenen Grenzen, das Fahrzeug und die Geografie gut kennen, das Alleinsein und die Eintönigkeit aushalten. Wer als Trucker keine kostspieligen Gewohnheiten hatte, konnte seiner Familie ein gutes Auskommen bieten, sparen, investieren, den Job vergleichsweise früh aufgeben und im Leben noch etwas anderes anfangen. Das hatte er vor, er würde nicht bis ans Ende seiner Tage hinterm Steuer eines Sattelschleppers sitzen. Vorerst vertrieb er sich dabei die Zeit mit dem Funkgerät, hörte Podcasts und Hörbücher. Mit denen lernte er auch Spanisch, weil Selena ihn darum gebeten hatte. Er trank nicht, und anders als viele seiner Kollegen nahm er auch nichts, um länger wach zu bleiben. Er gab auf sich acht. Er fuhr jetzt seit etlichen Jahren und hatte seit seiner Entlassung aus der Armee nicht zugenommen.

Selena mochte seinen muskulösen Körper, seine blassblauen Augen, die markanten Wangenknochen, seine gebräunte Haut, seine großen, schwieligen Hände, seinen Geruch, den Klang seiner Stimme. Sie begehrte ihn. Sie fand bei ihm vor allem das, was sie für die besten Eigenschaften von Männern hielt: Stärke, Mut, Verantwortungsgefühl. Das eingespielte Miteinander, das sie teilten, gab ihr Halt, sie fühlte sich geliebt und beschützt, und dennoch wurde sie ihre Zweifel nicht los. Die hatten zugenommen, seit sie im vergangenen Dezember Frank Angileri begegnet war. Sie wusste, dass sich Milosz eine Zukunft ohne sie nicht vorstellen konnte. Sie wusste aber auch, dass sie eine Zukunft mit ihm beunruhigend fand. Die Bilderbuchwohnung, die Kinder und die behagliche Zweisamkeit, von denen er träumte, reizten sie nicht. Sie musste bald eine Entscheidung treffen, Milosz hatte es nicht verdient, dass sie ihn hinhielt. Bis April war es nicht mehr lang.

In den Augen der Durán-Frauen war das Arrangement der beiden perfekt: viel Zuneigung, wenig Leidenschaft und für jeden ein eigener Bereich. Nur befürchtete Selena, dass ihrer mit der Heirat verschwinden würde.

Dora Durán, Selenas berühmte Großmutter, war sechsundsechzig und kleidete sich wie vor vierzig Jahren. Aus Neugier hatte Frank sie im Netz gesucht und eine Homepage, Interviews und Videos über ihre Erfolge als Seherin gefunden. Sie färbte sich das Haar schwarz und schminkte sich großzügig die Augen. Ihre zwanzig Jahre jüngere Tochter hingegen trug Jeans, ein weites Shirt und war ungeschminkt. Neben Doras raumgreifender Präsenz wurde sie nahezu unsichtbar, und Frank musste bei Selena zweimal nachfragen, weil er den Namen nicht behalten hatte: Casandra. Selenas Vater, erheblich älter als seine Frau, war gestorben, als Selena und ihre Schwester Leila vier und sechs gewesen waren. Einige Monate hatte Casandra getrauert, sich dann an der Uni eingeschrieben und einen Abschluss in Labortechnik gemacht. Seitdem war sie die Stütze der Familie. Sie bezahlte die Rechnungen, hatte aber nur wenig zu sagen.

Die Duráns – Mamagrande, Dora, Casandra und Selena – erinnerten Frank an seine eigene Familie, auch wenn die nicht ausschließlich aus Frauen bestand. Wie unter den Angileris herrschten auch hier eine ruppige Zuneigung, bedingungslose Loyalität, blindes Vertrauen und keinerlei Gefühlsduselei. So unterschiedlich sie waren, hatten die vier gewisse Ähnlichkeiten zu den Angileri-Frauen, wirkten genauso stark, bodenständig und geradeheraus wie seine Mutter und seine Schwestern und waren auch genauso gastfreundlich. Selbst ihr Haus in Los Angeles erinnerte ihn an das seiner Eltern in Brooklyn: klein, vollgestopft mit Möbeln und billigem Krimskrams, heimelig und duftend nach Essen und Kaffee. Am Tisch, wo sie schließlich bei unzähligen hausgemachten Köstlichkeiten zusammensaßen, Bier und Tequila tranken, alle gleichzeitig redeten, scherzten und lachten, fühlte er sich rundum wohl. Er wusste, wie diese Frauen miteinander tickten.

Die Idee, nach El Salvador zu reisen und Marisol Díaz zu suchen, stammte von Frank. Er hätte das niemals zugegeben, aber überlegt hatte er es sich, nachdem er erfahren hatte, dass Dora Durán keine Nachricht von ihr aus dem Jenseits empfangen hatte. In der Hoffnung, ihre Großmutter könne ihr bei der Suche nach Marisol helfen, hatte Selena ihr das Foto aus der Akte zum Asylantrag gezeigt und auch eins von Anita, aber Dora wollte das Mädchen lieber persönlich treffen. Selena hatte sie mit nach Arizona genommen und eine Besuchserlaubnis im Heim erwirkt, in dem Gäste eigentlich nicht zugelassen waren. Kurz hatte Dora mit Anita reden können. Sie war sehr beeindruckt von ihr.

»Ich glaube, Anita besitzt eine Gabe, aber sie ist anders als meine. Vielleicht zeigt sie sich irgendwann in der Zukunft, wenn sie ein bisschen älter ist«, hatte sie nach dem Besuch zu Selena gesagt.

»Wie kommst du darauf?«

»Anita kann das Unsichtbare sehen, sie malt sich die Zukunft aus, kann erraten, was kommt.«

»Sie lebt in ihrer eigenen Welt, spricht mit sich selbst, sie hat eine Menge Fantasie«, erklärte ihr Selena.

»Ich glaube, sie versetzt sich in eine andere Sphäre. Ich habe ihre Macht gespürt. Als ich ihre Hände genommen habe, hat sie mir ihre Stärke übermittelt.«

»Hast du irgendeine Botschaft von Marisol gespürt?«

»Nein. Ich hoffe, sie muss sich nie an mich wenden, aber für alle Fälle werde ich aufmerksam sein.«

Dora Durán, die mit drei Monaten im Schultertuch ihrer Mutter durch die Wüste getragen die Vereinigten Staaten erreichte, war etwa dreizehn, als sie sich ihren Ruf als Seherin erwarb. Laut Mamagrande war diese Gabe bei den Frauen ihrer Sippe seit den Zeiten der spanischen Eroberung Mexikos angelegt, aber nur die wenigsten hatten Gelegenheit bekommen, sie auch zu entwickeln. Wenn ihre Fantasie mit ihr durchging, erzählte die alte Frau, sie selbst unterhalte sich ständig mit verlorenen Seelen, aber anders als bei Dora würden sie bei ihr nicht die eigenen Probleme abladen, sondern ihr mit Klatschgeschichten die Zeit vertreiben.

»Als sie zum ersten Mal ihre Regel hatte, ist der Dorita das Gehirn stehen geblieben«, erzählte sie Frank. »Angeblich war es Meningitis. Sie ist wiederauferstanden, aber ihr Geist war zu heiß gelaufen, und seitdem hat sie einen Fuß hier und den anderen im Jenseits.«

Frank konnte nicht folgen, weil sein Schulspanisch für paranormale Phänomene nicht ausreichte, aber Selena übersetzte es ihm.

»Meine Mamagrande hat noch andere Theorien darüber«, ergänzte sie. »Zum Beispiel, dass ein Skorpion in ihren Gehörgang gekrochen ist oder sie giftige Pilze vom Friedhof gegessen hat.«

»Und was ist Ihre Theorie?«, wandte sich Frank an Dora.

»Ich habe keine. Und eigentlich wäre es mir lieber, die Toten ließen mich in Ruhe.«

»Manche Menschen hinterlassen etwas unerledigt und melden sich dann bei Dorita, damit es abgeschlossen wird«, erklärte ihm die Urgroßmutter. »Deshalb kommen auch die Kennedys ständig.«

»Kein einziges Mal waren die da, Mamagrande, wo nehmt Ihr das her!«, ereiferte sich Selena.

»Wer in Frieden geht, der kommt nicht wieder. Aber die Mörder von den Kennedys, die waren doch angeheuert, und die eigentlichen Killer haben nie dafür gezahlt. Die Kennedys wollen Gerechtigkeit«, beharrte die Urgroßmutter.

»Das ist über ein halbes Jahrhundert her, Mamagrande. Die sind bestimmt alle tot.«

»Das freut mich. In der Hölle sollen sie schmoren.«

»Wäre Marisol Díaz bei einem Unfall oder durch Gewalt ums Leben gekommen, dann hätte sie keinen Frieden, oder?«, schloss Frank aus alldem und wurde rot, weil er sich wie ein Narr vorkam. Was würden seine Kollegen sagen, könnten sie ihn hören.

»Genau, junger Mann«, sagte die alte Frau.

»Das muss nicht sein«, widersprach ihr Dora, die mit zwei Schüsseln aus der Küche kam. »Würden alle Toten, die keine Ruhe finden, mit mir sprechen, ich wäre reif für die Klapse.«

Sie war weder reif für die Klapse noch war sie ein Scharlatan, wie etliche zweifelhafte Esoteriker, die es hier gab. Dora hätte gut davon leben können, Trauernde mit Botschaften aus dem Jenseits zu versorgen, Nachfrage gab es genug, aber sie hatte große Ehrfurcht vor der Fähigkeit, die ihr geschenkt geworden war, und hielt es für Sünde, Geld dafür zu nehmen. Sie hatte diese Gabe von Gott erhalten, damit sie für andere da war und half, nicht um sich selbst zu bereichern. Ihren Lebensunterhalt hatte sie als Grundschullehrerin verdient und inzwischen stockte sie ihre magere Pension auf, indem sie Torten für Geburtstage, Hochzeiten und Fünfzehnjahrfeiern backte, wahre Kunstwerke, die sie mit Zuckerfigürchen nach dem Vorbild ihrer Kunden krönte. Anhand von Fotos bildete sie die Brautleute oder die fünfzehnjährigen Mädchen in ihren Prinzessinnenkleidern nach. In China gebe es das auch, erklärte sie Frank, aber dort sähen die Figuren ihren Vorbildern nicht ähnlich und seien aus Gips. Ihre dagegen waren essbar.

»Gestern habe ich ein Rudel Marzipanhündchen für das Geburtstagsfest von einem Pudel aus Beverly Hills hergestellt. Gefeiert wird zusammen mit anderen Tölen im Four Seasons, unglaublich, wofür die Reichen ihr Geld ausgeben«, sagte sie.

Nach einem erschlagenden mexikanischen Mittagessen, das Frank wie ein Stein im Magen lag, verabschiedete er sich am Nachmittag von Selena im Garten des Hauses, wo die Urgroßmutter Kuscheltier-Kaninchen züchtete, kleine Fellknäuel mit langen Ohren. Frank verkniff es sich, das Rezept seiner Mutter für Kaninchen mit Rosmarin und Pilzen zu erwähnen.

»Ich nehme mir eine Woche Urlaub. Den habe ich verdient, am Fall Alperstein habe ich geschuftet wie ein Galeerensträfling. Sollen wir zusammen nach El Salvador fliegen und Marisol suchen?«

»Du und ich?« Selena war überrumpelt.

»Alleine kann ich das nicht. Du kennst den Fall und sprichst Spanisch. Dass sie nicht in einem der Flüchtlingscamps hinter der Grenze ist, wissen wir inzwischen. Wir verlieren nichts, wenn wir sie in ihrem Land suchen. Komm schon, Selena, es ist das einzig Handfeste, was wir tun können.«

»Ich weiß nicht, Frank …«

»Die Reise kostet dich nichts. Ich lade dich ein.«

»Warum?«

»Weil es mir genauso wichtig ist, Anita zu helfen, wie dir. Ein Freund von mir arbeitet in San Salvador für die Botschaft, er kann uns vielleicht unterstützen. Bitte, komm mit.«

Selena überlegte, was Milosz dazu sagen würde, wenn er erfuhr, dass seine Verlobte mit einem anderen Mann verreiste. Das war möglicherweise ein Erfordernis ihres Jobs, das sie nicht ausführlicher erläutern musste. Sie würde ihm erklären, dass die Reise notwendig war, aber Frank nicht erwähnen und schon gar nicht, dass er für ihre Kosten aufkam. Ihrer Familie würde sie es auch nicht sagen, die Durán-Frauen würden auf Milosz' Seite sein, mit ihrer Solidarität durfte sie in diesem Fall nicht rechnen.

Am zweiten Montag im Februar flogen sie mit Avianca nach San Salvador, ihr Rückflug sollte am darauffolgenden Samstag sein. Sie hatten nur Handgepäck dabei, außerdem eine Kopie von Marisols Akte, die Selena von einem ihr zugetanen Angestellten der Migrationsbehörde bekommen hatte, und die Protokolle ihrer Gespräche mit Anita. Für Frank war es ein Abenteuer. Erst durch Selena hatte er mehr über Mittelamerika erfahren, zuvor war es für ihn ein ferner, rätselhafter Fleck auf der Landkarte gewesen. Von dort kamen fast ausschließlich schlechte Nachrichten über Revolutionen, Guerrilla, blutige Diktaturen, Massaker, Bürgerkriege, Korruption, Menschenhandel, Drogen und in letzter Zeit über kriminelle Banden wie die Mara Salvatrucha. Frank unterschied nicht zwischen den einzelnen Ländern, für ihn waren sie alle mehr oder weniger gleich, abgesehen von Costa Rica, wo er einmal im Urlaub gewesen war, in kristallklarem Wasser gesurft war und Pelikane und Schildkröten fotografiert hatte. Das Land hatte seine Streitkräfte 1948 abgeschafft und lebte seit sieben Jahrzehnten in

Wohlstand und Frieden. Es war ein Paradies, das sich zusehends mit US-Amerikanern, vor allem mit Rentnern, füllte. Seit er die Verteidigung von Anita Díaz übernommen hatte, beschäftigte er sich mit der Geschichte und Politik der Region, aus der die Migranten und Flüchtlinge stammten, die Selena betreute.

Neben Internet und Presse war Selena seine ergiebigste Informationsquelle. Er begann zu begreifen, warum so viele Menschen, darunter Kinder ohne Begleitung, die riskante Reise in den Norden unternahmen und in den Vereinigten Staaten Aufnahme suchten. Die Gefahren auf dem Weg und die Feindseligkeit, die ihnen an der Grenze entgegenschlug, konnten sie nicht abhalten, denn schlimmer waren die perspektivlose Armut und ungestrafte Gewalt, vor der sie flohen. »Niemand ist sicher in dieser Welt, Frank. Jeder von uns könnte in so eine Lage geraten«, hatte Selena gesagt, aber dass so etwas jemandem aus seinem Umfeld widerfuhr, konnte er sich nicht vorstellen. Als er das seiner Mutter gegenüber erwähnte, erinnerte sie ihn daran, dass sein Vater mit den Großeltern Sizilien auf der Flucht vor der Mafia verlassen hatte.

Der Flughafen von San Salvador war ein modernes Gebäude mit einer Vielzahl von Geschäften für Luxusartikel und Kunsthandwerk. Wegen des großen Andrangs dauerte es eine Weile, bis ihre Pässe am Einreiseschalter gestempelt waren. Der fast fünfstündige Flug steckte ihnen in den Knochen, sie waren müde, fuhren aber nicht direkt ins Hotel, sondern wollten erst ihren Hunger mit Pupusas de Olocuilta stillen, von denen Selena gehört hatte. Der Name des Nationalgerichts weckte Franks Argwohn, aber er hatte sich vorgenommen, seine Ernährungsbefindlichkeiten für ein paar Tage zu vergessen, damit ihn Selena nicht für einen Waschlappen hielt. Vor dem Flughafengebäude traf die tropische Schwüle sie mit voller Wucht.

»Das ist ein Dampfbad, Selena!«

»Atme. Man gewöhnt sich an alles«, sagte sie japsend.

Sie nahmen ein Linientaxi und standen zwanzig Minuten später vor einer rußgeschwärzten Tonplatte über einem offenen Feuer, auf der zwei Frauen in blauen Schürzen die Tortillas aus Reis- und Maismehl zubereiteten. Sie bestellten zwei Pupusas Locas, so groß wie ein Teller und gefüllt mit Käse, Bohnen und Speckgrieben, und tranken ein Bier dazu. Das war ihr Einstand im Land.

Frank hatte darauf bestanden, dass sie in einem guten Hotel abstiegen, er würde das bezahlen, genau wie den Flug in der Businessclass, was Selena ohne Protest hinnahm, weil für beide offensichtlich war, dass er weit mehr Geld besaß als sie. Sie waren sehr spät in ihre jeweiligen Betten gegangen und hatten schlecht geschlafen, er wegen der Nähe zu Selena und sie, weil ihnen nur vier Tage blieben, um Marisol zu finden. In den Stunden draußen hatten sie von der tropischen Schwüle Hitzepickel und geschwollene Hände und Füße bekommen. In der Klimaanlagenluft des Hotels bibberten sie dagegen vor Kälte.

Anita hatte mehr über ihre Großmutter erzählen können, bei der sie seit ihrer Geburt gewohnt hatte, als über ihre Mutter, aber ihre Hinweise waren recht vage.

»Wir wissen, wie sie heißt und dass sie mit Indigo gearbeitet hat«, resümierte Frank, als sie am Morgen auf der Terrasse frühstückten.

»Anita hat gesagt, sie kümmert sich um Besucher und Touristen. Lass uns im Parque Arqueológico Casa Blanca anfangen«, schlug Selena vor, »dort gibt es ein Indigomuseum und Geschäfte. Das ist in Chalchuapa.«

»Wie weit ist das von hier?«

»An der Rezeption meinten sie, mit dem Bus ungefähr eine Stunde zwanzig.«

»Wir sollten ein Auto mieten.«

»Der Verkehr hier ist gewöhnungsbedürftig, Frank. Besser, wir mieten ein Rosa Taxi für den ganzen Tag. Das haben sie mir an der Rezeption empfohlen.«

»Rosa Taxi?«

»Die werden von Frauen für Frauen gefahren. Sie sind sehr sicher.«

Sie mussten der Fahrerin ihre Pässe zeigen, bevor sie einsteigen durften, weil Frank nicht zur herkömmlichen Kundschaft gehörte. Das Gefährt war in Rosatönen ausgeschlagen und bot im Fonds Spiegel und Schminksachen, um das Make-up aufzufrischen. Lola, die Fahrerin, trug eine weiße Uniform, war klein, rundlich, gesprächig und nett und erwies sich als sprudelnder Quell von Informationen. Auf der Fahrt wurden sie ausführlich unterrichtet über Lokalpolitik, den neuen Präsidenten, die Heuschreckenplage, die Maras und die grundlegenden Sicherheitsvorkehrungen, die sie treffen sollten.

»Ständig hört man, wie gefährlich es hier ist, die Presse

schreibt über nichts anderes, man könnte meinen, wir befinden uns in der Hand von Maras und Drogenkartellen, aber das ist übertrieben«, sagte Lola. »Wir leben hier gut und ungestört. Wir sind fröhlich, tanzen und singen gern, helfen uns gegenseitig und kümmern uns um die Familie. Ich zum Beispiel koche jeden Sonntag für meine riesige Familie, wir halten zusammen. Zu schade, dass mein Land überall so ein schlechtes Image hat. Die Salvadorianer passen auf sich auf, sie wissen, wo sie wann hingehen können, meiden gefährliche Orte und verdächtige Leute. Bei mir sind Sie sicher, ich kenne dieses Land in- und auswendig.«

Als Lola erfuhr, dass sie sich für Indigo interessierten, hob sie zur nächsten Unterrichtseinheit an über das »blaue Gold«, das seit dem 16. Jahrhundert genutzt wurde, mit Erfindung synthetischer Farben an Wert verloren hatte, im Land aber eine lange künstlerische Tradition besaß. Von dort kam sie auf die Pyramiden aus präkolumbianischer Zeit zu sprechen, die müsse sie ihnen unbedingt zeigen, aber die beiden hatten keine Zeit für Sightseeing, deshalb fuhren sie direkt zum Museum, einem Gebäude aus der Kolonialzeit inmitten eines Parks.

Die Frauen in der Indigowerkstatt, wo die Naturfarbe nach traditionellen Verfahren hergestellt und Artikel in allen Blautönen verkauft wurden, kannten Doña Eduvigis gut. Sie arbeitete seit über dreißig Jahren hier, hatte zwar an diesem Vormittag frei, aber sie bekamen die Adresse, und Lola brauchte nicht lang, um sie in einem Arbeiterviertel von Chalchuapa zu finden.

Umringt von mehreren bellenden Hunden, sprach Anitas Großmutter misstrauisch durch den mit Stacheldraht gekrönten Gartenzaun mit ihnen, aber als Selena ihr erklärte, dass sie ihre Enkelin kannten, und ihr ein Foto zeigte, öffnete sie die Tür und bat sie aufgeregt ins Haus. Die Hunde kamen schwanzwedelnd hinterher. Die Frau bewegte sich noch jugendlich flink, doch ihr Gesicht war gezeichnet von Alter und Leid. Sie hatte sich ihr Leben lang abgerackert. Seit vielen Jahren pflegte sie ihren kranken, bettlägerigen Mann, ihre fünf Kinder hatte sie quasi allein großgezogen und zwei von ihnen begraben.

»Meine Kleine … Ich habe seit Monaten nichts von ihr gehört, wo ist sie?«, fragte sie ängstlich.

»Es geht ihr gut, Doña Eduvigis, sie ist in den USA, in Arizona«, sagte Selena.

»Haben Sie sie gesehen?«

»Ja, vor kurzem erst. Ich habe Fotos für Sie dabei.«

»Sie fehlt mir so!«

»Und Sie fehlen ihr. Anita liebt ihre Tita Edu.«

Eduvigis bat sie, Platz zu nehmen, und bot ihnen Cola-Sekt an, eine orangefarbene Limo, zu der sie Plastikgläser brachte. Lola hatte ihnen geraten, das Wasser in diesem Viertel nicht zu trinken, weil es einmal wöchentlich mit dem Tankwagen angeliefert wurde und manchmal verunreinigt war. Neben dem Herd standen zwei Wassertonnen. Das Haus war ein schlichter Kubus aus Betonplatten, aufgeräumt und sauber, mit Linoleumboden und Fliegengittern vor den offenen Fenstern, durch die etwas Luft ging.

»Anita wird acht ohne ihre Mama und ohne ihre Oma,

ganz allein … Das tut so weh, wie ein Messer in meinem Herz«, sagte Eduvigis unter Tränen.

»Wir feiern ihren Geburtstag mit ihr, versprochen. Sogar mit Piñata. Ich habe sie schon gefragt, was sie sich wünscht, sie möchte etwas, womit sie Musik hören kann. Frank kümmert sich drum.«

»Da freut sie sich. Anita kann alle Lieder, die im Radio laufen. Sie hat ein sehr gutes Ohr und triff jeden Ton, damit hat sie sich nach dem Unfall die Zeit vertrieben, bis sie wieder zur Schule gehen konnte. Eine Lehrerin hat ihr Gitarrenunterricht gegeben. Haben Sie gehört, wie sie singt?«

»Noch nicht, aber wo ich das jetzt weiß, versorge ich sie mit Musik. Wir können zusammen singen und tanzen«, versicherte ihr Selena.

»Anita ist ein außergewöhnliches Kind, das war sie schon immer. Mit drei hat sie geredet wie eine Große. Als sie fünf war, habe ich ihr lesen beigebracht. Sie ist immer gut in der Schule gewesen, hat alleine gelernt, ich musste nie hinterher sein. Und wie sie auf ihre kleine Schwester aufgepasst hat! Sie hat gesagt, sie muss Claudias Mama sein, wenn ihre Mama nicht da ist, weil sie die Ältere ist. Nach dem Unfall ist sie ernst geworden, sie hat nicht mehr gelacht wie früher.«

»Was war das für ein Unfall?«, fragte Selena nach.

»Ein Frontalzusammenstoß. Ein Lkw ist mit dem Schulbus zusammengeprallt.«

»Das tut mir so leid …«

»Wir haben lange Zeit kein Glück gehabt. Und jetzt ist Marisol verschwunden! Wissen Sie, wo sie sein könnte?

Das letzte Mal hat sie mich vor über drei Monaten angerufen, seitdem habe ich nichts von ihr gehört.«

»Wegen ihr sind wir hier«, sagte Frank.

Anitas Großmutter entschuldigte sich, dass sie nichts im Haus hatte, was sie ihnen anbieten konnte, und meinte, wenn sie zum Essen blieben, würde sie rasch zum Markt gehen. Sie erzählte ihnen, dass Rutilio, ihr ältester Sohn, ihr am nächsten gestanden hatte, er sei sehr verantwortungsvoll gewesen, habe den kranken Vater ersetzt, nicht getrunken, sich nicht herumgetrieben oder Frauengeschichten gehabt. Er habe nur für seine Töchter und für Marisol gelebt. Die beiden waren länger ein Paar gewesen und hatten geheiratet, als Marisol schwanger wurde. Seine Tochter Claudia hatte Rutilio gar nicht mehr richtig kennengelernt, er war gestorben, als sie erst drei Wochen alt war. Er hatte bei einem Unternehmen für Baumaterial gearbeitet und war bei einem unerklärlichen Unfall unter einem Schwall flüssigem Beton begraben worden. Man hatte ihn nicht mehr rechtzeitig rausziehen können. Eduvigis vermutete, dass er umgebracht worden war, es habe Drohungen gegeben. Er sei in der Gewerkschaft sehr aktiv gewesen, habe den Mund nicht gehalten, die Arbeiter organisiert.

»Wer hat ihn denn bedroht?«, fragte Frank.

»Es müssen Killer im Auftrag des Unternehmens gewesen sein, aber das lässt sich nicht beweisen.«

»Keine von den Maras?«, fragte Selena.

»Mit denen hatte Rutilio nichts zu schaffen. Außerdem morden die Maras offen, zur Abschreckung, es passt nicht zu ihnen, dass sie einen bedrohen und Unfälle vortäuschen.«

Frank und Selena blieben mehrere Stunden bei Eduvigis, die darauf bestand, ein Huhn kaufen zu gehen – ein gutes Hofhuhn, keins aus der Mast –, sie seien doch besondere Gäste, erklärte sie ihnen. Zum Mittagessen gab es eine kräftige Hühnersuppe mit Gemüse, die garte, während sie Fotos, Anitas Schulhefte aus der Zeit vor dem Unfall und ihrer Augenverletzung und zwei Postkarten anschauten, die Marisol von unterwegs geschickt hatte. Sie hatte Eduvigis angerufen, kurz bevor sie am Grenzübergang in die USA um Einreise ersuchte, und dann noch einmal mit einem geliehenen Handy aus einer Haftanstalt in Texas. In den zwei Minuten, die sie hatten reden können, berichtete sie ihrer Schwiegermutter, dass sie und Anita getrennt worden waren.

»Sie hat mir versichert, das wäre normal, Anita würde es gut gehen und sie wären bald wieder zusammen, aber ich weiß, sie hat das nur gesagt, um mich zu beruhigen«, erzählte Eduvigis. »Alle hier wissen, dass im Norden die Familien getrennt werden, das wird hier im Fernsehen gezeigt. Gestern erst, da hat man einen kleinen Jungen gesehen, einen Dreijährigen, der hat sich an die Beine von seinem Vater geklammert und wie am Spieß geschrien, der Arme, und dann haben sie ihn an den Ärmchen gepackt und weggezogen. Und die Kinder, die von den Schleppern in der Wüste alleingelassen werden, die sehen wir auch. Manche sind noch so klein!«

Frank und Selena erfuhren, dass Marisol von Montag bis Freitag in der Hauptstadt als Hausangestellte bei einem Politiker gearbeitet hatte. Die Villa im Stadtviertel Antiguo Cuscatlán gehörte zu einer Handvoll Häuser in einer Gated Community mit Einlasskontrolle und Wachschutz rund um die Uhr. Freitags hatte sie um sechs Uhr Feierabend und nahm dann den Bus nach Chalchuapa, um übers Wochenende bei ihrer Familie zu sein. Weil Eduvigis in der Indigowerkstatt flexible Arbeitszeiten hatte, konnte sie sich unter der Woche um Anita kümmern. Sie hatte in dem komplizierten Verfahren, aus den Blättern der Indigopflanze die Farbpaste herzustellen, die wichtigste Aufgabe, weil sie bestimmte, wann die Oxidation gestoppt wurde. Wegen ihrer langjährigen Erfahrung kümmerte sie sich außerdem um Besucher und erklärte ihnen die einzelnen Arbeitsschritte, vom Anbau der Pflanze bis zum gefärbten Kleidungsstück.

Seit Marisols Mann vor fünf Jahren gestorben war, hatten sich mehrfach Männer für sie interessiert, aber sie hatte das nicht erwidert. Wenn sie heimkam, war sie müde und wollte nur bei ihrem Kind sein. Sie trauerte noch und glaubte, sie werde nie wieder einen Gefährten wie Rutilio finden oder einen Ersatzvater für Anita. »Meine Schwiegertochter ist sehr respektvoll, sie hat mir nie einen von denen ins Haus gebracht«, sagte Eduvigis und fügte hinzu, der einzige sei Carlos Gómez gewesen, ein Wachmann auf dem Anwesen, wo Marisol arbeitete. Der sei immer ohne Einladung erschienen und habe sich in seiner Uniform wichtig gemacht. Beim ersten Mal hatte Marisol auf der Straße mit ihm gesprochen, obwohl sie ihn kannte, aber später ließ er sich nicht mehr abwimmeln. Er tauchte zu den unmöglichsten Zeiten unangemeldet auf und bestand darauf, Marisol zu sehen.

»Laut Marisols Aussage war das der Mann, der auf sie geschossen hat, bevor sie mit Anita außer Landes geflohen ist«, sagte Selena.

»Meine Schwiegertochter hat irgendetwas entdeckt. Etwas, das sie nicht hätte wissen dürfen. Sie hat es mir nie gesagt, aber ich habe gehört, wie sie mit Gómez geredet hat. Ich habe nicht gelauscht, die Wände hier sind sehr dünn.«

»Wissen Sie, worum es ging?«

»Nein. Marisol hat ihm versichert, dass sie keinem was sagt, dass sie das nichts angeht, dass er sie in Ruhe lassen soll. Mal hat er sie bedroht, und dann wollte er wieder was von ihr, er hat versucht sie zu küssen, hat sie begrapscht. Sie hatte eine Heidenangst vor ihm.«

Auch Anitas Großmutter fürchtete sich vor Gómez, der hin und wieder auch unter der Woche auftauchte, wenn er wusste, dass Marisol nicht da war, und nach Anita fragte. Er ließ sich von dem Mädchen »Onkel Carlos« nennen und brachte ihr kleine Geschenke mit, Spielsachen oder Süßigkeiten. »Sie soll mich halt ein bisschen kennenlernen und mich gernhaben«, sagte er. Marisol drehte durch, wenn sie das hörte, sie hatte ihrer Schwiegermutter eingeschärft, ihn auf keinen Fall mit dem Kind allein zu lassen.

»Aber einmal hat er Anita freitags nach der Schule abgepasst. Das war nach dem Unfall. Er hat sie in sein Auto gesetzt, und sie hat das zugelassen, weil er behauptet hat, ich hätte ihn geschickt. Einer Lehrerin, die sich einmischen wollte, hat er erklärt, er sei der Onkel und würde mit Anita zu einem Geburtstagsfest fahren. Offenbar hat er im Rückspiegel gesehen, dass sie mit ihrem Handy ein Foto von ihm macht.«

Bis zum Abend, als Marisol nach Hause kam, habe er ihre Enkelin noch immer nicht zurückgebracht und sie sei völlig verzweifelt gewesen, erzählte sie. Sie hatte Anita wie immer von der Schule abholen wollen, die Lehrerin hatte ihr von dem Onkel und dem Geburtstagsfest erzählt und ihr das Foto gezeigt. Sie hatte das Auto sofort erkannt und gewusst, dass Carlos Gómez Anita in seiner Gewalt hatte.

»Warum sind Sie nicht zur Polizei gegangen?«, wollte Frank wissen.

»Zur Polizei? Ausgeschlossen! Dieser Carlos Gómez war selbst Polizist, bevor man ihn entlassen hat und er Wachmann geworden ist, also das Gleiche wie Portier, bloß mit Uniform und Waffe. Er hat immer noch jede Menge Freunde bei der Polizei.«

Marisol rief alle zwei Minuten bei Gómez an, aber er ging nie dran. Endlich, gegen Mitternacht, als schon die ganze Straße wusste, dass das Mädchen entführt worden war und Mutter und Großmutter nicht ein noch aus wussten, fuhr er fröhlich hupend vor. Anita flüchtete sich in die Arme ihrer Großmutter, während er Marisol erklärte, er sei mit ihr am Strand gewesen. »Das nächste Mal musst du mitkommen, Marisol, damit deine Tochter ein bisschen Spaß hat. Ich kann Schreikinder nicht ausstehen.« Es klang bedrohlich. Von dem Tag an hatte Anita genauso viel Angst wie ihre Mutter und ihre Großmutter und versteckte sich, wenn Gómez auftauchte.

»Ich glaube, das Foto der Lehrerin hat sie gerettet. Gómez hat gewusst, dass man ihn identifizieren kann«, sagte

Eduvigis. »Das hat ihn alles nicht davon abgebracht, Marisol weiter nachzustellen. Mir hat er auch Geschenke gemacht, einen Mixer, Schinken, guten Bohnenkaffee, oder er hat mir Sachen für Marisol dagelassen. Wenn ich sie nicht annehmen wollte, ist er sauer geworden. Über Monate ging das so. Er ist sehr ungeduldig geworden, ist ausgerastet. Seine Drohungen sind heftiger geworden, er hat Marisol kontrolliert, ihr nachspioniert, ihr Eifersuchtsszenen gemacht, als wären sie zusammen.«

»Und Marisol?«

»Hat einen Bogen um diesen Mistkerl gemacht! Sie wollte ihn nicht mal sehen! Und das ging so, bis er auf sie geschossen und sie fast umgebracht hat. Deshalb musste sie weg. Was hätte sie denn tun sollen? Ich wollte nicht, dass sie meine Enkelin mitnimmt, aber Marisol konnte sie ja nicht hierlassen, wo Gómez leichtes Spiel gehabt hätte.«

Eduvigis gab ihnen die Adresse von Genaro Andrade, einem Bruder von Marisol, der an der Costa del Sol, wo die beliebtesten Strände des Landes lagen, als Surflehrer arbeitete. Er war Marisols einziger Angehöriger in El Salvador, ihre übrige Familie lebte in Guatemala.

Spät am Abend kehrten Selena und Frank in die Hauptstadt zurück. Am nächsten Morgen brachte Lola sie nach Antiguo Cuscatlán. Über die Handynummer, die Selena von Eduvigis bekommen hatte, hatte sie sich mit Carlos Gómez verabredet, sich als Mexikanerin auf der Durchreise ausgegeben und gesagt, sie würde ihn gern treffen, eine Bekannte habe ihr seine Nummer gegeben. Bei Selena waren die Hitzepickel abgeklungen, aber Frank war noch immer krebsrot. Lola kannte das von anderen Touristen, kramte aus dem Handschuhfach ein nicht etikettiertes Plastiktütchen mit ein paar losen Tabletten und meinte, er solle alle vier Stunden zwei davon nehmen. Schulterzuckend und ohne Nachfragen tat Frank wie ihm geheißen.

Große Bäume spendeten in den Straßen des Villenviertels Schatten. Von dem Anwesen, wo Gonzalo Gómez arbeitete, konnten sie außen kaum etwas sehen, es war von einem hohen Zaun umgeben und wie die meisten Gebäude hier hinter einer undurchdringlichen Wand aus Pflanzen verborgen. Frank blieb auf Beobachtungsposten im Rosa Taxi, das Lola an der nächsten Ecke parkte, während Selena klingelte und sich über die Gegensprechanlage meldete. Gómez, der Dienst hatte, bat seinen Kollegen, ihn kurz zu vertreten, am Tor sei eine mexikanische Touristin, die ihn sprechen wolle, und kam nach draußen.

Selena musste zugeben, dass der Mann beeindruckend aussah in seiner khakifarbenen Uniform mit den vielen Taschen und dem Koppelzeug, den Springerstiefeln, der Pilotenbrille und dem schwarzen Käppi. Er wäre als aktives Mitglied einer Gefechtseinheit durchgegangen. Sie wiederum musste nichts weiter tun, um ihn zu beeindrucken, die Erfahrung sagte ihr, dass sie ihn auf den ersten Blick entwaffnet hatte. Sein anfängliches Misstrauen verflog, sobald sie näher kam, mit ihrer Mähne, ihrem Lächeln, dem tiefen Dekolleté und ihren unvergleichlich fließenden Bewegungen.

»Was kann ich für Sie tun, Señorita?«, fragte er formvollendet.

»Könnten wir uns irgendwo hinsetzen, Capitán? Diese Hitze hier …«

Ohne Einladung kam kein Besucher auf das Gelände, dafür zu sorgen war eine von Gómez' Aufgaben, er musste sogar die Insassen jedes Autos überprüfen, ehe er ihm die Einfahrt erlaubte, aber diese Frau durfte ihn auf keinen Fall für einen kleinen Befehlsempfänger halten, die war einfach zu scharf, Mann. Eigentlich stand er auf Jüngere, am liebsten noch kaum entwickelt, unschuldig, aber diese hier war zum Anbeißen. Er bat sie durch eine Fußgängerpforte neben dem Tor hinein und führte sie galant zu einer halb zwischen tropischen Pflanzen verborgenen Gartenbank. Sie setzten sich, und Selena konnte den Pool und aus der Ferne Teile der Häuser sehen. Menschen entdeckte sie nirgends, aber zwei Schäferhunde knurrten sie aus einiger Entfernung an, bis Gómez sie wegschickte.

»Also, was kann ich für dich tun, meine Hübsche«, sagte er noch einmal und wechselte dabei umstandslos zum Du.

»Wie ich ja am Telefon schon gesagt habe, Capitán. Ich habe deine Nummer von einer Bekannten.«

»Von wem?«

»Von Marisol Andrade, ich habe sie in Mexiko getroffen.«

»Wann war das?« Bei dem Namen hatte er aufgehorcht, wurde abwehrbereit.

»Vor ein paar Monaten, Anfang Oktober letztes Jahr vielleicht? Ich weiß nicht mehr.«

»Ich habe mit dieser Marisol nichts zu schaffen.«

»Aber du kennst sie doch, oder?«

»Sie hat in einem der Häuser gearbeitet. Hier gibt es jede Menge Hausangestellte.«

»Aber an sie erinnerst du dich doch. Sie hat mir erzählt, was zwischen euch passiert ist.«

»Wer bist du? Was willst du von mir?« Gómez stand auf.

»Nicht doch, Capitán, nur die Ruhe, ich weiß ja, es war ein Unfall.« Selena lächelte, strich sich eine Strähne aus dem Gesicht und schlug die Beine übereinander, das dünne Kleid rutschte ihr weit übers Knie, der Schweiß glänzte in ihrem Ausschnitt.

»Du musst gehen, hier darfst du nicht sein.« Gómez nahm sie am Arm.

Selena tat, als würde sie stolpern, und drohte zu fallen, aber er hielt sie fest. Aus wenigen Zentimetern Entfernung sahen sie einander in die Augen.

»Ich will mich bloß unterhalten, Capitán. Könnten wir uns nicht nach deiner Arbeit treffen? Marisol hat mir von dir erzählt, das hat mich neugierig gemacht. Ich mag starke Männer … die sich durchsetzen können …«, sagte Selena und ließ sich dabei jedes Wort auf der Zunge zergehen.

Carlos Gómez bestellte sie für den Abend ins La Flor de Izote, eine schummrige, schmutzige Bar mit Tanzfläche und Latinomusik. Er hatte nicht das Geld, sie gebührend auszuführen, aber nach zwei, drei Drinks und wenn sie ein bisschen eng tanzten und sie erst spürte, womit sie es zu tun hatte, würde sie ihm aus der Hand fressen. Kein Problem. Das hatte noch immer funktioniert. In den vierzig Jahren seines Lebens war Marisol die Einzige gewesen, die sich geziert hatte, und nicht weil er versagt hätte, sondern weil sie herzlos war. Er fragte sich immer noch, was er an ihr gefunden hatte, so ein Knochengestell, und dann noch mit zwei Kindern. Er wäre sie besser gleich losgeworden, bevor alles aus dem Ruder lief.

Frank und Lola, die Selena gefolgt waren, nahmen an einem Nachbartisch Platz, sie mit einem Bier, er mit einem Mineralwasser. Um nicht aufzufallen, hatte Lola ihren weißen Kittel zu Hause gelassen und trug Ohrgehänge groß wie Christbaumschmuck. Frank machte ihr ein Kompliment, und sie warnte ihn kichernd, er solle sich keine Hoffnungen machen, sie sei leider verheiratet.

Während Selena ein Glas widerlich süße, lauwarme Margarita streichelte, war Gómez bei seinem dritten Bier, hatte alle Vorsicht aufgegeben und wurde redselig. Diese Mexikanerin stellte keine Gefahr dar, sie war bloß eine geile Braut, er hatte sie vollständig im Griff, und die Nacht würde enden, wie es sich gehörte. Er presste sie beim Tanzen an sich, was für ein Prachtstück, so hellhäutig, und Rhythmus hatte sie, sie roch nach Schweiß und Parfüm, und diese Lippen, die waren das Beste, und die Beine, die Riemchenschuhe, diese roten Nägel, die Frau hatte Klasse. Er bestellte einen Whisky, redete großspurig und selbstsicher. Die Mexikanerin hörte ihm gebannt zu, Frauen geilten sich auf an Gewalt, sie wollten genommen werden, selbst wenn sie sich sträubten, wenn sie schrien, er kannte sich aus, wenn er in Dating-Apps den Macho rauskehrte, kamen sie angekrochen. Und mit dieser Mexikanerin zu reden machte Laune, sie konnte zuhören.

»Dass ich auf sie geschossen habe, war ein Unfall, ich trage immer eine Waffe, ich habe als Kind von meinem Vater schießen gelernt, ich habe sie immer dabei, jetzt auch, nicht mal zum Tanzen lege ich die ab, willst du mal sehen? Ich nehm die mit ins Bett, ist schließlich meine Pflicht, ich muss ja meine Chefs schützen, dafür bezahlen die mich, dass nicht irgendein Arschloch eins von den Kindern entführt, die Hunde reichen da nicht, denen geben sie Gift, hier treibt sich ein Haufen Gesindel rum, Diebe, Maras, dafür sind wir Sicherheitsleute da, wir arbeiten zu sechst, immer zwei pro Schicht, alle acht Stunden Wechsel. Als der Unfall war, da hatte ich Nachtschicht, die fängt um zehn an und geht bis morgens um sechs, es war bewölkt, Regenzeit, wurde früh dunkel, mein Kollege war auf Patrouille am Zaun, ich auf Posten am Eingang, habe ich schon gesagt, dass es spät war? Im Garten war kaum Licht, nach dem Unfall mit Marisol haben sie mehr Lampen installiert, jetzt haben wir Bewegungsmelder, die Lampen gehen ständig an, da reicht einer von den Hunden oder sogar ein Vogel, und natürlich, wenn irgendwer unerlaubt reinkäme, aber damals in der Nacht, da hat man kaum was gesehen. Noch eine Margarita? Ich habe Schritte gehört auf dem Kiesweg und vorsorglich die Waffe gezogen, man weiß ja nie, ich habe gefragt, wer ist da, keine Antwort, ich also noch mal gerufen, bestimmt dreimal, aber nichts, und plötzlich sehe ich jemand zwischen den Büschen, da versteckt sich jemand, und ich mache mich bereit zur Verteidigung, befehle ihm, rauszukommen, da rennt der los, und ich schieße, ein Warnschuss in die Luft, ich wollte niemand umbringen, woher hätte ich wissen sollen, dass es Marisol ist, um die Uhrzeit hatte sie im Park nichts zu suchen, es war fast elf, der Unfall war ihre Schuld, wieso versteckt sie sich da, wieso antwortet sie nicht und rennt weg … Was sagst du? Der Schuss hat sie von vorne getroffen, nicht von hinten? Kann sein, weiß ich nicht mehr so genau, steht alles in dem Polizeibericht, zum Glück war sie nicht tot, stell dir vor, was das für einen Ärger gegeben hätte … Ey, hier! Noch einen Whisky!«, rief er dem Kellner zu.

»Marisol hat behauptet, du hättest sie im Garten treffen wollen, um irgendwas wegen ihrer Tochter zu besprechen«, unterbrach ihn Selena auf gut Glück.

»Das ist gelogen. Dass ich zu ihr nach Hause gekommen bin, wie sie bei der Polizei behauptet hat, war auch gelogen. Sie hat mir nie gefallen, so eine ist doch Zeitverschwendung, ich hab mehr als genug appetitliche Auswahl, was hätte ich mit dem traurigen Gerippe anfangen sollen. Das einzig Gute an ihr waren die Haare, und die hat sie abrasiert, als hätte sie die Krätze. Die war komplett irre.«

»Wieso redest du über sie in der Vergangenheit, als wäre sie tot?«

»Woher soll ich wissen, ob sie lebt oder tot ist? Ist mir doch egal. Sie ist aus dem Krankenhaus raus und war weg, verschwunden.«

»Wohin?«

»Zur Hölle wahrscheinlich, was weiß ich. Hast du sie nicht in Mexiko gesehen?«

»Da war sie unterwegs in den Norden, sie wollte in den USA um Asyl bitten.«

»Ha! Willkommen im Club. Werden ja doch alle abgeschoben.«

»Man hat sie abgeschoben?«

»Was glaubst du denn? Dass die Gringos sie mit Kusshand genommen haben?«

»Hast du sie noch mal gesehen?«

»Nein! Weiß der Henker, wo sie ist. Wäre sie hier, wüsste ich das.«

»Wie das?«

»Ich habe Kontakte.«

»Wenn sie nicht hier ist, dann vielleicht in Mexiko.«

»Dort ist sie auch nicht.«

»Wieso bist du dir da so sicher?«

»Wie gesagt, ich habe Kontakte. Wieso reden wir überhaupt über die? Was hast du zu schaffen mit der?«, fragte Gómez drohend und packte Selenas Handgelenk wie in einem Schraubstock.

»Nichts. Die Frau ist mir egal, was ich nur gern von dir wüsste, ist … Aber lass mich erst los …«

»Obacht, keine Spielchen mit mir, mir platzt schnell der Kragen!«

»Du tust mir weh …«

Carlos Gómez starrte sie an. Seine Augen waren gerötet und glasig vom Alkohol. Selena erwiderte seinen Blick, es kam ihr vor wie eine Ewigkeit, bis er ihr Handgelenk endlich freigab und sich mit dem Glas in der Hand zurücklehnte.

»Sicher, dass du nicht noch eine Margarita willst? Dann komm, tanzen …«

Unter dem Vorwand, sie müsse aufs Klo, stand Selena auf und ließ ihn mit nickendem Kopf, halb weggetreten am Tisch sitzen. Sie schaffte es unbemerkt nach draußen, und Lola und Frank kamen hinter ihr her. Beim Taxi trafen sie sich und fuhren zum Essen zu einem kleinen französischen Restaurant in der Zona Rosa, weil Frank sie mit weißer Tischwäsche und einem guten Wein verwöhnen wollte. Die Landesküche wurde ihm langsam zu gehaltvoll. Er bot Lola an, auch ihren Mann einzuladen, aber sie meinte, einmal im Leben wolle sie sich allein amüsieren. Sie setzte sich zurecht und bestellte, noch ehe sie die Speisekarte aufgeschlagen hatte, einen Manhattan. »Keine Ahnung, was das ist, ich habe das mal in einem Film gesehen und wollte es immer schon probieren.« Sie hatte sich der Mission der Gringos, wie sie Frank und Selena nannte, mit Haut und Haaren verschrieben und etliche Theorien entwickelt, was mit Marisol geschehen sein könnte. Während die beiden mit der Großmutter von Anita gesprochen hatten, sei sie in die Bibliothek gefahren, erzählte sie, habe im Internet nach Informationen über Carlos Gómez gesucht und etwas darüber herausgefunden, warum ihm bei der Polizei gekündigt worden war. Man hatte ihn beschuldigt, ein elfjähriges Mädchen brutal geschlagen und vergewaltigt zu haben, aber die Eltern hatten kurz vor der Prozesseröffnung die Klage zurückgezogen, und die Sache war im Sand verlaufen. In einem Presseartikel wurde vermutet, dass die Polizei mit Geld nachgeholfen hatte, um einen Skandal zu vermeiden, von denen gab es wahrlich genug, aber Lola hielt es für wahrscheinlicher, dass Gómez die Eltern bedroht hatte.

»Marisol hat nicht ohne Grund Angst um Anita gehabt«, sagte sie. »Vor dem Kerl muss man auf der Hut sein, dem ist alles zuzutrauen. Der Apfel fällt da nicht weit vom Stamm. Sein Vater war Offizier, inzwischen ist er alt und in Rente, aber alle wissen, dass er die Einheit in El Mozote befehligt hat. Ihr wisst, dass Menschen dort bei lebendigem Leib verbrannt wurden? Auch kleine Kinder, das muss man sich vorstellen. Dieser Psychopath hat für seine Verbrechen nie büßen müssen, so wenig wie Carlos Gómez für seine.«

Das Essen erwies sich als so französisch wie auf der Speisekarte angekündigt. Lola fand die Portionen knauserig, für die Hälfte des Geldes könne sie mit ihnen irgendwo hinfahren, wo sie sich satt essen könnten, zum Beispiel morgen am Strand, wenn sie mit Marisols Bruder redeten. Gegen Mitternacht setzte sie Lola, die zwei Bier, zwei Manhattan, ein Glas Wein und einen Sekt intus hatte, vorm Hotel ab und fuhr trällernd in ihrem Rosa Taxi davon, nachdem sie vereinbart hatten, dass sie sie am nächsten Morgen abholen und an die Küste zu Marisols Bruder fahren würde.

In diesen gemeinsam verbrachten Tagen war aus der Kameradschaft zwischen Frank und Selena Nähe geworden. Frank nahm bei jeder Gelegenheit Selenas Arm oder ihre Hand, sie berührten einander, probierten das Essen vom Teller des anderen, tranken aus demselben Glas, und so wuchs zwischen ihnen das stille Einverständnis, dass sie früher oder später miteinander im Bett landen würden. Statt sich wie an den Abenden zuvor mit wenig Begeisterung in ihre Zimmer zu verabschieden, gingen sie jetzt in den um diese Zeit menschenleeren Garten. Die Sonnenschirme waren weggeräumt, aber die Liegen standen noch, und sie legten sich nebeneinander, leicht benommen vom Wein und von ihrem vorfreudigen Begehren. Die Schwüle des Tages war einer milden Brise gewichen, die den schweren Duft von Lilien und den des frisch geschnittenen Rasens zu ihnen wehte. Im ruhigen Pool schwamm der Mond. Musik und Stimmengewirr aus der Hotelbar waren längst verstummt, nur die Grillen unterbrachen die Stille des Gartens.

Selena spürte, wie sie auf ihrer Liege zerfloss, schläfrig wurde, ihre Lider schwer, die Arme schwitzig, zwischen den Schenkeln feucht, und dazu dieser Blumenduft. »Ich habe zu viel getrunken«, murmelte sie, drauf und dran, sich ihrer Müdigkeit zu ergeben. Die Nacht hier verbringen, so nah bei Frank, ihn nicht berühren, aber seine Energie spüren wie ein leichtes Beben, erwartungsvoll, was für eine Wonne, dachte sie. Frank war hellwach, er lauerte auf jedes kleine Zeichen, starrte auf die schreckliche Entfernung, die ihn von ihr trennte, ein Abgrund von einem halben Meter zwischen den Liegen.

In dem Moment, als sie sich am Flughafen von Los Angeles getroffen hatten, um ins Flugzeug zu steigen, er sie ankommen sah in ihren verwaschenen Jeans, dem grauenhaften Frida-Kahlo-Shirt und dieser unförmigen Tasche aus Guatemala, die er schon kannte, hatte er sich mit einem resignierten Seufzen eingestanden, dass er verliebt war. Jetzt, in dieser Nacht voller Lilienduft und Grillenlärm, begriff er, dass er es gewesen war, seit sie an jenem Morgen im Dezember in San Francisco in sein perfektes Leben geplatzt war und ihn in eine Aufgabe verstrickt hatte, die so aussichtsreich war, wie Ebbe und Flut aufzuhalten.

Anita Díaz war sein erster Fall gewesen, und kurz nachdem er sich mit den Grundlagen des Einwanderungsrechts vertraut gemacht hatte, hatte er die Verteidigung von zwei weiteren Kindern übernommen, ohne in der Kanzlei etwas darüber verlauten zu lassen, denn die Warnung seines Chefs war unmissverständlich, er hatte weder Freizeit noch Urlaub. Er stahl seine Zeit der Kanzlei. Inzwischen war er einer mehr auf der langen Liste der Anwälte, die ehrenamtlich die Minderjährigen an der Grenze vertraten. Eins der beiden Kinder hatte er vor Gericht begleitet, und als der Richter, der zu den älteren gehörte und nicht zu den ultrakonservativen Einwanderungsgegnern, die von der Regierung in großer Zahl neu berufen worden waren, dem Kind schneller als erwartet Asyl gewährte, da war Frank so erleichtert gewesen, dass ihm die Stimme versagte und er sich auf der Toilette kaltes Wasser ins Gesicht spritzen musste. Danach hatte er seine Mutter angerufen, und die hatte ihn beglückwünscht, war fast genauso aufgewühlt gewesen wie er und hatte ihm ein weiteres Päckchen mit Fleischbällchen angekündigt.

Als sie sich kennenlernten, hatte Selena ihm erzählt, dass sie in Onlinekursen Jura studierte und so bald wie möglich wieder an die Uni wollte, um ihren Abschluss zu machen und als Flüchtlingsanwältin zu arbeiten. Ihm war es unsinnig vorgekommen, dass sie so viel Mühe auf ein Studium verwandte, um dann in einem derart undankbaren Zweig der Juristerei zu arbeiten, aber inzwischen sah er das anders. Gerade schien es ihm viel wichtiger, Anita und andere Kinder wie sie zu beschützen, als in das Eckbüro in der oberen Etage der Kanzlei zu ziehen.

»Selena, du weißt bestimmt längst, dass ich dich liebe«, brachte er endlich heraus.

Seit sechs Wochen dachte er darüber nach, wie er sich ihr so überzeugend und poetisch wie möglich offenbaren könnte, aber jetzt hatte er alles vergessen und stammelte herum wie ein Teenager.

»Das ist keine Liebe, Frank, das ist Lust plus Gelegenheit.« Sie lächelte ihn von ihrer Liege aus an.

»Bei dir vielleicht. Bei mir ist es Liebe.«

»Sicher?«

»Ja. Und ich glaube, bei dir ist es auch mehr als Freundschaft, es sei denn, ich leide vor lauter Liebe schon an Halluzinationen.«

»Über Liebe kann ich nichts sagen, Frank, ich kenne nur die zwischen Milosz und mir. Ich erinnere mich nicht, wie mein Leben ohne ihn war.«

»Wäre es dir lieber, er wäre heute Nacht hier und nicht ich?«

»Nein.«

»Dann sollten wir der Lust die Gelegenheit geben und sehen, was passiert.«

Das taten sie, und für Frank wurde es eine denkwürdige Nacht.

Selena war sinnlich und leidenschaftlich, aber Sex war für sie, wie fast alles im Leben, Herzenssache. Ihre Sexualität war mit Milosz erwacht, als sie noch Jungfrau war, und sie hatte sich auch mit ihm weiterentwickelt. Die kurzen Affären in den Phasen, in denen sie getrennt gewesen waren, zählten dabei nicht. Im Bett war Milosz unkompliziert. Er wusste genau, was er tun musste, damit sie zufrieden war, darauf legte er Wert, weil es für ihn die Grundlage einer gelungenen Partnerschaft war. Er kannte Selenas Körper besser als seinen eigenen, vertraute auf ihre gegenseitige Anziehung und die eigene Männlichkeit und war sich sicher, dass Selena nichts auszusetzen hatte, denn andernfalls hätte sie es ihm gesagt. Damit hatte er recht. Selena genoss den Sex mit ihm völlig selbstverständlich und hatte Mühe, sich in ihre Schwester Leila hineinzuversetzen, wenn die ihr erzählte, dass es auch anders sein konnte.

Frank sah sich einer jungen Frau gegenüber, die einfache Vorlieben hatte, ihm gern Freude bereitete, ohne eine Gegenleistung einzufordern, und die sich der Lust vorbehaltlos überließ, was ihn durcheinanderbrachte. Üblicherweise bestand der erste Schritt für ihn darin, dass er seine Eroberung den Umständen entsprechend langsam oder auch schneller entkleidete und dabei mit erotischer Raffinesse in Stimmung brachte, aber Selena ließ ihm gar nicht die Zeit, nah genug heranzukommen, weil sie sich mit drei Handgriffen selbst auszog. Keine Scham und kein Bestreben, ihn zu verführen oder so zu tun, als werde sie verführt. Nackt sah sie genauso aus wie bekleidet: breite Hüften, kleine Brüste und pralle Schenkel, die schon ihr Sommerkleid offenbart hatte, Kurven, Hügel, eine erschreckende Abwesenheit erkennbarer Muskeln, Sehnen und Knochen. Wenn sie nicht achtgibt, endet sie wie eine der Nymphen von Rubens, dachte Frank entzückt und strahlte sie an. Sie küsste ihn auf den Mund und schob ihn zu dem ausladenden Hotelbett.

Frank war es nicht gewohnt, bei einer ersten Begegnung liebkost zu werden, oder eigentlich kannte er das überhaupt nicht, und auch das überwältigte ihn. Selena war ihrerseits nicht an endloses Vorgeplänkel, Akrobatik und Dirty Talk gewöhnt. Franks Fragen danach, was ihr gefiel, klangen in ihren Ohren nach Fragebogen beim Frauenarzt und brachten sie nicht in Wallung, sondern zum Lachen. Frank war zum Glück geistesgegenwärtig genug, nicht eingeschnappt zu sein, und verzichtete auf diese eigentlich bewährte Taktik, die bei Selena offensichtlich nicht verfing. Dass er mit seinem Kenntnisreichtum und seiner Erfahrung bei ihr nicht punkten konnte, verunsicherte ihn, aber als er begriff, dass er sie gar nicht beeindrucken musste, sondern sich hingeben konnte, wurde es leicht. Selena war nicht mit auf sein Zimmer gekommen, um an einem erotischen Zirkusspektakel teilzunehmen, sie wollte, dass sie einander liebten. Und das taten sie in dieser Nacht und in den beiden verbleibenden, die sie in San Salvador verbrachten. Sie liebten sich einfach.

Am Donnerstagmorgen erschien Lola frisch und ohne erkennbare Spuren eines Alkoholkaters im Hotel. Als Erstes brachte sie die beiden zur Botschaft der USA, wo Frank mit Phil Doherty verabredet war, einem hohen Beamten im diplomatischen Dienst, der zu seinen besten Freunden zählte. Die beiden kannten sich noch aus der High School, und Frank war Phils Trauzeuge gewesen. Er konnte nicht tagelang in der Stadt sein, ohne ihn wenigstens kurz zu treffen. Von außen glich das Gebäude einer Militärkaserne, es lag hinter einer hohen Mauer, die durch ein paar heitere Wandmalereien freundlicher wirken sollte. Frank und Selena blieb die aufwendige Sicherheitskontrolle erspart, Phil erwartete sie an einem Seiteneingang, schloss seinen Freund in die Arme und begleitete sie dann hinein. Lola hatte sich verabschiedet, um ein paar Runden durchs Viertel zu drehen, und würde sie abholen, wenn sie anriefen, denn im Umkreis gab es keine Parkplätze, und die Polizeikontrollen waren streng. Bei einem Glas frischem Ananassaft verbrachten sie eine angenehme Stunde in einem der Salons, wo sonst wichtiger Besuch empfangen wurde. Die Freunde tauschten sich über ihr Privatleben aus, über die Politik in den USA, den neuen Präsidenten von El Salvador, einen jungen Populisten, der bereits mit den Nordamerikanern im Clinch lag, und kamen dann unausweichlich auf die große Zahl von Menschen zu sprechen, die das Land verließen.

»Die Leute gehen hier weg, weil sie keine Perspektive sehen, aber vor allem wegen der Sicherheitslage. Das Land steht in dem traurigen Ruf, eins der gewalttätigsten der Welt zu sein. Bisher hat niemand die Banden, den Menschen- und Drogenhandel in den Griff bekommen«, sagte Phil.

»Das hat uns hergeführt, Phil. Ich vertrete ein kleines Mädchen, das mit seiner Mutter im Oktober in Arizona angekommen ist. Die Mutter hat um Asyl ersucht«, sagte Frank und schilderte ihm in groben Zügen den Fall und die Nachforschungen, die sie angestellt hatten, um die Mutter zu finden und die beiden wieder zusammenzuführen.

»Was interessiert euch so an dem Mädchen? Es gibt Tausende von Minderjährigen, denen es nicht anders geht.«

»Anita ist mir zugeteilt worden, nachdem sie von ihrer Mutter getrennt und ins Heim gebracht wurde«, erklärte Selena. »Ich kümmere mich um viele Kinder, und ich mag sie alle, aber mit Anita hatte ich besonders lang zu tun, sie hat mich vollständig erobert.«

»Weil sie blind ist?«

»Schon möglich, aber auch wenn sie das nicht wäre …«

»Und die Mutter ist abgeschoben worden?«

»Das wissen wir nicht. In den Camps an der mexikanischen Grenze ist sie nicht.«

»Was, wenn ihr sie nicht findet?«

»Nach einer gewissen Frist kann Anita zur unbegleiteten Minderjährigen erklärt werden und ein Sondervisum erhalten, aber du weißt, das dauert seine Zeit.«

»Wenn ich was für euch tun kann, meldet euch«, sagte Phil.

Selena hatte nicht viel geredet, aber Phil war so angetan von ihr, dass er sich mit Frank beim Hinausgehen ein paar Schritte zurückfallen ließ und ihm zuraunte, diese Frau sei eine Entdeckung.

»Was du nicht sagst«, flüsterte Frank zurück.

»Dann lass sie nicht vom Haken, Mann. Heirate sie.«

Lola brachte sie an den Strand von El Tunco, an dem Marisols Bruder als Surflehrer arbeitete. Wegen des Verkehrs dauerte die Fahrt nicht wie gedacht eine Stunde, sondern fast doppelt so lang, aber selbst die Hitze war vergessen, als sie das Meer sahen, den ausgedehnten hellgrauen Sandstrand und die anrollenden Wellen. Obwohl noch kein Wochenende war, mussten sie sich einen Weg zwischen den vielen Menschen bahnen, die Hälfte davon ausländische Touristen, die sich zwischen den Restaurants, Strandbars und Geschäften mit Sportartikeln und Kunstgewerbe tummelten. Lola erklärte ihnen, dass hier Surfteams aus der ganzen Welt für die Olympischen Spiele trainierten.

Genaro Andrade erwartete sie in einem einfachen Restaurant, wo es eisgekühltes Bier und Krabben mit Knoblauch und Koriander gab: Ein junger Mann mit breitem Kreuz, sonnengebräunt und muskulös, am halben Körper tätowiert, mit ausgebleichten Haaren und einem schiefzahnigen Lächeln. Er war darüber im Bilde, wie Carlos Gómez Marisol nachgestellt hatte, war sogar einmal bei ihm gewesen und hatte ihn aufgefordert, sie in Ruhe zu lassen, hatte damit aber nur erreicht, dass Gómez ihm ebenfalls drohte. Der Typ sei gefährlich, sagte er, der stecke bis zum Hals in korrupten und zwielichtigen Geschäften, genau wie sein Vater früher. Von Marisol hatte Genaro seit Monaten nichts gehört, das letzte Mal gesehen hatte er sie, als sie sich von ihrer Schusswunde erholte. Nach ihrer Entlassung aus dem Krankenhaus hatte sie sich für zwei Monate zu ihm geflüchtet, und sobald sie halbwegs auf den Beinen war, hatte sie Anita geholt und war mit ihr in den Norden aufgebrochen.

Er erzählte ihnen, was er über Gómez wusste. Nach seiner Entlassung bei der Polizei hatte er bei einem privaten Sicherheitsdienst angefangen, von denen es im Land jede Menge gab. Dort hatte er zwei Jahre gearbeitet, bis gegen die Firma ein Ermittlungsverfahren eingeleitet wurde. Das Unternehmen war eine Scheinfirma, die in Wahrheit mit Menschen und Waffen handelte. Gómez wurde von einer anderen Sicherheitsfirma angeheuert und in diese Gated Community geschickt, in der auch Marisol arbeitete.

»Hat denn niemand seinen Lebenslauf sehen wollen?«, fragte Frank.

»Die Kunden machen die Verträge mit der jeweiligen Firma, sie verlangen keine Nachweise für die einzelnen Wachleute, die man ihnen zuteilt.«

»Was meinen Sie mit Menschenhandel, Genaro?«

»Migranten bezahlen ihren Schleppern an die zehntausend Dollar, manchmal mehr, damit man sie illegal über die Grenze in die USA bringt. Es gibt zuverlässige Schlepper, aber es gibt auch Banden, die die Leute unterwegs im Stich lassen oder sie auspressen und zusätzliches Geld verlangen. Wenn sie oder ihre Familien das Geld nicht auftreiben können, dann verschwinden viele von ihnen. Marisol hätte diese Summen niemals bezahlen können.«

»Sie hat es ohne Hilfe durch Guatemala und Mexiko geschafft«, sagte Selena.

»Für Frauen ist das besonders gefährlich, sie werden vergewaltigt, entführt, umgebracht. Niemand ermittelt, sie sind Wegwerfware. Ich habe meine Schwester gewarnt.«

»Sie wollte an einem der Grenzübergänge um Asyl bitten,

aber man hat sie aufgehalten, bevor sie den Boden der USA betreten hat. Das wird inzwischen mit allen gemacht. Deshalb ist sie illegal durch die Wüste gekommen«, erklärte ihm Selena.

»Was für ein Irrsinn, das Kind mitzunehmen. Wer weiß, ob ich meine Schwester oder meine Nichte je wiedersehe.«

»Haben Sie irgendeine Idee, wo Ihre Schwester sich aufhalten könnte?«

»Sie hat sich nicht bei mir gemeldet.«

»Mich beunruhigt vor allem, dass sie nicht versucht herauszufinden, was mit ihrer Tochter ist«, sagte Selena.

»Wissen Sie, wieso Gómez auf sie geschossen hat?«, fragte Frank.

»Ein Unfall war es nicht. Meine Schwester hat durch Zufall mitbekommen, dass Gómez mit irgendwelchen Militärs dabei war, Waffen aus Armeebeständen an eine Gruppe von Maras zu verticken. Die Korruption macht selbst vor so was nicht halt. Er wollte sichergehen, dass sie nicht redet.«

Wo sie schon mal da waren, drängte Genaro darauf, dass sie ins Meer gingen, und lieh Frank eine Surfausrüstung. Frank hatte schon an vielen Stränden gesurft, aber selten solche Wellen und noch nie mit einem so kühnen Lehrer wie Genaro, dem schon als Kind kein Brecher zu groß gewesen war. Lola und Selena zogen es vor, im Schatten einer Strandbar ein Kokoseis zu essen.

»Unsere Freiwilligen vom Magnolia-Projekt haben Marisol in keinem der Camps an der mexikanischen Grenze finden können. Dort bleiben die Leute nicht lange, es herrschen chaotische Zustände, die Banden tun, was sie wollen, und die Polizei hält sich raus. Abertausende hoffen dort auf irgendeine Gelegenheit, um in den USA um Asyl zu bitten«, sagte Selena zu Lola.

»Warum denken Sie, dass Marisol in einem dieser Lager ist?«

»Weil das die Regel ist. Die Leute werden festgenommen und über die Grenze gebracht, egal, woher sie ursprünglich stammen. Hätte man Marisol offiziell abgeschoben, dann wäre sie registriert worden, aber dafür habe ich keine Bestätigung bekommen, die Einwanderungsbehörde gibt diese Information nicht an uns weiter.«

»Dass ich da nicht früher drauf gekommen bin!«, rief Lola. »Wenn sie hierher abgeschoben wurde, dann doch mit dem Flugzeug, also ist ihre Einreise registriert. Mein Mann arbeitet am Flughafen, er kann das für uns rausfinden.« Sie griff nach ihrem Handy.

Um sieben am Abend, als jeder von ihnen einen ganzen Red Snapper mit frittierter Yuca und Salat gegessen hatte, fuhren sie zurück in die Hauptstadt. Um zehn kam die Nachricht von Lolas Mann, dass Marisol Andrade de Díaz nicht unter denen gewesen war, die man in den letzten sechs Monaten nach El Salvador abgeschoben hatte.

~ ANITA ~

Tucson, März 2020

Miss Selena ist ein paar Tage nicht gekommen, sie war in El Salvador. Sie hat mir Fotos von der Mama mitgebracht, die ihr die Tita Edu für mich gegeben hat, und welche, die sie selber von der Tita, den Hunden und sogar von den Sittichen gemacht hat. Allen geht es gut. Miss Selena hat mir genau beschrieben, was auf den Fotos zu sehen ist, und ich habe sie in meinem Rucksack immer dabei, damit alle wissen, dass ich eine Familie habe und mich keiner adoptieren kann. Sie ist mit dem Flugzeug geflogen, zusammen mit Frank. Unsere Reise mit der Mama hierher ist superlang gewesen, aber mit dem Flugzeug geht das an einem Nachmittag, das geht so schnell wie mit den Engelinen nach Azabahar, einmal blinzeln, und schon sind wir dort. So eine Reise mit dem Flugzeug muss toll sein.

Die Tita Edu war traurig, weil wir nicht mit ihr gesprochen haben. Jetzt hat sie die Handynummer von Miss Selena, und ich kann jede Woche mit ihr sprechen. Die Tita Edu weiß, wie das geht, sie muss eine Karte fürs Handy kaufen, und damit kann sie dann anrufen. Miss Selena regelt das alles. Ich kriege auch irgendwann ein Handy. Aber ich warne dich, Claudia, wenn wir weinen, wenn die Tita Edu anruft, dann ist das für sie wie ein Messerstich ins Herz. Wir müssen versprechen, dass wir nicht losheulen, sonst sage ich Miss Selena, dass sie besser nicht anruft.

Frank hat sehr viel zu tun mit den Papieren, die er in Ordnung bringen muss, damit wir die Mama wiedersehen, deshalb kommt er nicht her, aber wir können am Computer mit ihm reden. Ich glaube, ich hab fast alles verstanden, was er über den Richter gesagt hat. Vielleicht ist es auch eine Richterin. Richterin wäre besser. Frank sagt, er erklärt ihr, dass ich nicht so gut Englisch kann, dann darf ich bestimmt alles auf Spanisch sagen. Sie haben Dolmetscher, so heißen Menschen, die ganz schnell auf Englisch und auf Spanisch denken können. Und nicht Rumheulen, weinen ist erlaubt, aber leise. Ich weiß, was ich sagen soll, einfach die Wahrheit, was Carlos mit der Mama gemacht hat, das mit dem Krankenhaus und die ganze Reise, wie wir zu Fuß gegangen sind, ganz schön lang und anstrengend, die Lastwagen mit den vielen Leuten hintendrauf und dann oben auf dem Dach vom Zug, da hab ich am meisten Angst gehabt, weil das so wackelt, und wenn du runterfällst, dann fahren die Räder über dich drüber, und du bist tot oder deine Beine sind ab. Frank weiß, dass wir wegen Carlos weg sind. Er hat gesagt, ich soll nicht Onkel Carlos sagen, weil Onkel nett klingen würde, und er ist gemein und hat uns wehgetan. Der Richter oder die Richterin würden nicht wissen, dass man bei uns immer Onkel sagt, hier ist das anders, hier sagt man Mister oder Miss.

Seit wir in diese Adoptivobhut gekommen sind, habe ich meine Engeline nicht mehr sehen können, weil es hier so laut ist und der Fernseher die ganze Zeit läuft. Der Krach macht einem den Kopf voll. Aber sie ist da, das ist ihre Arbeit, sie muss ja auf mich aufpassen. Sobald ich sie das nächste Mal sehe, bitte ich sie, dass sie uns hier rausholt und woanders hinbringt, um auf Mama zu warten. Nein, Claudia, wie stellst du dir das vor, wir können sie doch nicht anrufen. Hast du in der Kirche schon mal einen Engel mit Handy gesehen? Nein, die Engelinen haben auch keins. Ein Brief würde gehen, aber meine Schrift kann keiner lesen. Früher hatte ich die schönste Schrift von der ganzen Klasse, und jetzt kann ich überhaupt nicht mehr lesen oder schreiben. So ist das Leben.

Miss Selena meint, ich soll mir keine Sorgen machen, das mit der Adoptivobhut, das nennen die hier bloß so, das würde nicht heißen, dass wir adoptiert werden. Wir haben eine Familie, wir sind nicht allein. Man würde das hier auch Übergangspflege oder so nennen, hier sagen aber alle »foster home«, so heißt das nämlich auf Englisch. Mir ist aber egal, wie es heißt, mir gefällt es hier nicht. Das ist wie eine Familie hier mit Papa, Mama und Geschwistern, aber ich will keine andere Mama, ich habe eine Mama, sie heißt Marisol, und mein Papa ist gestorben, und ich will keine Geschwister. Ich hab das schon so oft gesagt, aber irgendwie darf ich das nicht mehr sagen, weil sie sich sonst aufregen und uns auf die Straße setzen.

Anscheinend ist es richtig, wenn man zu der Frau, die hier in der Adoptivobhut der Chef ist, Mama sagt, aber ich hab ihr erklärt, dass ich das nur zu meiner eigenen Mama sage. Dass ich Señora María zu ihr sagen kann, aber das hat ihr nicht gefallen. Es hat ihr auch nicht gefallen, als ich gesagt hab, dass sie mich nicht adoptieren kann. Ich glaube, sie war sogar böse deswegen, jedenfalls hab ich gehört, dass sie zur Miss Selena gesagt hat, ich wäre dumm und ungezogen. Das stimmt gar nicht. Zu mir hat noch nie im Leben jemand gesagt, dass ich dumm bin oder ungezogen, da kann sie meine Tita Edu fragen oder meine Lehrerinnen in der Schule früher. Aber wenigstens kann diese Señora María Spanisch, ich glaube, sie ist aus Mexiko, sie redet so wie die Leute dort, mit anderen Wörtern als wir. Weißt du noch, wie wir in Mexiko waren? Gut ist hier bloß, dass wir den Kackwurm und die Lurchkotze los sind. Die anderen Kinder hier sind kleiner und lassen uns in Ruhe.

Ich weiß jetzt, wie ich meiner Engeline eine Nachricht schicken kann. Das ist einfach. Man braucht bloß ein Loch in einem Baum oder in der Erde. In einem Stein geht auch. In das Loch kommt die Nachricht, und dort bleibt sie dann, bis meine Engeline sie abholt. Das geht genauso, wie wenn man mit Feen spricht oder mit Gnomen oder Elfen oder mit den anderen Zauberwesen aus dem Wald oder aus dem Wasser. Am besten sind geschriebene Nachrichten, aber gesprochene gehen auch. Ich sage ihr, dass ich überhaupt keine Lust mehr habe, hier im Norden zu warten, aber dass wir auch nicht ohne die Mama zurück nach El Salvador können, das geht auf gar keinen Fall, aber das mit der Adoptivobhut ist nicht gut. Ob sie vielleicht was anderes für uns suchen kann? Bei Miss Selena zu wohnen wäre toll. Ich weiß, dass sie das auch gern hätte, das hat sie schon gesagt, aber es ist nicht erlaubt. Ich muss mir genau überlegen, was ich bei der Nachricht sage, man darf nicht zu viel verlangen. Am allerwichtigsten ist, dass die Mama zurückkommt.

Heute Nacht gehen wir auf ein Fest in Azabahar, aber es gehört sich nicht, dass ich meiner Engeline die Nachricht dort gebe, das mache ich später. Alle Menschen, Tiere und Zauberwesen, die wir schon kennen, gehen verkleidet auf das Fest, weil das eine Art Karneval ist. Wir kriegen Kostüme geliehen, deins ist ein Schmetterling, damit du fliegen kannst, und meins ist ein Kolibri, damit ich mit dir mitfliegen kann. Eigentlich wollte ich Meerjungfrau sein und mit den Delfinen und den Robben im Meer schwimmen, aber ich muss ja bei dir bleiben. Pass gut auf, Claudia, das ist unser erstes Fest in Azabahar, da müssen wir einen guten Eindruck machen, damit sie uns wieder einladen. Denk dran, dass du alle begrüßt und danke sagst.

Ich muss vorher die Didi waschen, so können wir sie nirgends mit hinnehmen, in Azabahar lässt man sie so nicht rein. Ich weich sie am Spülstein hinterm Haus ein, dann mach ich das Bad nicht dreckig. Ich hab ein bisschen Shampoo in den Zahnputzbecher getan, damit wird sie wie neu, das ist besser als Seife. Danach leg ich sie in die Sonne, damit sie trocknet. Die Tita Edu macht das mit den Jacken so, und die Didi ist ja aus Stoff, also geht das bei ihr auch. Wenn sie nicht ganz trocken wird, nehmen wir sie feucht mit.

Wenn alle im Bett sind, und der Fernseher und die Lampen sind aus, dann weck ich dich, und wir gehen ganz leise raus hinters Haus. Mach bloß keinen Lärm, hörst du, Claudia? Meine Engeline wartet dort auf uns, aber vielleicht ist sie unsichtbar. Das macht nichts. Wenn sie gesagt hat, sie ist da, dann ist sie da. Engelinen dürfen nicht lügen, das ist total verboten. Wenn sie es doch machen, dann wirft man sie raus, und sie haben keine Arbeit mehr. Das ist ganz schlimm für sie.

Wir müssen uns zwischen die Hauswand und die Büsche hocken und die Augen zumachen. Nicht gucken, Claudia, sonst erschreckst du dich, und es klappt nicht. So eine Reise geht leicht schief, man muss sich genau an die Anweisungen halten. So wie wenn wir mit der Tita Edu mit dem Bus gefahren sind und sie uns immer wieder gesagt hat, was wir tun sollen. Wer sich nicht dran gehalten hat, der hat, zack, eine Kopfnuss bekommen. Ich erzähle dir ein bisschen von Azabahar, ich kann dort alles ganz genau sehen, wie vor dem Unfall. Ich hab dir gesagt, dass wir auf dem Stern Prinzessinnen sind und die Mama Königin und die Tita Edu die gute Fee, aber das stimmt gar nicht, da hab ich meine Engeline irgendwie falsch verstanden. Dort sind alle Menschen und Zauberwesen und Tiere gleich. Alle muss man mit einer Verbeugung begrüßen, so wie ich dir das gezeigt hab. Ich erzähl dir, wie die Landschaft dort aussieht, dass es Palmen gibt und Strände und leuchtende Farben, die Stadt aus Kristall und Wasserfälle aus Horchata und Hibiskussaft. Und Regenbogen am Himmel, der ist dort aber nicht blau, er ist rosa und manchmal gelb. Es gibt Schwimmbecken voller Eiscreme, davon können wir so viel essen, wie wir wollen, wir müssen nichts bezahlen, alles ist umsonst. Alle Tiere sind zahm, weil niemand sie ärgert und sie nie hungrig sind. Es gibt Musik und den riesigen Zirkus, in dem wir auf dem Trapez fliegen und auf den Elefanten reiten dürfen, und niemand hat Angst, weil wenn dort jemand vom Trapez fällt, dann bleibt er in der Luft schweben wie ein Ballon.

Die Didi nimmt uns nie mehr jemand weg, Claudia. Señora María hat sich ganz umsonst aufgeregt, weil überhaupt niemand schuld ist, wenn man ins Bett macht, das hat Miss Selena schon in dem Heim gesagt, und hier in der Adoptivobhut ist das ganz genauso. Señora María hat überhaupt kein Recht dazu, uns die Didi wegzunehmen, und das hab ich ihr auch genau so gesagt, dass das ungerecht ist und dass sie mir die Didi sofort wiedergeben soll, weil ich sonst Frank anrufe, der mein Anwalt ist. Sie hat mich fast geschlagen, sie hat schon ausgeholt, aber dann hat sie es sich anders überlegt und mich in den Schrank gesperrt. Das war nicht lang, und ich hab keine Angst gehabt. Der Schrank ist vollgestopft mit Zeug und stinkt, weil auch eklige Turnschuhe drin sind. Außer dass es gestunken hat und ich keine Luft gekriegt hab, war mir das egal. Du weißt ja, Claudia, ich hab keine Angst im Dunkeln, wegen meinen Augen, aber dass sie mir die Didi nicht zurückgegeben hat, das hat mich aufgeregt. Ich hab zu ihr gesagt, das nächste Mal soll sie uns zusammen bestrafen. Der Señora María hat das gar nicht gefallen, sie hat gesagt, ich würde mich über sie lustig machen.

Miss Selena hat mit ihr geredet wegen dem Schrank, und ich hab alles gehört, obwohl sie die Tür zugemacht und fast geflüstert haben. Señora María hat gesagt, dass sie schon viele Jahre in dem Beruf arbeitet und noch nie so ein freches Kind wie mich gehabt hat, ich wär nicht bloß blind, ich hätte auch Probleme im Kopf, ich wär nicht normal. Miss Selena hat geantwortet, dass in meinem Leben nichts normal ist. Das stimmt auch. Hinterher hat Miss Selena mich gebeten, dass ich mich anstrenge und höflich zur Señora María bin, weil die so viel Arbeit mit den Kindern hat, auf die sie aufpasst. Außerdem hat sie wegen dem Virus, das überall in der Luft ist, keine Hilfe, sie kann die Kinder nicht in die Krippe oder in die Schule schicken und nicht mal mit ihnen auf den Spielplatz gehen, weil der auch geschlossen ist. Deshalb wird sie schnell wütend, aber eigentlich ist sie in Ordnung. Das hat Miss Selena gesagt, die kennt sie aber gar nicht.

Ich hab auch gehört, dass ich zu einer Psychologin soll. Ich weiß, was das ist, ich war bei einer Psychologin, als wir den Unfall hatten. Das ist so was wie eine Lehrerin, nicht wie ein Arzt, sie untersucht mich nicht und gibt mir auch keine Spritzen. Ich gehe zusammen mit Miss Selena hin, und die Didi kann ich mitnehmen. Du kommst auch mit, Claudia. Das ist kein Grund zu weinen. Wir müssen ruhig sein. Wir sind nicht verloren. Der Wind kennt meinen Namen und deinen auch. Alle wissen, wo wir sind. Ich bin hier mit dir, ich weiß, wo du bist, und du weißt, wo ich bin. Siehst du? Kein Grund, Angst zu haben. Die Mama kann uns finden, sie muss nur Miss Selena fragen oder die

Tita Edu anrufen. Wegen der Engeline muss man sich auch keine Sorgen machen. Die weiß immer, wo wir sind, und sie geht nie weit weg.

~ LETICIA ~

Berkeley, März-Juni, 2020

Wie an jedem Morgen außer am Sonntag fuhr Leticia bei der Konditorei Brunelli vorbei, um einen Cappuccino für sich und Mr. Bogart mitzunehmen. Sie erinnerte die Bedienung hinterm Tresen daran, dass einer koffeinfrei sein sollte, das hatte sie beschlossen, ohne zu fragen, weil ihr Arbeitgeber vom Koffein Herzrasen bekam. Sie war überzeugt, dass der Mann ohne ihre Fürsorge längst unter der Erde wäre. Als er Witwer wurde, hatte er vor Kummer sterben wollen, hatte nichts mehr gegessen, das gestampfte Gemüse und die Hühnersuppen, die sie für ihn kochte, kaum probiert, dabei war alles bio. Das war auch die Zeit, als seine Frau Nadine ihm auf dem Treppenabsatz erschien, und dazu ein paar altmodisch gekleidete Gestalten, die Damen vom leichten Leben, die vor vielen, viele Jahren in dem Haus ihrem Gewerbe nachgegangen waren. Mr. Bogart hatte sie ihr so detailreich und überzeugend beschrieben, dass sie schon anfing, sie ebenfalls zu sehen, dabei glaubte sie gar nicht an Gespenster. Hätte es die gegeben, bei ihr wäre ein ganzes Dorf erschienen.

Man konnte sich leicht vorstellen, dass es im Haus von Mr. Bogart spukte. Es war groß, düster, hatte Zimmer, die nie geöffnet wurden, viel Holz und wenig Licht, stöhnte, weil ihm die Gelenke wehtaten, und manchmal, wenn der Wasserdruck schwankte, schluchzten die Rohrleitungen. Leticia putzte hier seit zwanzig Jahren, sie kannte das Haus besser als jeder andere, abgesehen vom Dachboden waren ihr Besen und ihr Staubwedel schon in jedem Winkel gewesen. Zu Beginn hatte ihr das Haus kein bisschen gefallen, aber mit der Zeit hatte sie es liebgewonnen. Wäre es nach ihr gegangen, sie hätte es in hellen Farben gestrichen, dann hätte es etwas Jugendliches gehabt, außerdem hätte sie die Hälfte der Möbel weggeworfen, die waren ähnlich in die Jahre gekommen wie das Haus selbst, zu schweigen von diesen abgewetzten Teppichen. Angeblich waren sie antik und ein Vermögen wert. Ihr Chef und seine Frau hatten sie auf einer Türkeireise gekauft. Man hatte die beiden übers Ohr gehauen, da war sich Leticia sicher. Ihr war schleierhaft, wie sie sich derart schäbige Teppiche hatten andrehen lassen, wo man überall neue bekam.

Nadine und die Damen vom leichten Leben verschwanden, als Mr. Bogart ein Antidepressivum zu nehmen begann, das ihn wieder in die Welt der Lebenden brachte, aber in die Normalität fand er erst mit Paco zurück, der rettete ihn. Leticia hatte den Hund aufgelesen, als er in einer Toreinfahrt bei ihr um die Ecke im Müll stöberte, so klapprig und stinkend, es war ein Wunder, dass er überlebte. Er war eine Mischung aus einem halben Dutzend hergelaufener Tölen, besaß ein Hyänengesicht, war aber friedfertig wie Gandhi. Nichts brachte ihn aus der Ruhe. Leticia badete ihn, und sobald seine räudigen Stellen abgeheilt waren, brachte sie ihn zu dem Witwer, damit er ihm in der Trauer beistand. Mann und Hund wurden rasch unzertrennlich.

Mr. Bogart war über fünfzig Jahre verheiratet gewesen, und die Krankheit hatte seine Frau so schnell hingerafft, dass ihm keine Zeit blieb, sich auf das Leben ohne sie vorzubereiten. Über seine Gefühle sprach er zwar nicht, aber Leticia dachte, dass er verliebt gewesen sein musste, sonst wäre ihm Nadine nicht ständig erschienen. Sie wusste, dass demente Alte oft von Gespenstern umgeben sind, aber ihr Arbeitgeber war völlig klar im Kopf. Sie hatte eine Weile in einem Seniorenheim gearbeitet und dort erlebt, dass am Ende des Lebens, wenn die Einsamkeit übermächtig wird, die Toten zu Besuch kommen. Vermutlich waren auch die Toten einsam. Mr. Bogart sah seine Frau jedoch mehr aus Liebe als aus Einsamkeit. Liebe gab es in jedem Alter, davon war Leticia überzeugt, auch das hatte sie in dieser Residenz erlebt, wo sich ein Paar weit in den Neunzigern noch gefunden hatte. Die beiden verbrachten den Tag miteinander, sahen sich still und glücklich in die Augen, konnten aber nicht heiraten, weil die Kinder der Frau, die ziemlich vermögend war, fürchteten, es werde Streit um das Erbe geben. Deshalb hatte Leticia irgendwann eine Zeremonie improvisiert und die beiden auf poetische Weise getraut: Sie zog sich schwarz an, gab sich als Standesbeamtin aus, alle schnieften gerührt bei ihrer feierlichen Rede, das greise Hochzeitspaar war überglücklich, und die Kinder bekamen es gar nicht mit.

Nicht nur vom Koffein, auch von den Nachrichten bekam Mr. Bogart oft Herzrasen, deshalb gab ihm Leticia immer erst seine Tabletten, bevor sie den Fernseher anschaltete. Seit dieser neue Präsident ins Weiße Haus eingezogen war, regte er sich ständig auf. Damit war er nicht allein, in Berkeley ging es fast allen so, außer ihr, weil sie sich für Politik nicht interessierte, denn einerlei, wer oben regierte, für die, die unten schufteten, um irgendwie über die Runden zu kommen, änderte sich doch nichts. Und geschuftet hatte sie ihr Leben lang, hatte in erbärmlichen Esslokalen Teller gewaschen, sich um anderer Leute Kinder und Alte gekümmert, Hunde gebadet, an Haustüren Eier und Käse verkauft und weit härtere und schlechter bezahlte Jobs gehabt als jetzt, wo sie sich ihre Kundschaft aussuchen konnte und für ihre Putzdienste einen Stundenlohn bekam.

Morgens um halb acht erwartete Mr. Bogart Leticia im Bett. Paco schlief noch zu seinen Füßen, doch bevor sie ankam, hatte er immer schon einmal die Fenster geöffnet, selbst im Winter, um den Hundegeruch zu vertreiben, von dem sie eher vermutete, dass es der Geruch nach altem Mann war, denn Paco müffelte nicht. Das Schlafzimmer war, wie das gesamte Haus, groß und düster, und hätte ausgesehen wie eine Höhle, hätte Leticia die vorhandenen Vasen nicht mit Schnittblumen bestückt. Sie setzte sich in einen Sessel, der so hinfällig war wie das übrige Mobiliar, und sie tranken zusammen ihren Kaffee und schauten Nachrichten. Danach ging er duschen und kleidete sich ohne Hilfe an. Er war entsetzt von der Vorstellung, sie könnte ihn nackt sehen. Leticia hatte ihm mehr als einmal gesagt, er solle da etwas gelassener sein, irgendwann werde sie ihm doch den Hintern abputzen müssen. »Bevor es so weit kommt, bringe ich mich um«, lautete seine Antwort. Abgesehen von seinem Herzrasen und dem Bluthochdruck war Mr. Bogart gesund und sah für seine sechsundachtzig Jahre gut aus, sogar Haare hatte er noch. Er war reinlich und achtete penibel auf sein Äußeres, rasierte sich sorgfältig und zog sich immer an wie für einen Fototermin, er hatte die Marotten und die Manieren eines Gentlemans alter Schule. Er ging ins Sportstudio, paddelte mit dem Kajak in der Bucht und fuhr Fahrrad. Leticia fürchtete, dass er sich irgendwann bei einem Sturz alle Knochen brechen würde, sie hatte ihn beschworen, wenn es ihm um den Sport ginge, solle er doch bitte einen Hometrainer in eins der leeren Zimmer stellen, aber er hörte nicht auf sie. Nach den Nachrichten sahen sie sich bis zum nächsten Morgen nicht mehr, er trieb Sport, ging aus oder bereitete seine Vorträge und seine Radiosendung vor, sie putzte bis um zehn und fuhr dann zu ihrem nächsten Kunden.

Eines Morgens sah Leticia an der Tür der Konditorei das erste Anzeichen dessen, was ihr Leben und das der übrigen Welt auf den Kopf stellen sollte. »Aufgrund von Covid-19 bleibt Brunelli ab morgen bis auf Weiteres geschlossen«. Seit etlichen Tagen war das Virus das beherrschende Thema in den Medien, aber bisher hatte sie es nicht ernst genommen.

»Das sind vorerst unsere letzten Cappuccinos von Brunelli, Mr. Bogart«, verkündete sie. »Wir werden eine Kaffeemaschine bestellen müssen.«

Sie schalteten den Fernseher an und erfuhren, dass man in Kalifornien ab null Uhr in der Nacht im Haus zu bleiben hatte, Ausnahmen galten nur, wenn man einer unerlässlichen Arbeit nachging, die sich nicht von zu Hause aus erledigen ließ. Die Seuche hatte in China ihren Anfang genommen und sich rasch mit einer Spur von Schwerkranken und Toten über den gesamten Erdball verbreitet. Fast sofort begann Leticias Telefon zu klingeln, und ein Kunde nach dem anderen erklärte, man müsse leider auf ihre Dienste verzichten. Falls dieser Notstand länger dauerte, würde sie ihre mageren Ersparnisse angreifen müssen. Auch Alicia rief an, die mit ihrem Mann auf einer Militärbasis im Süden von Kalifornien lebte. Ihr Mann war Leutnant bei der Marine und sie Sanitätshelferin. »Wir befolgen hier die Befehle, Mama, wir sind sicherer als irgendwo sonst, mach dir keine Sorgen«, sagte sie.

Dass er nicht mehr aus dem Haus durfte, war ein harter Schlag für Mr. Bogart, der seine eingefleischten Routinen hatte. Er würde nicht ins Sportstudio gehen und keine Vorträge mehr halten können und sich nicht mehr wie sonst jede Woche mit seinem Streichquartett treffen. Er würde auch nicht mehr die halbe Nacht in einem der Jazzclubs von San Francisco Musik hören oder jammen können. Wenn es darum ging, sich für eine Session ans Klavier zu setzen, war von seinem Alter nach wie vor nichts zu merken. Nur seine Sendung fürs Klassikradio würde er wie gewohnt aufnehmen können, dazu hatte er alles Nötige im Haus.

»Du verlässt mich doch hoffentlich nicht«, sagte er zu Leticia.

»Ich glaube nicht, dass ich weiter herkommen sollte,

Mr. Bogart. Stellen Sie sich vor, ich schleppe Ihnen das Virus ins Haus, in Ihrem Alter wäre das tödlich.«

»An irgendwas muss man ja sterben.«

»Meine Kunden haben mir aus Vorsicht schon abgesagt. Dieses Virus ist kein Scherz.«

»Wenn wir schon in Quarantäne müssen, dann solltest du hier bei mir bleiben.«

»Hier im Haus?«

»Ja, natürlich hier im Haus. Es wäre ja nur für zwei, drei Wochen, länger kann das nicht dauern. Paco und ich sterben hier sonst vor Langeweile. Und was sollen wir essen? Ich kann nicht mal ein Ei kochen.«

»Sie wissen doch, ich habe noch andere Kunden.«

»Hast du nicht eben gesagt, zu denen sollst du nicht kommen? Ich zahle dir mehr, und den größten Teil des Tages hast du frei. Was meinst du?«

»Ihnen geht es nicht um Hausputz und Küche, sondern um Gesellschaft, richtig?«

»Genau. Hier hast du es bequem. Überleg doch, allein in deinem Trailer, das wäre wie in einer Zelle ohne Freigang.«

»Mein Zuhause ist klein, aber gemütlich.«

»Komm schon, Leticia!«

»Panchito müsste auch mit, mein Papagei …«

»Kein Problem. Immer reinspaziert, Panchito.«

Leticia fuhr das Notwendige holen: Panchito, etwas zum Anziehen, ihr Strickzeug, ihre Vitamintabletten und den Roman, über den sie in ihrem Lesekreis als Nächstes sprachen. Auf dem Rückweg hielt sie beim Supermarkt und lud den Kofferraum voll mit Lebensmitteln für zwei Wochen. Als sie ins Haus kam, griff Mr. Bogart gerade nach der Leine, um eine Runde mit Paco zu gehen – noch war das erlaubt. Er freute sich sichtlich, dass sie bei ihm wohnen würde, und meinte, falls das klappte, könnte es auf Dauer sein. »Beim Gehalt würden wir uns sicher einig werden«, sagte er. »Ich bin doch nicht verrückt«, entgegnete sie, weil sie nicht das geringste Interesse hatte, rund um die Uhr als Mädchen für alles zu arbeiten. Das würde ja heißen, dass sie alle Nachteile einer Ehe mit einem Greis erduldete, ohne einen einzigen der Vorteile zu genießen, sofern es überhaupt welche gab. Mr. Bogart war nicht gekränkt, sondern wappnete sich dafür, sie weiter zu bearbeiten, bis sie nachgeben würde, und um sie zu ködern, bot er ihr das beste Zimmer an, mit Ausgang in den Garten und eigenem Bad. Seine Frau hatte dort früher ihr Atelier gehabt, davon zeugten noch ihr Lieblingswebstuhl und ein paar ihrer Arbeiten. Leticia richtete sich rasch ein und freute sich auf ausgedehnte Wannenbäder und darauf, bis tief in die Nacht fernzusehen. Sie hatte eine brasilianische Telenovela angefangen, zweihundertvierzig Folgen, Spanisch synchronisiert.

Camille, die Tochter von Mr. Bogart, rief gegen vier am Nachmittag aus New York an, wo es sieben Uhr abends war, jammerte, dass wegen der Pandemie niemand ins Büro kommen konnte – sie war Chefredakteurin einer Modezeitschrift –, und betete den gesamten Rosenkranz ihrer Heimsuchungen herunter: Die nächste Ausgabe der Zeitschrift müsse sie von zu Hause aus vorbereiten, die Spendengala zugunsten des Balletts sei abgesagt, ihr Friseur habe geschlossen und sämtliche Restaurants ebenfalls, sich Essen in Pappkartons zu bestellen sei würdelos, und was sie nur machen solle ohne die Philippinin, die ihr Penthouse putzte. Wie es ihrem Vater ging, fragte sie nicht. Die Beziehung zwischen den beiden war angespannt.

Einmal, als er besonders frustriert gewesen war, hatte Mr. Bogart zu Leticia gesagt, Camille interessiere sich nur für Status und Geld, sie komme ihm nicht vor wie die eigene Tochter oder die von Nadine LeBlanc. Auch von Martin, Camilles Sohn, seinem einzigen Enkelkind, hatte er keine hohe Meinung. »Der ist faschistischer als Mussolini«, sagte er, und sie hatte im Internet nachschauen müssen, wer das war. Sie konnte den Enkel auch nicht leiden, dachte aber, dass er bestimmt kein Dummkopf war, wenn er es so jung zum Berater des Präsidenten gebracht hatte. Das war ein weiterer Grund, weshalb sein Großvater ihn nicht mochte. Leticia hatte ihn als Kind kennengelernt und war ihm zum letzten Mal bei der Beerdigung seiner Großmutter begegnet, da war er ungefähr achtundzwanzig gewesen und schon kahl – wie Mussolini. Seit fünf Jahren hatte er seinen Großvater nicht mehr besucht.

Martins Vater, laut Mr. Bogart ein Gauner, verdiente sein Geld mit Geschäften von visionärer Strahlkraft und zwielichtiger Moral, und nach der Scheidung hatte Camille ausgesorgt. Martin wuchs in einem Appartementhaus mit Portier in Manhattan auf und besuchte die besten Privatschulen und Universitäten, wo er seit der Pubertät durch fanatischen Rassismus und ultrakonservative Ansichten auffiel, die bei seinen Kommilitoninnen und Kommilitonen und beim Lehrkörper allgemein schlecht ankamen. Weit davon entfernt, unter den allergischen Reaktionen zu leiden, die er hervorrief, brüstete sich Martin mit ihnen, denn auf eine kleine Schar von Getreuen konnte er stets bauen. Er genoss es, seine Gegner zu demütigen, das war ein Spiel, das er immer gewann.

Mr. Bogart bemühte sich, an das Kind zu denken, das Martin gewesen war, ehe er so radikal wurde, ein kluger, aufgeweckter Junge, mit dem er Kindersendungen im Fernsehen schaute und dem er mit fünf Schachspielen beibrachte. Mit sieben gewann Martin bereits gegen ihn. Sie puzzelten zusammen, und für jedes Teil, das er legte, hatte Martin schon zehn gefunden. Im Sommer, wenn Camille ihn für zwei Wochen zu den Großeltern nach Kalifornien schickte, fuhren sie zusammen mit dem Boot in die Bucht hinaus und fischten Steinbutt und Stör, und mit dem Rad unternahmen sie Touren durch die umliegenden Hügel. Er hatte versucht, zu seinem Enkel die Beziehung aufzubauen, die ihm zu seiner Tochter nicht gelungen war. Wenn er sich mit Leticia über diese Zeit unterhielt, fragte er sich, was nur geschehen war, dass der Junge sich so verändert hatte.

Auch Leticia dachte mit Wehmut an das erste Jahr zurück, als sie Martin kennenlernte, kurz vor seinem Eintritt in die Pubertät. Ein paar Monate war er noch ein normaler kleiner Junge gewesen, der die Pancakes verschlang, die sie ihm machte. Doch kaum dass er in die High School kam, verwandelte er sich in diese Person, die sein Großvater nicht ertrug. Sie erinnerte sich noch genau an das erste Aufblitzen des Mannes, zu dem dieses Kind einmal werden sollte. Großmutter Nadine hatte zu ihm gesagt, er solle bitte seinen Teller in die Küche bringen, und als Antwort hatte er ihn auf den Boden geworfen und geschnaubt, dafür sei Leticia da, er sei nicht das Hausmädchen.

Ihr tat es leid, dass Mr. Bogart nur eine so kleine und missratene Familie hatte. Neben seinen drei Mitspielern im Streichquartett hatte er fast keine Freunde, weil er seine früheren Bekanntschaften nach dem Tod seiner Frau nicht weiter gepflegt hatte. Zu ihren Lebzeiten hatten sie ein offenes Haus geführt und häufig Gäste bewirtet, und Leticia hatte gelernt, einige pikante Gerichte aus New Orleans zu kochen, für die ihre Chefin viel Lob bekam. Ohne Nadine wirkte das riesige Haus verlassen, die Freunde entfernten sich, und Mr. Bogart unternahm keine Anstrengungen, sie daran zu hindern, weil er sie nicht vermisste. Er war in sich selbst vergraben. Vielleicht war er das sein ganzes Leben lang gewesen, dachte Leticia.

Zwei Monate war es her, seit die Krankheit zur Pandemie erklärt worden war, und Leticia wohnte weiterhin bei ihrem Arbeitgeber. Nie hätte sie gedacht, dass sich das alles derart lang hinziehen würde. Der Frühling hielt mit einem Fest voller Blumen und Insektengesumm Einzug, obwohl die Gärtner in all der Zeit nicht hatten arbeiten können, und das schöne Wetter hob die bedrückte Stimmung ein wenig. Das Virus machte keine Anstalten, seinen Würgegriff zu lockern, im Land gab es schon über neunzigtausend Tote, weltweit mehrere Hunderttausend, und etliche Labore lieferten sich ein Wettrennen um die Entwicklung eines Impfstoffs. Die Pandemie wurde politisch ausgeschlachtet, die einen behaupteten, Regierungsgegner hätten sie erfunden, und weigerten sich, eine Maske zu tragen, andere bestanden darauf, man müsse dem Rat des führenden Virologen folgen. Während die Zahl der Toten stieg und die Kliniken überlastet waren, versuchte der Präsident, die Krankheit herunterzuspielen und empfahl absurde Maßnahmen wie die, sich Desinfektionsmittel zu spritzen. Leticia sah ihre Tochter und ihre Enkelin nur noch alle paar Tage über Videocall, sie hatte ihre gesamte Kundschaft verloren, konnte aber mit dem, was sie bei Mr. Bogart verdiente, ihre Rechnungen bezahlen, ihre sehr geringen persönlichen Ausgaben decken und ihre Tochter unterstützen. Verglichen mit anderen, fühlte sie sich vom Glück begünstigt.

Sie und ihr Chef hatten mit der Zeit eine Alltagsroutine entwickelt, die beiden entgegenkam. Mr. Bogart bestand von Anfang an darauf, dass sie nicht wie früher in der Küche aß, sondern sich zu ihm an den Tisch setzte.

»Wann wirst du mich endlich mit Vornamen ansprechen, Leticia? Wir kennen uns schon ewig, und du nennst mich immer noch Mr. Bogart«, sagte er.

»Das bleibt auch so. Hierarchien sollte man achten, zu viel Vertraulichkeit zwischen Chef und Angestellter geht selten gut«, entgegnete sie.

Sie wusste natürlich, dass er nicht Bogart hieß, dass das der Spitzname war, den seine Frau ihm bei ihrer ersten Begegnung gegeben hatte, weil er als junger Mann wie Humphrey Bogart ausgesehen hatte – der gleiche abgeklärte Gesichtsausdruck, der schräg aufgesetzte Hut. Leticia kannte den Schauspieler nicht, aber das änderte sich rasch, weil sie *Casablanca* mehrfach zusammen mit Mr. Bogart anschaute. Beim ersten Mal hatte sie sich auf seine Bitte hin nur widerstrebend dazugesetzt, weil der Film schwarzweiß war, aber dann war sie rasch süchtig danach geworden und bat Mr. Bogart mindestens einmal in der Woche darum, dass sie ihn sahen. Sie konnte etliche Dialoge auswendig, und um den alten Mann aufzuheitern, spielte sie ihm einige Szenen übertrieben theatralisch vor. Sie malte sich aus, wie Humphrey Bogart mit über achtzig ausgesehen hätte, der Schauspieler war ja früh, schon mit siebenundfünfzig gestorben, weil er wie ein Schlot geraucht hatte, da war sie noch gar nicht auf der Welt gewesen. Auch wenn ihr Chef Samuel Adler hieß, für sie würde er immer Mr. Bogart sein.

Mr. Bogarts Frau Nadine hatte trotz der niederschmetternden Diagnose nicht geglaubt, dass sie sterben würde, und sich entsprechend nicht darauf vorbereitet. Leticia nahm sich vor, in der vielen freien Zeit, die sie jetzt hatte, das Chaos zu beseitigen, das Nadine hinterlassen hatte. Der Witwer hatte ihr das bislang untersagt: »Wenn ich so weit bin, Leticia, dann melde ich mich, und du kannst mit den Sachen meiner Frau anstellen, was du willst.« Er hatte seiner Tochter deutlich zu verstehen gegeben, sie solle den Nachlass ihrer Mutter nicht anrühren, aber hinter seinem Rücken nahm Camille mit, was sie wollte.

»Dass ich hier drinnen zum Nichtstun verdammt bin, zwingt mich zum Nachdenken. Ich sollte mein Leben und das Haus in Ordnung bringen, ehe ich abtrete«, bemerkte er Leticia gegenüber.

»Wie kommen Sie darauf, Mr. Bogart? Bei guter Pflege können Sie hundert werden.«

»Und du pflegst mich so lang?«

»Wer sonst? Um geistig jung zu bleiben, täte Ihnen allerdings eine Romanze gut, dafür ist es nie zu spät.«

»Was redest du da, Leticia!« Er lachte auf.

»Im Ernst. Sie könnten sich online eine kleine Freundin zulegen. Wenn Sie möchten, helfe ich Ihnen dabei. Sie sind bestimmt der begehrteste Achtzigjährige von Kalifornien, alleinstehend, kaum Zipperlein, tadelloses Erscheinungsbild, noch ganz richtig im Kopf und außerdem Geld.«

»Weißt du, wie viel Geld ich habe?«

»Nein, aber ich weiß, dass es genug ist. Es gibt jede Menge ältere Frauen auf Partnersuche und nur sehr wenige ältere Männer, die zwei zusammenhängende Sätze sprechen können und keine Windeln tragen. Die wenigen, die es gibt, wünschen sich Frauen, die dreißig Jahre jünger sind als sie, aber bei Ihnen wäre das anders«, sagte Leticia.

»So ein junges Ding könnte mir schon gefallen.«

»Denken Sie nicht dran. Wir müssen unter den Kandidatinnen sorgfältig auswählen, viele sind nur aufs Geld aus. Ein fünfundsiebzigjähriger Tierarzt, Eigentümer mehrerer Mietshäuser, der bei mir in der Nähe wohnte, ist einer Fünfzigjährigen in die Hände gefallen und war kein Jahr später tot. Die Witwe hat hübsch geerbt. Es heißt, sie hat ihn vergiftet.«

»Mit dem Projekt werden wir warten müssen, bis die Pandemie vorbei ist, Leticia. Ehe wir uns Gedanken über die potentielle Mörderin machen, sollten wir erst mal das Haus aufräumen.«

»Heißt das, ich darf …«

»Ja, aber bevor du irgendwas wegwirfst, frag mich bitte.«

»Versprochen«, sagte Leticia ohne die geringste Absicht, sich daran zu halten.

Sie ging ans Werk und staunte über die gewaltige Spur, die ein Mensch im Laufe seines Lebens auf der Erde hinterlässt. In Nadines Kleiderschränken fand sie Sachen aus den siebziger Jahren, Plateauschuhe und mit kleinen Spiegeln bestickte Röcke aus Indien. Obwohl Camille schon auf der Welt gewesen war und Nadine sich mit ihren Webarbeiten langsam einen Namen machte, hatte sie sich damals als Hippie gekleidet. Leticia konnte ihre Wandlungen anhand der Kleidung nachvollziehen, die sie aus den Schränken räumte, vieles davon schon mottenzerfressen. In den Achtzigern war von Nadines Lotterlook nichts mehr übrig, sie war eine renommierte Künstlerin und trug Männersachen. Leticia fand Fotos von ihr in Anzug mit Krawatte, schwarzrandiger Brille und Stiefeln. Mit fünfzig durchlebte sie eine kurze Phase von Minirock, engen Shirts und High Heels, vielleicht weil sie sexy aussehen und ihrem aktuellen Liebhaber gefallen wollte, aber irgendwann hatte sie genug von Mode und trug in den Jahren bis zu ihrem Tod verwaschene Jeans und sportliche Hemden, was ihr knabenhaftes Aussehen betonte und sie erheblich attraktiver machte als die aufreizenden Dekolletés während der Wechseljahre.

Aus Schränken und Schubladen räumte Leticia abgelaufene Medikamente, eingetrocknete Kosmetika und Ethno- und Hippieschmuck. Die wertvollen Stücke hatte Camille noch am Tag der Beerdigung ihrer Mutter mitgenommen.

Außerdem fand sie Tagebücher und Briefe, die sie zum Lesen mit in ihr Zimmer nahm. In ihren Augen war das nicht indiskret, den Witwer schienen sie jedenfalls nicht zu interessieren. Möglich, dass er nicht bestätigt sehen wollte, was er längst ahnte.

Die Tage zogen sich hin und verschmolzen miteinander. »Heute ist wie gestern, und morgen wird wie heute«, sagte Leticia seufzend. Ihr Chef hatte die Kaffeemaschine bestellt, um Cappuccino zu machen, und der Tag begann wie früher mit einem ersten gemeinsamen Kaffee und den Fernsehnachrichten. Danach zog er sich an und ging mit Maske und Gummihandschuhen eine Runde mit dem Hund, während sie die Hausarbeit erledigte. Zum Einkaufen fuhren sie gemeinsam, er blieb im Wagen, und sie ging in den Laden, ebenfalls mit Maske und Handschuhen. Die Leute beschwerten sich, weil ein paar Dinge gerade nicht zu haben waren – Mehl, Desinfektionsmittel, Milchpulver, Toilettenpapier. »Denen hat noch nie wirklich was gefehlt«, grummelte Leticia. Zu Mittag aßen sie etwas Leichtes, für gewöhnlich einen Salat, und den Nachmittag verbrachte jeder für sich, widmete Mr. Bogart sich seiner Musik, seinen Büchern und dem Hometrainer, den er endlich in eins der leeren Zimmer gestellt hatte, und sie schaute ihre brasilianische Telenovela und grub in der Vergangenheit der Familie und vor allem in der von Nadine, an der sie einen Narren gefressen hatte, weil sie das Gefühl nicht loswurde, dass es eine Verbindung gab zu ihrer eigenen Geschichte.

Mr. Bogart hatte vorgeschlagen, dass sie das Abendessen

etwas förmlicher gestalteten, damit sie nicht verwilderten, wie er scherzte. Die britischen Kolonialisten hätten das an den entlegensten Orten ihres Weltreichs so gehalten. Sie hätten ihren feinen Zwirn angezogen, um dann unter einer Zeltplane Tigereintopf mit Linsen zu essen, serviert von Einheimischen mit weißen Handschuhen. Wie Wilde hätten sie sich ja trotzdem aufgeführt, gab Leticia zu bedenken. Dessen ungeachtet zog Mr. Bogart abends ein Jackett an, und Leticia legte ihre Schürze ab, trug Ohrringe und schminkte sich die Augen. »Hübsch siehst du aus, Leticia«, sagte er täglich wie eine Übung in Galanterie. »Und Sie ebenfalls, Mr. Bogart.« Sie deckte den Tisch mit einem feinen Leintuch, dem guten Porzellan und den Kristallgläsern, und er legte Barmusik auf, weil er vermutete, dass sie Klassik nicht zu schätzen wusste. Vor dem Essen nahmen sie einen Drink, er einen Wodka auf Eis, und sie unterschiedliche Cocktails: Piña Colada, Cuba Libre, Bloody Mariachi, Mangomargarita, Martini de Coco oder was ihr sonst als Mischung in den Sinn kam. Als noch oft Gäste ins Haus gekommen waren, hatte es eine gut sortierte Bar gegeben, und davon waren Restbestände übrig, die Leticia auszutrinken gedachte, weil es schade um sie gewesen wäre. In diesen Abendstunden unterhielten sie sich und lernten sich besser kennen. Leticia entlockte Mr. Bogart behutsam, was sie wissen wollte, denn wenn sie zu neugierig nachfragte, verstummte er. Er war kein Mann der vielen Worte, wurde aber mit dem zweiten oder dritten Wodka gesprächiger und begann von früher und von seiner Frau zu erzählen. Er vermisste sie.

»Wenn Sie so viel an Ihre Frau denken, erfinden Sie damit nicht eine Legende?«, fragte sie einmal.

»Wir haben alle das Recht, unsere eigene Legende zu erfinden.«

»Meine muss ich nicht erfinden.«

Leticia arbeitete schon seit vielen Jahren im Haus, war aber noch nie auf dem Dachboden gewesen. Dort hinaufzukommen war etwas abenteuerlich. Im Obergeschoss gab es eine Deckenluke mit einer Öse, die angelte man mit dem Haken einer langen Eisenstange und zog. Beim Aufklappen rutschte eine Teleskopleiter herunter. Weil sie noch nie gesehen hatte, wie jemand die Luke öffnete, zog Leticia beim ersten Versuch zu heftig, die Leiter polterte herunter und hätte ihr fast den Schädel gespalten. Die Sprossen waren mager und wacklig, der Aufstieg mühsam. Bis auf das Licht, das durch zwei kleine Dachluken fiel, war es dunkel oben, und es dauerte eine Weile, bis Leticia den Lichtschalter gefunden und die durchgebrannten Glühbirnen ersetzt hatte. Der Raum war riesig und höhlenhaft, ein weiteres Stockwerk von der Grundfläche des Hauses. Geputzt hatte hier noch nie jemand, auf allen Oberflächen lag Staub, und wie Spitzenbordüren hingen die Spinnweben vom Gebälk. Mäuse sah sie keine, aber die schwarzen Köttel waren unverkennbar. Dieser Dachboden war eine eigene Welt voller Schätze und Mysterien, man würde Monate damit zubringen können, Truhen und stockfleckige Koffer, Kommoden und altertümliche Schränke zu öffnen. Sie entdeckte Spielsachen von Camille und von deren Sohn, mehrere Weihnachtsbäume aus Plastik, ein halbes Dutzend Fahrräder in unterschiedlichen Zerfallsstadien, Sportsachen, Webstühle von Nadine, kurz, ein Sammelsurium aussortierter Dinge. Zwischen den Balken gab es verborgene Fächer, die wohl dazu gedacht waren, Wertsachen aufzubewahren, dort stieß sie auf einen vollzähligen Satz Tafelsilber in Originalverpackung: Ein Teeservice, mehrere Tabletts, Kerzenhalter, ein zwölfteiliges Besteck inklusive Hummerzangen und winziger Schneckengabeln, Aschenbecher, die niemand mehr brauchte, und Bilderrahmen in unterschiedlichen Größen. Mr. Bogart erklärte ihr, diese Schiffsladung Silber hätten seine Frau und er auf einer Reise nach Mexiko gekauft, doch sie hätten sich gestritten, ehe die Sachen geliefert wurden. Als sie ankamen, habe er allein im Haus gewohnt, die Kisten auf den Dachboden geräumt und sie dort vergessen.

»Was machen wir damit? Ich kann nicht bis ans Ende meiner Tage Fischbesteck polieren«, sagte Leticia.

»Lass es dort oben. Camille wird es mitnehmen, wenn ich tot bin.«

Am spannendsten waren für sie die Tagebücher, Briefe und Fotos in Nadines Truhen. Sie hatte ausreichend Zeit und Geduld, ihre Schrift zu entziffern und in ihr Leben einzutauchen. Sie bedauerte, dass sie es nicht gewagt hatte, Nadine mehr Fragen zu stellten, als das noch möglich war, eigentlich hatte ihre Chefin sich immer gern erinnert und von früher erzählt, aber Leticia dachte, ihre Rolle müsse darauf beschränkt bleiben, das Haus sauber zu halten, die Wäsche zu waschen und zu kochen, und sie dürfe ihre Zeit nicht vertun und ihrer Chefin nicht zu nahe treten. Doch jetzt, wo Nadine nicht mehr da war und ihr Mann keine Einwände erhob, konnte sie in ihrer Geschichte stöbern. Sie hatte erst einen Bruchteil der Schubladen und Truhen geöffnet, aber schon einiges erfahren.

LeBlanc war Nadines Mädchenname, und sie hatte nie einen anderen benutzt. In Leticias Augen war die Liebe, die ihr Mann ihr entgegenbrachte, doppelt ehrenwert, denn Nadine war sehr unkonventionell gewesen. Ehefrau zu sein war anstrengend, dachte Leticia, aber wenn eine dumm genug war zu heiraten, dann sollte sie sich danach an gewisse Regeln halten oder zumindest den Schein wahren. Nadine pfiff auf den Schein. Sie war von Natur aus untreu und gab sich keine Mühe, das zu verbergen, hinterließ eine solche Fülle von Spuren, dass jeder ihr auf die Schliche gekommen wäre. Außerdem hatte sie Leticia manchmal ins Vertrauen gezogen und sich mit ihrer Leidenschaftlichkeit gebrüstet, die Leticia nicht für eine gute, sondern für eine schlechte Eigenschaft hielt. Erzählt hatte sie ihr davon, als sie bereits betagt war und es nicht mehr darauf ankam. Für alles gibt es ein Alter, dachte Leticia, und das Alter für Dummheiten aus Begierde war die Jugend, ab einem gewissen Alter wurde das unanständig, aber wer war sie, darüber zu richten? Mit dem eigenen Gewissen musste jeder selbst klarkommen.

Nadine hatte ihr erzählt, auch ihr Mann habe Affären gehabt, allerdings viele Jahre zuvor und ehe Leticia für die beiden zu arbeiten begann, außerdem fehlte dafür jeder Anhaltspunkt. Nadine hingegen hatte etliche Liebhaber gehabt, von denen Leticia zweifelsfrei wusste. Ihren vermutlich letzten hatte sie noch kennengelernt, Bruno Brunelli, den italienischen Besitzer der Café-Konditorei gleichen Namens mit Läden in Berkeley, San Francisco und am Flughafen. Vor der Pandemie hatte Leticia dort morgens ihren Kaffee gekauft, und sie würde es wieder tun, wenn die Lage sich normalisierte, moralisch fragwürdig fand sie das nicht. Brunelli war Geschichte, er verbrachte seine letzten Jahre in seinem Heimatort in Italien und hatte das Geschäft seinem Sohn übergeben.

In einem ihrer Tagebücher schrieb Nadine: »Ich habe bis zum Ladenschluss auf ihn gewartet. Er hat mich in die Backstube geführt, mich aus seinem Mund mit Mandelteig und Vanillecreme gefüttert, wir haben es auf der Arbeitsfläche gemacht, ich bin mit Puderzucker an den Kleidern heimgekommen.« »Heilige Mutter Gottes!«, rief Leticia, als sie das las, die Frau hatte schon graue Haare gehabt, als sie sich zwischen Bruno Brunellis Torten vergnügte.

Aus den Tagebüchern vom Dachboden erfuhr Leticia noch von anderen »Kühnheiten«, wie die Autorin das nannte. Die meisten vor Brunelli waren wohl eher unbedeutend gewesen, denn sie hatte ihre Auserwählten nur mit Initialen gekennzeichnet und ein paar Sätze über Ort und Umstände des Zusammenseins notiert, offenbar als Gedächtnisstütze, und nach der Kürze der Aufzeichnungen zu urteilen, waren wenige so spannend gewesen wie der Konditor. In einem der Einträge stieß Leticia auf die Buchstaben CT, und das Datum fiel in die Zeit, als Cruz Torres das Haus renovierte. Sie wünschte sich so sehr, in diesen Tagebüchern etwas über sich oder über ihren Vater zu finden, dass sie fürchtete, voreilige Schlüsse zu ziehen, doch außer den Initialen CT hatte Nadine auch ein paar beschreibende Stichworte notiert, die auf den Mann passten, den Leticia kannte: »Stark, präsent, feste schwarze Haare, eine lange Narbe an der Schulter, schwielige Arbeiterhände, er flüstert mir auf Spanisch ins Ohr, ich verstehe wenig, wir haben unsere Lust und die Liebe gemeinsam.« Die Initialen tauchten danach in Nadines Tagebüchern immer wieder auf. Gut möglich, dass es sich um Cruz Torres handelte, der ihrem Vater und ihr selbst in ihren Notlagen beigestanden hatte und dem sie diese Arbeitsstelle verdankte.

Die Renovierungsarbeiten am Haus der Adlers in Berkeley hatten sich über Monate hingezogen, weil ständig neue Probleme auftraten. Man öffnete irgendwo eine Wand, und woanders barst eine Wasserleitung, man erneuerte die Abflussrohre, und die Außenvertäfelung löste sich, man besserte die Fensterrahmen aus, und die Türen fielen aus den Angeln. Nadine beaufsichtigte die Arbeiten, während ihr Mann sich um seinen Unterricht und seine Musik kümmerte und dem, was Cruz Torres und sein Team taten, keine Beachtung schenkte. Nicht ohne Grund war er überzeugt, dass dem Haus nicht zu helfen war und man seinen Zustand entweder hinnehmen oder einen Abrissbagger bestellen musste.

Schon damals hatte Leticia bemerkt, dass Nadine LeBlanc und den Bauunternehmer trotz aller offensichtlichen Unterschiede eine eigentümliche Freundschaft verband. Cruz Torres war mindestens zehn Jahre jünger als sie, entstammte einer anderen Gesellschaftsschicht, war nicht weiß, besaß nichts von Nadines Kunstsinnigkeit. Dennoch begegnete sie den beiden oft in der Küche, wo sie Kaffee tranken und leise miteinander sprachen, und wenn Leticia dazukam, verstummten sie oder wechselten das Thema. Ein paar Jahre nach Ende der Renovierung meinte sie einmal sie hinter der Scheibe eines kleinen Restaurants zu sehen, ihre Hände auf dem Tisch ineinander verflochten. Nachdem er 2008 abgeschoben worden war, reiste Nadine mit gewisser Regelmäßigkeit nach Mexiko.

Wenn Nadine LeBlanc und Cruz Torres tatsächlich etwas miteinander gehabt hatten, dann musste nach Leticias Berechnungen das Abenteuer mit Bruno Brunelli recht kurz gewesen sein. Nadine war neunundsechzig, als sie sich von dem Mexikaner verabschieden musste, und zweiundsiebzig, als Brunelli nach Italien zurückkehrte. Trotz ihres Alters hätte sie danach leicht einen Ersatz gefunden, hätte sie es darauf angelegt. Sie war aufsehenerregend, unerschrocken, agil, spontan, hatte graues verwuscheltes Haar, fröhliche Fältchen, und ihre Lachsalven konnten Tote aufwecken. Sie brüstete sich, in ihren Adern würde französisches, spanisches und afrikanisches Blut fließen, nannte sich selbst »Mulattin« und behauptete, der ehemals schwarze und wohlhabende Zweig ihrer Familie habe zu viele mittellose Weiße geheiratet und dadurch Farbe und Vermögen eingebüßt. Leticia dachte mit Wehmut an sie zurück, sie war großzügig und witzig gewesen, ganz anders als ihr Mann, der beladen mit schlechten Erinnerungen und schmerzhaften Verlusten durchs Leben ging. Es hatte ihr unendlich leidgetan, zu sehen, wie Nadine innerhalb so kurzer Zeit all ihre Kraft verlor und an diesem elenden Krebs zugrunde ging.

Die Jahre seitdem waren verflogen und Leticia noch immer überrascht, dass sie fort war.

Zusammen mit Mr. Bogart hatte sie sich damals um die Sterbende gekümmert. Er hatte alles aufgegeben, um an Nadines Seite zu sein, hatte sich von der Universität und vom Symphonieorchester verrenten lassen, war nicht mehr Kajak oder Fahrrad gefahren. Tag und Nacht saß er bei seiner Frau. Wenn seine Beklemmung zu groß wurde, floh er für ein paar Stunden in einen seiner Jazzclubs. Ehe Nadine krank geworden war, hatte Leticia das Haus zweimal in der Woche geputzt, aber nun kam sie täglich. Sie übertrugen ihr sämtliche Arbeiten. Nadine konnte nichts mehr tun, und ihr Mann hielt sich aus der Haushaltsführung weitgehend raus, die seltenen Male, die er in der Küche erschienen war, um Leticia zu sagen, was sie tun sollte, hatte sie ihn nicht ausreden lassen. Sie kümmerte sich darum, dass die Rechnungen bezahlt wurden, behielt die Konten im Blick, die Medikamente, die Arzttermine und schlug sich sogar mit Camille herum, die immer zu allem eine Meinung hatte, sich aber nicht die Zeit nahm, ihren Eltern in diesen traurigen Tagen beizustehen. Seit damals händigte Mr. Bogart Leticia das Haushaltsgeld für einen Monat aus und fragte nie nach, wofür sie es ausgab, aber sie führte penibel Buch und hob alle Quittungen auf, weil sie sich nicht vorwerfen lassen wollte, sie habe auch nur einen Cent verschwendet.

Ihre Entdeckungen auf dem Dachboden weckten Leticias Interesse auch für das übrige Haus, immerhin war es die

Kulisse für einen großen Teil von Nadine LeBlancs Leben gewesen. Sie hatte geglaubt, es besser zu kennen als irgendwer sonst, doch von seinen Anfängen wusste sie wenig.

»Es ist ein Haus mit Geschichte«, erzählte ihr Mr. Bogart. »Gebaut hat es ein Bankier als Sommerwohnsitz für seine Familie zu einer Zeit, als man noch mit der Fähre aus San Francisco über die Bucht kam. Nach dem Bankier hat es der Betreiberin eines Spielkasinos gehört, und offenbar dienten die Räume im Obergeschoss als Bordell für Männer, die prominent waren und Diskretion wünschten.«

Für kurze Zeit sei es auch als Nervenklinik für Berühmtheiten aus Hollywood genutzt worden, die vom Alkohol oder von Drogen loskommen wollten. Kurz nachdem sie es dann gekauft hatten, wurde es zum Obdach für Tagediebe, die Nadine einlud, weil sie doch so viel Platz hatten, bis er diese WG aus langhaarigen Faulpelzen nicht länger durchfüttern wollte, und daraufhin hätten sie sich scheiden lassen.

»Ernsthaft? Sie haben sich scheiden lassen?« Leticia war fassungslos.

»Ja.«

»Und Camille?«

»Als das Geld alle war, sind die Hippies ausgezogen, und Nadine ist mit dem Kind nach Bolivien gegangen.«

»Wieso nach Bolivien?«

»Wegen der Weberei. Damals wollte sie ernsthaft Kunst machen. Ein paar Monate war sie in Bolivien, dann ist sie nach Guatemala gegangen. Die Webarbeiten dort sind atemberaubend.«

Er erzählte, seine Frau habe sich in das Land verliebt und

Kontakt zu den Frauen in den Dörfern gehalten, bei denen sie gewesen war, aber etliche der Ortschaften seien kurze Zeit später beim Völkermord an den Maya durch Regierungstruppen und Paramilitärs zerstört worden, zweihunderttausend Menschen seien damals getötet worden, anderthalb Millionen vertrieben und viele hundert Dörfer ausgelöscht. Die meisten der Frauen, bei denen Nadine gelernt hatte, waren zusammen mit ihren Familien und den übrigen Dorfbewohnern umgebracht worden. In den neunziger Jahren war Nadine noch einmal zu Besuch nach Guatemala gereist und hatte sich in der Folge dafür eingesetzt, die dortige Webkunst und die Techniken bekannter zu machen, hatte einzelne Stücke in Edelboutiquen und Kunstgalerien untergebracht und die Einnahmen an die Weberinnen geschickt.

»Ich habe sie aus Guatemala zurückgeholt. Ich war mir sicher, dass wir es ohne diese Tagediebe, die auf meine Kosten lebten, noch einmal miteinander versuchen können. Das hat geklappt. Wir haben ein zweites Mal geheiratet. Und nicht zum letzten Mal.«

»Das müssen Sie mir erklären.«

»Nadine und ich haben dreimal geheiratet. Die ersten beiden Male auf dem Standesamt, und beim letzten Mal haben wir einfach unser Eheversprechen erneuert. Davor haben wir uns jeweils auf neue Bedingungen für unser Zusammensein geeinigt.«

»Waren Sie nie anderweitig verliebt?«

»Doch, aber wir hatten genug in unsere Beziehung investiert, um sie retten zu wollen. Weißt du, Leticia, die Menschen ändern sich und die Partnerschaften auch. Nadine und ich haben unterschiedliche Phasen erlebt. In der ersten wollten wir eine Familie haben, und das endete mit diesem Hippiedesaster, in der zweiten sind wir beide durch Lebenskrisen gegangen und haben uns für eine offene Ehe entschieden – frag nicht. In der dritten hat sie sich ihrer Kunst gewidmet und ich mich meiner Arbeit, und wir haben unser Miteinander vernachlässigt. Wir waren beide schon ziemlich alt, als wir endlich so etwas wie Stabilität hatten.«

»Und Liebe, oder?«

»Viel Liebe von meiner Seite. Nadine war eine wunderbare Frau. Weißt du noch?«

»Ja, natürlich. Ich erinnere mich auch, dass Sie ein Fest mit einer Zeremonie im Garten gefeiert haben und danach zu einer Reise nach Argentinien aufgebrochen sind. Das ist bestimmt fünfzehn Jahre her, oder?«

»Ja, das war das letzte Mal, dass wir unser Versprechen erneuert haben.«

»Wäre Miss Nadine nicht gestorben, wäre es an der Zeit, noch einmal zu heiraten.«

»Wahrscheinlich, Leticia. Und du? Ich habe dich nie gefragt, ob du jemand hast.«

»Ich war dreimal verheiratet, bin zweimal geschieden und einmal verwitwet. Meine ersten beiden Ehemänner zählen nicht. Der dritte war die Liebe meines Lebens, er ist der Vater meiner Tochter, aber er ist mir zu früh genommen worden. Er ist ohne Vorwarnung gestorben, in einem Museum.«

»Ich wusste nicht, dass du Witwe bist.«

»Diesen Mann liebe ich bis heute und werde ihn weiter lieben, bis ich sterbe.«

In den nächsten Wochen vertiefte sich Leticia mehr und mehr in Nadines Tagebücher, wurde vertrauter mit ihrer Art zu schreiben und konnte ihre Handschrift immer besser lesen. Irgendwann kam ihr der Verdacht, dass die Initialen in Nadines letzten fünfzehn Lebensjahren nicht, wie zunächst vermutet, für flüchtige Liebschaften standen, sondern eine Art Code waren. Aufgeregt stellte sie fest, dass offenbar auch die Notizen zu ihrer Arbeit chiffriert waren: Die Farben, die sie erwähnte, mussten sich auf etwas beziehen, das mit ihrer Kunst nichts zu tun hatte. Die Initialen CT tauchten häufig zusammen mit der Farbe Gelb auf. In den Mappen, in denen Nadine Hunderte von Skizzen und Wollproben für ihre Entwürfe gesammelt und die Leticia bisher nicht beachtet hatte, fand sie Zeitungsausschnitte und ausgerissene Buchseiten über illegale Einwanderung. Sie wusste, dass Nadine sich dafür interessierte: Sie unterstützte mit Geld und ehrenamtlicher Arbeit das East Bay Sanctuary, eine Gruppe, die in den Kellerräumen einer Kirche Menschen ohne Papiere half. Vielleicht hatten die Verschlüsselungen etwas damit zu tun.

In ihrer Neugier rief Leticia schließlich bei Cruz Torres in Mexiko an. Sie hatten annähernd zwei Jahre nicht miteinander gesprochen, aber er erkannte sofort ihre Stimme. Er war inzwischen siebzig und seit zwölf Jahren zurück in Mexiko, wohnte in Puebla und hatte dort mit dem Ersparten aus vielen Jahren Arbeit in den USA ein kleines Hotel für weniger betuchte Touristen eröffnet. Als er in jungen Jahren in den Norden gegangen war, ließ er eine Ehefrau zurück, für die er aus der Entfernung sorgte und mit der er drei Kinder hatte. Hin und wieder war er zu ihr gereist, aber je schwieriger der illegale Grenzübertritt wurde, desto größer wurden die Abstände zwischen seinen Besuchen. Als er abgeschoben wurde und endgültig in Mexiko blieb, war seine Frau bereits gestorben. Cruz lebte bei einer seiner Töchter, mit der er auch das Hotel betrieb.

Nachdem sie sich kurz über ihre Lebenslagen ausgetauscht hatten, erzählte ihm Leticia, dass sie nun endlich, fünf Jahre nach dem Tod von Nadine LeBlanc, dabei war, deren Sachen zu ordnen.

»Verzeihen Sie bitte, Don Cruz, ich möchte Ihnen nicht zu nahe treten, aber ich habe Briefe und Tagebücher von Miss Nadine gefunden, in denen Sie erwähnt werden, und …«

»Du weißt, dass wir Freunde waren.«

»Mehr als das, oder?«

»So etwas fragt man nicht. Was möchtest du sonst wissen?«

»Sie hat Migranten geholfen. Ich habe mit der Nonne vom Sanctuary in Berkeley gesprochen, sie hat mir ein bisschen davon erzählt. Ich konnte sie nicht persönlich treffen, das hole ich nach, wenn die Pandemie vorbei ist.«

»Freut mich, dass Schwester Maureen noch lebt. Unverwüstlich, diese Irin. Was hat sie erzählt?«

»Dass Miss Nadine Leute zu ihr gebracht hat, dass sie sie von der Grenze abgeholt und ganze Familien versteckt hat, wenn es Razzien gab. Ich bin mir nicht sicher, aber ich vermute, dass die Initialen, die in ihren Tagebüchern auftauchen, für Personen stehen und die Farben für die jeweiligen Umstände. Wissen Sie etwas darüber?«

»Ich habe ihre Aufzeichnungen nie gesehen, aber möglich ist das«, sagte Cruz.

»Ihre Initialen tauchen mit der Farbe Gelb auf, Don Cruz.«

»Ich habe Leute über die Grenze geschmuggelt und sie ihr in der Nähe von San Diego übergeben. Vielleicht steht die Farbe für die Fahrten.«

»Finden Sie es nicht sonderbar, dass sie einen Code benutzt hat? Wie in einem Spionagespiel.«

»Sie musste vorsichtig sein, Leticia, sie war verantwortlich für das Schicksal von sehr schutzbedürftigen Menschen.«

»Wo haben sie Miss Nadine eigentlich kennengelernt, Don Cruz?«

»In San Francisco, im Mexikanischen Museum, in einer Ausstellung über Migration. Dort hingen Plastiktüten von der Decke mit Gegenständen, die man aus dem Fluss geholt hat. Es ertrinken so viele Menschen, auch so viele Kinder, bei dem Versuch, in die USA zu gelangen. Nadine war erschüttert über einen Babyschuh, der in einer Tüte voller Dreckwasser schwamm. Wir sind ins Gespräch gekommen … das muss mindestens ein Jahr vor dem Renovierungsauftrag für ihr Haus gewesen sein.«

»Dann ist Miss Nadine über Sie zu diesem Menschenschmuggel gekommen?«

»Nein, nein. Sie hat damals schon mit Schwester Maureen gearbeitet und hat mich rekrutiert. Viele sind damals aus Guatemala geflohen. Nadine hatte persönliche und berufliche Beziehungen dorthin, über ihre Webarbeiten. Sie hat viele Menschen beschützt. Dafür hat sie ihr Geld ausgegeben.«

»Sie hat das über Jahre getan, wie kann es sein, dass ihr Mann nichts davon gewusst hat?«

»Sie wollte nicht, dass er es erfährt, sie wollte ihn nicht mit hineinziehen, was wir getan haben, war ja illegal. Aber ihn hätte es sowieso nicht interessiert, denke ich, ihm war bloß die Musik wichtig. Am blindesten sind ja die, die nicht sehen wollen, meinst du nicht?«

»Sind Sie deswegen abgeschoben worden, Don Cruz?«

»Nein. Damit hatte das nichts zu tun. Mich haben sie bei einer Razzia zusammen mit anderen geschnappt. Ich bin ein paar Mal mit dem Gesetz in Konflikt geraten: eine Vorladung wegen Alkohol am Steuer, eine Elektroinstallation ohne Lizenz, nicht abgeführte Steuern, alles Kleinkram, aber am Ende hat es gereicht, um mich an die Grenze zu fahren. Am meisten bedauere ich, dass ich mich nicht von Nadine verabschieden konnte, als sie krank wurde.«

»Meinen Sie, ich soll meinem Chef erzählen, was Miss Nadine getan hat?«

»Wozu? Lass ihm seinen Frieden. Es würde ihn nur traurig machen, wenn er hört, dass seine Frau so viele Geheimnisse vor ihm hatte und ihn in ihre Unternehmungen nicht eingeweiht hat. Ich glaube, für sie war in ihrer Ehe von Anfang an klar, dass sie und ihr Mann völlig verschieden sind, sie hat es bald aufgegeben, ihre Sorgen mit ihm zu teilen.«

»Trotzdem sind sie ein gutes Paar gewesen«, sagte Leticia.

»Offensichtlich, jedenfalls waren sie bis zum Ende zusammen.«

Der Alltag von Leticia und Mr. Bogart wurde umständlicher, als es ihm in den Sinn kam, auf den Dachboden zu steigen, er auf der zweiten Leitersprosse abrutschte, stürzte und sich den Knöchel verstauchte. Mehr vor Schreck als vor Schmerzen blieb er nach Luft schnappend auf dem Rücken liegen. Weil sie fürchtete, dass er sich etwas gebrochen hatte oder ein Herzanfall drohte, schaffte Leticia ihn mühsam zum Auto und brachte ihn zur Notaufnahme ins Krankenhaus, wo er von Sanitätern in grünen Ganzkörperanzügen, Handschuhen, Masken und durchsichtigen Plastikvisieren in Empfang genommen wurde. Leticia durfte nicht mit hinein und musste sich verabschieden, als man ihn, weiß wie ein Laken, auf einer Pritsche davonrollte. In den nächsten sechs Stunden, in denen er geröntgt und zur Beobachtung noch dabehalten wurde, stand sie ihm vom Krankenhausparkplatz aus übers Handy bei, bis der Akku leer war. Der Knöchel schwoll an, es war aber nichts gebrochen. Schonung und Schmerzmittel, mehr könne man nicht machen, sagte der Arzt, aber zusätzlich massierte Leticia ihm den Fuß mit Cannabissalbe.

»So heißt das Marihuana jetzt, wie affig. Hilft gegen die Schmerzen, und legal ist es hier auch, ich muss nicht zum Dealer gehen«, erklärte sie dem Patienten. Sie bedauerte nicht, was geschehen war, so würde sie den Dachboden weiterhin unbeaufsichtigt auskosten können.

Mr. Bogart konnte nicht mehr mit Paco gehen, was vor dem Sturz die einzige Möglichkeit gewesen war, zu Fuß das Haus zu verlassen, er konnte nicht auf den Hometrainer und kein Auto fahren, so dass Leticia neben ihrer Arbeit als Hausfrau und Gesellschafterin den Chauffeur spielen und den Hund ausführen musste.

»Bei der vielen Zeit, die wir zusammen verbringen, ist es ein Wunder, dass wir einander noch ertragen. Diese Flitterwochen mit dir sind die längsten meines Lebens«, spottete er. »Wenn das mit der Pandemie so weitergeht, bleiben wir auf ewig eingesperrt. Wenn du mich fragst, gar nicht übel …«

»Wie geht's Ihrem Knöchel?«, fiel sie ihm ins Wort.

»Wie gehabt. Aber kein Sterbenswort zu Camille. Es wabert nämlich die Vorstellung herum, dass ich in einem Heim besser aufgehoben wäre. Wenn sie hört, dass ich gestürzt bin, macht sie mir nur Druck. Sie will das Haus verkaufen, die Uni hat ein Angebot gemacht, die möchte das Grundstück und würde ein Vermögen zahlen. Aber ich gehe hier nur mit den Füßen voran raus, hörst du? Du kümmerst dich um mich, bis zu meinem Tod, du bist jung und hast ein kräftiges Kreuz«, sagte er.

»Das schon, aber gegen Ihre Tochter kann ich Sie nicht verteidigen. Was habe ich schon zu sagen? Camille könnte Sie entmündigen lassen.«

»Ich habe nicht vor, dement zu werden und in einem Heim für alte Spinner zu enden, wo ich Wackelpudding essend auf den Tod warte«, knurrte er, und beide mussten bei der Vorstellung lachen. »Weißt du, Leticia, du bist der fröhlichste Mensch, dem ich je begegnet bin, alles erheitert dich, du singst beim Kochen und tanzt Rumba beim Staubsaugen.«

»So sind wir Salvadorianer. Bei uns hieß es früher, El Salvador sei das Land des Lächelns, aber mit dem Bürgerkrieg hat es sich wahrscheinlich ausgelächelt.«

»Du musst ein gutes Leben haben.«

»Ich beklage mich nicht, ich lebe in Frieden, das war nicht immer so.«

»Wie lang kennen wir uns jetzt?«

»Zwanzig Jahre, ich bin über Cruz Torres hergekommen, den Bauunternehmer, der das Haus renoviert hat. Ich war jung, als ich angefangen habe, für Sie und Miss Nadine zu arbeiten.«

»Du bist immer noch jung.«

»Für siebenundvierzig sehe ich gut aus, nicht wahr? Wir altern besser als die Weißen«, sagte sie lachend.

»Das kannst du laut sagen. Ich weiß, dass du in Nadines Sachen stöberst, suchst du was Bestimmtes?«

»Nein, keine Sorge. Ich versuche nur aufzuräumen. Sie wissen ja gar nicht mehr, was dort oben für ein Gerümpel rumsteht, das ist eine Welt für sich. Ich glaube, dort hausen die Schönen der Nacht, die Ihnen überall erschienen sind, wissen Sie noch?«

»Sag ihnen, sie sollen runterkommen, hier tut ihnen niemand was. Und sie sollen Nadine mitbringen.«

~ ANITA ~

Tucson, April-Juni 2020

Im Heim war es besser. Das mit dieser Adoptivobhut gefällt mir gar nicht. Ich glaube, die neue ist noch schlimmer als die bei Señora María, hier sind nämlich nur Jungs, und die sind so schlecht erzogen. Die streiten die ganze Zeit und können nicht mal danke sagen. Richtige Rotzlöffel. Bei der Tita Edu würden die in einer Woche spuren, das ist mal sicher. Außerdem muss man hier Englisch reden. Ich hab genug von Englisch, das fühlt sich an, als hätte man einen Lappen im Mund. Du willst gar nicht reden, nicht mal Spanisch, und essen willst du auch nicht. Wie lange soll das noch so gehen, Claudia? Du bist doch kein Baby mehr, du bist doch schon groß! Señora María hat uns wegen deiner Brüllerei rausgeworfen. Sollen wir wegen dir als Bettler auf der Straße landen? Señora María hat aber auch wenig Geduld gehabt, und mich konnte sie nicht leiden. Gehasst hat sie mich, glaub ich. War nicht deine Schuld, dass wir rausgeflogen sind, Claudia, du bist ja ein ganz stilles Kind. Ist doch gut, dass wir da weg sind.

Die Psychologin hat Spanisch gesprochen und wollte nicht, dass Miss Selena mitkommt in ihr Büro. Sie hat mir ein paar Püppchen zum Spielen gegeben, aber ich hab ihr erklärt, dass die für kleine Kinder sind, und ich werd ja schon acht. Da hat sie gesagt, dann reden wir bloß. Sie hat mich nach der Didi gefragt, nach dir, wie wir früher gelebt haben, und nach der Mama. Nach der Obhut bei Señora María hat sie mich auch gefragt und nach dem Bettnässen und der Sache mit dem Schrank, dabei hab ich nichts davon gesagt, ich weiß nicht, woher sie das weiß. Ich hab ihr vom Eisschrank erzählen müssen und davon, wie sie die Mama weggebracht und mich festgehalten haben und wie ich gestrampelt und geschrien und gebrüllt hab und ich trotzdem in den Bus musste. Ich denke da nicht gern dran, ich muss dann immer weinen. Es ist nicht gut, bei den Psychologinnen zu weinen, das habe ich beim letzten Mal gelernt, als ich bei der Schulpsychologin war. Das macht sie nervös. Hinterher hat Miss Selena gesagt, ich soll mir keine Sorgen machen, ich würde woandershin kommen.

Aber hier gefällt es mir auch nicht, obwohl die Besitzerin besser ist als Señora María. Sie hat zu mir gesagt, dass wir uns bestimmt gut vertragen, dass sie sich immer Töchter gewünscht hat, aber Gott ihr keine geschenkt hat, und ich würde wie eine Tochter für sie sein. Ich hab ihr erklärt, dass das nicht geht, weil ich schon eine echte Mama habe. Ich kann nicht Mama zu ihr sagen. Tante kann ich auch nicht sagen, weil man das hier nicht macht. Sie hat mir erlaubt, dass ich Susan sage, auch wenn mir das arg wie Freundinnen vorkommt. Und zu ihrem Mann darf man nicht Papa oder Onkel sagen, zu dem sagt man Mr. Rick. Wegen dem Respekt, damit er nicht böse wird. Und mit diesen Jungs, die nicht meine Brüder sind, mit denen reden wir besser gar nicht.

Die rosa Tabletten, die muss man kauen und dann runterschlucken, weil das Vitamine sind. Die sind nicht eklig. Man macht die Augen zu und stellt sich vor, dass sie wie Erdbeerlutscher oder Bonbons schmecken. Susan sagt, ich muss mehr essen und meine Vitamine nehmen, weil ich so dünn bin und sonst nicht wachse. Ich kann nichts dafür, wenn das Essen komisch schmeckt. Susan hat gesagt, sie hat noch nie jemand gehabt, der keine Sandwiches mag, und dass sie im Internet nach einem Rezept für Pupusas sucht, aber ich glaub nicht, dass sie das macht, sie hat gar keine Zeit, und kochen kann sie auch nicht, sie kann nur Sandwiches machen. Sie hat gesagt, die Vitamine sind notwendig, aber das mit dem Impfen reicht einmal. Die Spritzen hab ich gekriegt, als ich hier im Norden angekommen bin, ich muss nicht noch mal hin. Sie gibt mir die Tablette und schaut so lange zu, bis ich sie runtergeschluckt hab, und dann muss ich den Mund aufmachen und ihr zeigen, dass ich sie nicht unter der Zunge verstecke. Wie soll das gehen? Die ist voll groß.

Wir müssen machen, was die Lehrerinnen auf dem Bildschirm sagen, wir können ja nicht in die Schule gehen. Wegen dem Virus. Die Schulen sind zu, und alle Kinder müssen von zu Hause aus lernen, deshalb sind die Jungs, die nicht meine Brüder sind, die ganze Zeit hier und nerven. Susan hat sie nicht im Griff, die machen, was sie wollen, lernen nicht, spielen die ganze Zeit Video und sehen fern. Benehmen tun sie sich nur, wenn Mr. Rick heimkommt, vor dem haben sie Respekt. Mr. Rick ist der Boss im Haus. Zu mir versucht er nett zu sein, das klappt aber nicht.

Ich sehe nicht viel auf dem Bildschirm oder irgendwie fast gar nichts, aber ich höre, was die Lehrerin sagt. Der Unterricht ist für kleine Kinder. Ich hab Susan erklärt, dass ich ein bisschen blind bin, aber nicht blöd, ich kann mit Kindern in eine Klasse gehen, die so alt sind wie ich. Englisch verstehe ich auch viel. Miss Selena muss das regeln, im Moment lerne ich überhaupt nichts, das ist Zeitverschwendung.

Mr. Rick arbeitet bei der Post, deshalb verlässt er jeden Tag das Haus. Manche Leute dürfen raus und arbeiten, aber mit Maske. Die Post ist wie das Müllauto und der Krankenwagen, sie muss immer funktionieren. Mr. Rick riecht komisch. Vor dem Unfall hab ich nicht drauf geachtet, wie Leute riechen, bloß wenn sie sehr gestunken haben, aber jetzt kann ich jeden am Geruch erkennen. Wenn ich die Wäsche in die Maschine tue, dann weiß ich auch bei jedem Shirt, von wem es ist. Die Jungs müffeln alle, aber nicht alle gleich, jeder anders. Die Tita Edu hat immer gesagt, dass das bei mir so wird wie bei den Hunden und dass ich am Flughafen arbeiten und die schnappen kann, die Drogen dabeihaben. Es gibt auch Leute, die fröhlich riechen oder gutherzig, und welche, die böse riechen. Susan riecht geduldig und auch traurig. Mr. Rick riecht nach was, das am Topfboden angebrannt ist. Vielleicht riecht die Post so.

Meine Engeline hat mir erklärt, dass sie unsichtbar ist und dass es manchmal sehr anstrengend für sie ist, sichtbar zu werden, aber ich soll mir keine Sorgen machen, sie ist immer in der Nähe und weiß, dass ich gern bei der Mama wäre. Sie arbeitet dran, genau wie Frank. Sie hat eine super Idee gehabt, für wenn ich traurig bin. Sie meint, statt zu weinen, könnte ich unsichtbar werden. Das ist auch ganz schön anstrengend. Man muss sich ganz fest konzentrieren. Das ist dasselbe, was sie macht, wenn sie sichtbar sein will, nur umgekehrt. Ich zeig dir das, Claudia, und dann üben wir, wenn wir alleine sind.

Das mit dem Unsichtbarsein ist sehr nützlich, man kann viel damit machen. Wenn diese Jungs, die nicht meine Brüder sind, rumnerven, dann müssen wir uns zum Beispiel nicht mit denen hauen, was sowieso nicht geht, weil die größer sind, wir konzentrieren uns einfach und werden unsichtbar, und sie können uns nichts mehr tun. Außerdem können wir das brauchen, wenn wir nicht wollen, dass irgendwer mit uns redet, oder wenn wir Angst haben.

Aber nie, nie dürfen wir uns unsichtbar machen, wenn Mr. Rick oder einer von den größeren Jungs oder irgendein Mann oder ein Kind uns da unten anfasst wie dieser Carlos einmal. Keiner darf uns anfassen. Das hat mir die Tita Edu beigebracht. Wenn einer mich anfasst, dann muss ich so laut schreien, wie ich kann. Und du auch, Claudia, versprich mir das. Mr. Rick hat überhaupt nichts bei mir zu suchen, wenn ich im Bett bin. Ich bleibe wach, so lange ich kann, und passe auf, weil es nämlich sein kann, dass meine Schutzengeline dabei Hilfe braucht. Wenn ich Mr. Rick oder einen von den größeren Jungs in der Nähe von meinem Bett sehe, dann schreie ich, und wie. Du musst mitmachen. Das stimmt überhaupt nicht, dass sie uns rauswerfen und wir auf der Straße landen, wenn wir schreien oder jemand was davon sagen. Wenn sie uns rauswerfen und wir auf der Straße landen, dann rufen wir Miss Selena an. Ich hab ihre Nummer, und ein Handy kann ich irgendwo herkriegen. Die Nummer von Frank hab ich auch, aber der wohnt weiter weg und würde länger brauchen, bis er hier ist.

In dieser Adoptivobhut oder wie die das nennen, ist es bloß die ganze Zeit laut. Ich kann so viel Krach nicht aushalten. Das Schlimmste, was uns hier im Norden passiert ist, war der Eisschrank, als sie die Mama weggebracht haben. Und das Zweitschlimmste ist hier. Susan sagt, sie kann nicht mehr, sie erträgt das Durcheinander von den Jungs nicht, und wenn sie bloß Mädchen hätte wie mich, die nichts unordentlich machen und ihr beim Putzen und beim Waschen helfen, dann hätte sie es viel leichter und sie wäre nicht so deprimiert und müde. Ich glaube, sie liegt deshalb die ganze Zeit auf dem Sofa und schaut fern und isst. Den riesigen Bauch hat sie nämlich gar nicht, weil da ein Kind drin ist. Was das hier für eine Unordnung ist, Claudia, ständig stolpere ich über Zeug, das auf dem Boden rumliegt, und alles klebt, ans Klo darf ich gar nicht denken. Der Gestank ist eklig, mir wird kotzübel davon. Wenn die Tita Edu das sehen würde, ihr würde das Herz stehenbleiben. Susan wird nur lebendig, wenn sie mit ihrem Mann streitet. Sie wartet, dass er nach Hause kommt, damit sie ihn anschreien kann. Mich kann sie scheint's gut leiden, aber beschützen kann sie mich nicht. Ich muss immer ganz viel aufpassen, sonst wollen die größeren Jungs mir die Didi wegnehmen oder mich hauen, und außerdem muss ich unsichtbar sein, wenn Mr. Rick heimkommt.

Hast du gesehen, Claudia? Es hat geklappt! Dieses winzige Loch in der Wand, das war genau richtig, um meiner Engeline eine Nachricht zu schicken. Sie hat ihr Versprechen gehalten, dass sie uns hier rausholt. Endlich verschwinden wir von hier. Miss Selena hat ja schon gesagt, es ist nur für kurz, aber ich glaube, wir waren hier drei Monate oder drei Jahre, ich weiß echt nicht mehr. Wir sind schon so lange im Norden, überleg mal, wie sich das Wetter verändert hat, jetzt ist es heißer als in El Salvador, bloß dass die Luft trocken ist. Es regnet nicht. Weißt du noch, wie laut der Regen war? Der war stärker als die Dusche. Hier teilt man das Jahr in Frühling, Sommer, Herbst und Winter, aber es ist nicht so klar, was was ist. Ich hab die Jahreszeiten danach gezählt, wie heiß es war: Heiß, als wir gekommen sind, im Heim eher kühl, heiß, aber nicht ganz so, als wir bei Señora María waren, sehr heiß bei Susan. Doch, wir sind schon lange hier, das ist sicher. Man muss geduldig sein. So ist das Leben.

Und wir warten ja weiter auf die Mama. Ich verstehe nicht, dass sie noch nicht gekommen ist, um uns abzuholen, sie hat nicht mal angerufen. Bestimmt gibt es da, wo sie ist, kein Telefon. Wenn Miss Selena mit der Mama sprechen kann, dann sagt sie ihr, wo wir sind. Wir sind nicht verloren, Claudia, bloß getrennt. Wenigstens können wir manchmal mit der Tita Edu sprechen. Das mit Mr. Rick dürfen wir ihr aber nicht sagen, sie ist ja weit weg, und ich will ihr kein Messer ins Herz stoßen.

Was mit Mr. Rick passiert ist, war doch dann gut, Claudia. Ich hab gewusst, dass das passiert, ich hab das gespürt, hier im Bauch, wie wenn man was denkt, was irgendwie nicht rauskommt. Ich hab das gespürt, wenn er in der Nähe war und mir was zum Naschen gegeben oder mich getätschelt hat. Bei den anderen Kindern hat er so was nie gemacht. Er ist ein böser Mann, wie Carlos. Natürlich hab ich mich erschreckt, aber gut war es doch, wir kommen dafür jetzt woanders hin und nicht wieder in so eine Adoptivobhut wie hier oder bei Señora María. Das Versprechen hat meine Engeline gehalten, aber jetzt fehlt noch das Wichtigste, dass sie die Mama finden. Die Miss Selena sagt nie finden, aber ich bin ja nicht blöd, ich merke doch, dass sie nicht weiß, wo sie ist, weil wenn, dann hätte sie doch schon bei ihr angerufen.

Als Mr. Rick so leise in mein Zimmer gekommen ist, bin ich von dem Postgeruch aufgewacht, aber bevor ich überhaupt was machen konnte, hat er mir den Mund zugehalten und sich auf mich geworfen und mir mit der anderen Hand die Unterhose runtergezerrt und geschnauft wie ein Hund und gesagt, wenn ich still bin, dann gibt er mir, was ich will, aber wenn nicht, dann erwürgt er mich. Ich konnte mich überhaupt nicht bewegen, und atmen ging auch nicht, ich dachte, ich ersticke, und da drückt er meine Beine auseinander und steckt da was dazwischen. Aber da hab ich ihm in die Hand beißen können und so laut geschrien, wie ich konnte, so wie die Tita Edu mir das beigebracht hat. »Susan! Susan! Help!« Mr. Rick ist aufgesprungen, aber scheint's in seinen Shorts hängen geblieben. Und ich hab weitergeschrien, und alle sind aufgewacht, und ich weiß nicht wie, aber Susan war sofort im Zimmer, da lag ihr Mann noch auf dem Boden. Danach hab ich die Wahrheit gesagt, und Susan ist so wütend geworden wie noch nie, und Mr. Rick ist weg und hat die Tür zugeschlagen. Deshalb ist Miss Selena heute Morgen ganz früh gekommen, ich glaube, Susan hat sie angerufen. Du hast zum Glück gar nichts mitbekommen, Schwesterchen, du bist als Einzige nicht aufgewacht von der Schreierei.

MR. BOGART

Berkeley, Juni-September 2020

In seinem langen Leben hatte Samuel Adler Städte gesehen, die vom Krieg zerstört waren, aber nichts, was sich mit den Bildern dieser Pandemie vergleichen ließ, den unbeschädigten Straßen und Gebäuden von New York, Rom oder Shanghai, in denen keine Menschenseele unterwegs war. Wie in einem Katastrophenfilm. In Kalifornien hatte man drastische Maßnahmen ergriffen, um das Virus unter Kontrolle zu halten, aber in anderen Bundesstaaten waren die Anweisungen widersprüchlich, Gouverneure oder Bürgermeister trafen Entscheidungen nach lokalpolitischem Gutdünken und scherten sich nicht um die Empfehlungen der Wissenschaft. In seinem Haus, das er seit Monaten kaum verlassen durfte, sah Samuel im Fernsehen, wie das Leben überall auf der Welt zum Stillstand gekommen war, und roch den Rauch der nahen Brände, die in diesem Sommer Millionen Hektar Wald fraßen. Manchmal war der Qualm dicht wie Nebel und die Sonne nur noch ein oranges Glutnest an einem roten Himmel. Er sagte zu Leticia, sie sollten sich auf eine mögliche Evakuierung vorbereiten, ihre Papiere und Bargeld zur Hand haben, das Auto volltanken und es mit Trinkwasser, Futter für den Hund und den Papagei, Decken, eben mit dem Notwendigsten beladen.

»Wenn wir dazu bestimmt sind, zu verbrennen, weiß ich nicht, was uns diese Vorbereitungen helfen sollten«, sagte sie.

»Tu bitte, was ich sage, Leticia, und werd nicht fatalistisch.«

»Was, meinen Sie, bringt uns zuerst um, das Virus oder die Brände?«

»Dass mich das Virus umbringt, fürchte ich nicht, wir passen ja auf, aber ich fürchte, es stiehlt mir die Zeit und macht mich zu einem närrischen Alten. Was mich früher gefordert und geistig fit gehalten hat, meine Musik und meine Vorträge, liegt alles auf Eis. Ich wollte auf die Galapagos- und auf die Osterinseln, das kann ich vergessen.«

»Besser so. Wenn Sie Schildkröten und Statuen sehen wollen, sind Sie hier doch gut aufgehoben. Sie müssen auf sich achtgeben.«

Samuel war sich bewusst, dass die Menschen seiner Generation nach und nach wegstarben, er hatte kaum noch gleichaltrige Bekannte. Früher war das etwas gewesen, das anderen widerfuhr, aber in den letzten Monaten spürte er, dass der Tod ihm dicht auf den Fersen war. Seit er seine Frau verloren hatte, schritt das Alter rascher voran. Er dachte viel an das eigene Ende, dass es plötzlich passieren konnte, bevor er sein Leben ins Reine gebracht hätte. Wie Nadine würde er zu viele offensichtliche Spuren hinterlassen, aber schlimmer waren die, von denen nur er wusste: Gefühlsmüll, Reue, Scham, Engherzigkeit. Er machte täglich eine Übung, um allen Groll loszulassen und sich zu bedanken.

Nadine hatte ihm das gezeigt, aber richtig damit angefangen hatte er erst vor ein paar Jahren, als sie schon nicht mehr lebte und ihn auf diesem Weg nicht mehr an der Hand nehmen konnte. Hin und wieder besuchte sie ihn wie ein plötzlicher Windhauch, dann erstarrte er und hielt den Atem an, um sie nicht zu verscheuchen, und bat sie still, noch ein wenig bei ihm zu sein.

Sein Knöchel schmerzte, und er ging schief und humpelnd in der Orthese, fand seine Wehwehchen aber nicht der Rede wert und regte sich auf, wenn Leticia ihn zu sehr bemutterte. Der Sturz von der Leiter hatte ihn verunsichert, er bewegte sich vorsichtig, traute sich nicht, Auto zu fahren, und fürchtete, dass er nie wieder draußen aufs Rad steigen würde. War das der Anfang vom Ende? Wie lange würde er den unweigerlichen körperlichen Verfall noch aufhalten können? Und sein Kopf? Plötzlich fiel ihm ein Wort nicht mehr ein, ein Name, ein Gedanke, und er bekam Panik vor dem Vergessen, davor, weiterzuleben und dabei nicht mehr denken oder sich erinnern zu können. Wenn sein Herz das mitmachte, dann konnte er gut über neunzig werden, und damit blieben ihm, das hatte er ausgerechnet, noch ungefähr eintausendfünfhundert Tage. Das waren nicht viele, sie verflogen, tatsächlich hatte er schon über hundert davon eingesperrt in seinem Haus aufgebraucht.

»Ohne dich, die Kleine und Paco wäre ich einsamer und elender als ein zum Tode Verurteilter«, sagte er zu Leticia.

»Nicht zu vergessen Panchito«, entgegnete sie.

Samuel hatte nicht viel übrig für Leticias trunksüchtigen

Papagei, der, sobald er kurz nicht hinsah, den Schnabel in seinen Wodka steckte und danach mit gesträubtem Gefieder gegen die Wände flog.

»Das Kind braucht Sie noch mindestens zehn Jahre, Mr. Bogart, also unterstehen Sie sich, vorher zu sterben.«

Es hatte mit diesem Anruf für Leticia begonnen, von einem gewissen Frank Angileri, der sich als Anwalt vorstellte und sagte, er sei mit der Rechtsvertretung der minderjährigen Anita Díaz betraut. Leticia entgegnete, sie kenne keine Anita und legte auf. Der Mann rief sofort noch einmal an, und Leticia beendete das Gespräch erneut. Den dritten Anruf nahm Samuel entgegen und verlangte eine Erklärung. Der Mann sagte, er müsse Leticia Cordero in einer Familienangelegenheit sprechen, woraufhin Samuel das Gespräch laut stellte und beide hörten, was der Anwalt zu sagen hatte, Leticia zusehends aufgelöst, er zusehends gebannt.

»Es geht um ein kleines Mädchen, sie ist gerade acht geworden. Sie ist mit ihrer Mutter aus El Salvador gekommen, letztes Jahr im Oktober haben sie in Nogales die Grenze überquert. Man hat die beiden getrennt, und Anita wurde in einem Heim untergebracht. Weil man sie nicht wieder mit der Mutter oder mit anderen Angehörigen zusammenbringen konnte, war sie vorübergehend in Pflegefamilien. Das war nicht das Richtige für sie. Man hat woanders …«

»Ich kenne sie nicht«, unterbrach ihn Leticia.

»Augenblick, Leticia, wir hören uns die Geschichte bis zum Ende an«, beschwichtigte Samuel.

»Wir haben herausgefunden, dass Leticia Cordero eine Cousine des Vaters der Kleinen ist.«

»Wo ist der Vater?«, fragte Samuel.

»Er ist 2015 gestorben. Sein vollständiger Name ist Rutilio Díaz Cordero. In El Salvador steht der Name des Vaters, in diesem Fall Díaz, an erster Stelle, der Name der Mutter wird selten gebraucht.«

»Verstehe, deshalb heißt das Kind Díaz.«

»Genau. Sagt Ihnen der Name Rutilio Díaz etwas, Frau Cordero?«, wandte sich der Anwalt an Leticia.

»Ich bin als Kind in die USA gekommen. Ich hatte nie Kontakt zu Verwandten in El Salvador.«

»Könnte es denn sein, dass Sie mit dem Mädchen verwandt sind?«

»Ich weiß nicht ... Wie kommen Sie überhaupt auf mich?«

Frank Angileri erklärte ihr, dass er einen der Detektive, die für seine Anwaltskanzlei arbeiteten, darauf angesetzt hatte. Der Mann war geschult darin, Spuren zu verfolgen, Beweise zu sichern und Zeugen und Verdächtige ausfindig zu machen. Ihr einziger Anhaltspunkt war, dass Marisol Díaz, ehe sie den Kontakt zu ihr verloren hatten, eine Cousine erwähnt hatte, die Lety oder Leticia hieß und in Kalifornien lebte. Eine Leticia mit Marisols Nachnamen, Andrade und Díaz, war nicht zu finden gewesen, aber der Detektiv wusste über die Großmutter in El Salvador, dass der zweite Nachname von Marisols Ehemann Cordero war. Er hatte nach einer Lety oder Leticia Cordero gesucht und gehofft, dass sie nicht ohne Papiere im Land war, denn dann wäre es aussichtslos gewesen, sie zu finden.

»Es hat ein bisschen gedauert, aber dann hatten wir Glück«, schloss der Anwalt.

»Lety hat mich hier nie jemand genannt. So habe ich als Kind geheißen«, sagte Leticia stockend.

»Möchten Sie Ihre Nichte kennenlernen?«

»Ich weiß nicht, ich ...«

»Was ist mit der Mutter?«, fragte Samuel.

»Sie ist verschwunden. Wir gehen davon aus, dass sie abgeschoben wurde.«

»Verschwunden?«

»In El Salvador hat niemand sie gesehen. Möglicherweise wurde sie in ein anderes Land abgeschoben, manchmal gibt es Verwechslungen. Viele werden einfach nach Mexiko geschickt mit der Aufforderung, dort zu warten, bis sie einen Anhörungstermin vor Gericht bekommen. Das kann Monate dauern, sogar Jahre. Auf der anderen Seite der Grenze gibt es Flüchtlingslager, Tausende Menschen leben dort in Zelten, die Bedingungen sind unwürdig.«

»Ich weiß, ich lese Zeitung.«

»An die Öffentlichkeit gelangt nur ein Bruchteil dessen, was dort vor sich geht.«

»Wenn ich Sie richtig verstehe, Herr Angileri, dann hat Anita Díaz zurzeit weder Vater noch Mutter, richtig?«, fragte Samuel weiter.

»So ist es. Und während wir uns bemühen, die Mutter ausfindig zu machen, was sich als schwierig erweist, wäre es eine große Hilfe, wenn Anita bei jemand von ihrer Familie unterkommen könnte. Ich bin gerade dabei, eine dauerhafte Aufenthaltserlaubnis für sie zu erwirken, und ziele darauf ab, die Mutter herzubringen und die beiden wieder zusammenzuführen, aber das kann sich hinziehen, zumal jetzt, während der Pandemie. Anita ist ein kluges Mädchen, sie ist gut erzogen und weiß sich zu benehmen.«

Es entstand eine lange Gesprächspause, in der sich Leticia die Tränen abwischte und Samuel an seine eigene Kindheit dachte. Die schmerzhaften Szenen, die er in seinem Innern vergraben hatte, wurden nach oben gespült: die Schreie, der Rauch, die Angst, seine schöne, traurige Mutter, die ihm am Bahnsteig nachwinkte. Und auch der alte Oberst Volker in seiner Uniform, wie er ihm den Tapferkeitsorden mit den Zauberkräften an den Mantel heftete. Achtzig Jahre später verwahrte er den Orden noch immer zusammen mit seiner Geige. In seiner langen Berufslaufbahn hatte er sein Instrument mehrfach gewechselt, aber der Orden und die Fotografie seiner Eltern hatten immer im Geigenkasten gesteckt. Und doch war ihm an seinen Vater, der in den Tagen vor seiner Reise nach England schon nicht mehr da gewesen war, keine Erinnerung geblieben. Hatte sein Vater ihn genauso geliebt, wie er sich sicher war, dass seine Mutter ihn geliebt hatte? Er hatte fast alles vor dieser schrecklichen Pogromnacht vergessen. War er davor ein glückliches Kind gewesen? Hatte er die ersten fünf Jahre seines Lebens absichtlich aus seinem Gedächtnis getilgt oder war er nur einfach zu klein gewesen, um sich noch an sie zu erinnern? Anita war älter, als er es bei der Trennung von seiner Familie gewesen war. Sie würde nichts vergessen.

»Ich hätte Ihnen die Situation gern persönlich erläutert und Ihnen bei der Gelegenheit die Unterlagen und einige

Fotos gezeigt, nur ist das wegen des Virus leider gerade nicht möglich«, brach Angileri schließlich das Schweigen.

»Geben Sie uns bitte einen Augenblick Zeit. Könnten Sie in zehn Minuten noch einmal anrufen?«, bat Samuel.

Er verwandte die zehn Minuten darauf, Leticia davon zu überzeugen, dass es ihrer beider Pflicht war, dem Mädchen zu helfen. Die Kleine habe schon mehr als genug gelitten, ob sie verwandt mit ihr seien oder nicht, spiele keine Rolle. Das Schicksal gebe ihnen die Gelegenheit, etwas für das Kind zu tun, und sie müssten sich in Grund und Boden schämen, wenn sie das nur aus Bequemlichkeit nicht täten.

»Wir haben hier mehr Platz als genug. Überleg doch, die vielen Zimmer«, sagte er.

»Wer kümmert sich um die Kleine? Sie?« Leticia war aufgebracht.

»Wir kümmern uns beide.«

»Sie haben vergessen, womit man sich herumschlagen muss, wenn man Kinder hat, Mr. Bogart. Und dieses Mädchen ist außerdem traumatisiert, sie vermisst ihre Mutter, man hat sie aus allem herausgerissen, was sie kennt, aus ihrer Familie, ihrem Freundeskreis, der Schule, ihrer Nachbarschaft, ihrer Sprache. Können Sie sich vorstellen, was das bedeutet?«

»Nur zu gut.«

»Das ist so hart. Die Ärmste …«

»Genau, Leticia: die Ärmste. Wir sagen diesem Angileri zu, wir kriegen das schon irgendwie hin.«

»Versprechen Sie mir, dass Sie sich, egal was geschieht,

nicht beklagen. Wenn dieses Kind erst einmal hier ist, geht es nirgendwo anders mehr hin, außer zurück zu seiner Mutter, versprochen?«

»Versprochen.«

So nahm das Abenteuer seinen Anfang. Zwei Tage später arrangierte Angileri eine Videokonferenz mit Selena Durán, der Sozialarbeiterin, die nach seiner Aussage das Kind am besten von allen kannte. Samuel fiel auf, dass die Kleine sowohl ihr als auch dem Anwalt ans Herz gewachsen war und die beiden nicht eher Ruhe geben würden, bis sie die Mutter gefunden hatten. Angileri hatte ihnen gegenüber nicht erwähnt, dass Anita blind war, und als Selena sie kurz dazurief, um Hallo zu sagen, merkten sie erst nichts davon, weil die Bildqualität schlecht war, aber dann wurde es offensichtlich. Das brachte Leticias letzte Verteidigungslinie zum Einsturz.

Bei Samuel löste das Kind eine Sturmflut schmerzhafter Erinnerungen aus, es war, als bekäme sein Herz einen Riss. An Herzrhythmusstörungen litt er schon länger, er schenkte ihnen kaum Beachtung, weil sich wenig dagegen tun ließ, hatte sich aber angewöhnt, seinen Puls an der Halsschlagader zu ertasten und auf seinen Herzschlag zu achten. In der halben Stunde, in der er Anita im Hintergrund mit einer Puppe spielen sah, weitete sich der anfängliche Riss zu einem Krater, sie war so klein, so verletzlich. Genau wie er in dem Alter.

»Wann wird sie herkommen«, fragte er Selena.

»In zwei Wochen. Ich bringe sie zu Ihnen. Unser Coronatest war negativ, aber wir befinden uns vorsichtshalber in Quarantäne.«

»Und wie kommen Sie her?«

»Im Auto.«

»Sie fahren die ganze Strecke von Nogales? Das ist weit.«

»Wir legen einen Zwischenstopp bei Freundinnen von mir ein. Die beiden testen sich vorher. Wir passen auf, keine Sorge.«

»Was brauchen wir für Anita?«

»Nichts weiter, sie ist nicht verwöhnt. Was sie braucht, sind Stabilität und Zuwendung.«

»Ich mache mir Sorgen, weil sie nichts sieht. Unser Haus ist groß und steht voll mit Möbeln.«

»Da kann ich Sie beruhigen, Herr Adler. Anita nimmt Umrisse verschwommen wahr, wie hinter Milchglas oder mit Salbe im Auge. Bei guter Beleuchtung kann sie, wenn die Schrift groß genug ist, mit einer Lupe lesen. Sie besitzt einen ausgeprägten Orientierungssinn, ein gutes Gedächtnis, sie stolpert nicht ständig und findet sich überall schnell zurecht.«

Nach diesem Gespräch geriet Leticia in einen Aktivitätsrausch. Zwei Wochen hatte sie Zeit, sie wollte keine Minute verlieren. Sie begann damit, dass sie ins Obergeschoss umzog, um neben Anitas Zimmer zu schlafen. Für das Kinderzimmer bestellte sie eine limettengrüne Tapete, auf der Margeriten und Schmetterlinge verstreut waren, und eine Bettdecke mit Disneyfiguren, die Samuel scheußlich fand. »Die Kleine braucht etwas Fröhliches. Die Figuren kann sie wahrscheinlich nicht erkennen, aber die Farben hoffentlich schon«, sagte Leticia. Bewaffnet mit Leiter, Quast und Kleistereimer tapezierte sie unter den bewundernden Blicken von Mr. Bogart und Paco die Wände nach der Anleitung, die sie im Internet gefunden hatte. Sie füllte die Speisekammer und den Kühlschrank mit Vorräten, als müssten sie einer langen Belagerung trotzen. Kleidung wollten sie erst besorgen, wenn Anita angekommen wäre, weil sie ihre Größe nicht wussten, aber sie kauften ein paar Spielsachen und Hörbücher.

»Ich denke nicht, dass Anita Blindenschrift lesen kann«, sagte Samuel.

»Bestimmt ist sie in der Schule weit zurück.«

»Wir melden sie so bald wie möglich an der Blindenschule in Fremont an. Das sind nur etwa vierzig Minuten von hier.«

»Vielleicht kann sie dafür noch nicht genug Englisch«, gab Leticia zu bedenken.

»Sie ist seit mehreren Monaten im Land, ein bisschen spricht sie bestimmt. Ich kümmere mich darum, dass sie es richtig lernt. Ich habe ja lange genug unterrichtet. Wenn ich talentlosen Schülern das Musizieren beibringen konnte, dann werde ich der Kleinen sicher Englisch und einiges mehr beibringen können.«

Am vereinbarten Tag rief Selena eine halbe Stunde vor ihrer Ankunft an. Leticia hatte sich mit der Zubereitung von Gerichten aus El Salvador überschlagen, damit Anita sich gleich wie daheim fühlte: Bohnen, gebackene Bananen, Maistortillas und Kuchen, außerdem Horchata, die man in El Salvador aus Kürbiskernen, Nüssen, Reis, Milch und Gewürzen herstellte. Beide waren so aufgeregt, dass sie um zehn am Morgen einen doppelten Whisky tranken, um ihre Nerven zu beruhigen.

»Was machen wir nur, wenn wir Anita nicht leiden können, Mr. Bogart?«

»Das wäre fürchterlich. Sympathie ist ja rätselhaft, sie folgt keiner Regel, sie stellt sich spontan ein oder eben nicht, erzwingen ist jedenfalls aussichtslos.«

Sie hätten sich darüber keine Gedanken machen müssen, denn kaum war das Mädchen mit seinem Rucksack auf dem Rücken aus Selena Duráns staubigem Auto geklettert, war es um sie geschehen. Sie trug ein verwaschenes Kleid und Turnschuhe, hatte dünne Beinchen wie ein Rehkitz und erschrockene Augen über der vorgeschriebenen Maske. Eine Stoffpuppe umklammernd, kam sie an Selenas Hand zögernd näher. Leticia ging in die Hocke und drückte sie an sich.

»Ich bin deine Tante Leticia. Das ist Mr. Bogart, der Hund heißt Paco, und in der Küche gibt es einen Papagei, der heißt Panchito. Außerdem kommen zwei Katzen zum Fressen her, und manchmal schlafen sie auch hier, aber sie sind halb wild und haben keine Namen«, sagte sie mit belegter Stimme.

»Willkommen«, war alles, was Samuel zu sagen einfiel.

Er tat gut daran, Abstand zu halten. Es sollte eine Weile dauern, bis Anita sich in seiner Nähe wohlfühlte. Später erfuhr er, dass sie Männern misstraute, und vermutete, dass sein weißes Haar sie etwas beruhigte.

Die ersten Momente waren angespannt, aber die Befangenheit löste sich, als Leticia die Horchata und den Pastel de tres leches brachte, den sie als den beliebtesten Kuchen in El Salvador anpries. Sie gab Anita eins ihrer Geschenke, eine Puppe mit Batterien im Bauch, die wie ein Zombie laufen konnte. Anita beschäftigte sich eine Weile damit, ertastete den Mechanismus, ließ ihre Stoffpuppe aber nicht los. Samuel fragte sie, ob sie etwas singen könne, und schaffte es, ihr ein gesummtes Kinderlied zu entlocken, das er am Klavier mit ein paar angeberischen barocken Schnörkeln versah. Das gefiel Anita, und sie sang ihm noch ein paar schlichte Melodien vor, die das gleiche Los ereilte. Danach ließ Leticia ihr ein Bad ein, weil sie müde war von der Reise, und Samuel setzte sich mit Selena zusammen, um sich einige letzte Instruktionen geben zu lassen.

»Vielen Dank, dass Sie Anita zu uns gebracht haben«, sagte er.

»Aber nicht doch, ich habe Ihnen und Leticia zu danken. Die Grausamkeit unseres Einwanderungssystems hat Anita schwer getroffen.«

»Dass die Familien getrennt werden, ist unmenschlich, eine Schande für unser Land.«

Selena erklärte ihm, dass Anitas Sehschwäche vergleichbar war mit einer fortgeschrittenen Makuladegeneration. Bei einem schweren Verkehrsunfall vor zwei Jahren sei die Hornhaut beider Augen verletzt worden, es werde in ihrem Fall aber nicht schlimmer.

»Wenn ich es richtig verstanden habe, gibt es eine Behandlung, die ihr helfen kann«, sagte Selena.

»Vermutlich eine Hornhauttransplantation. Ich mache mich kundig«, sagte Samuel.

»Marisol, die Mutter, hat bei ihrem Asylgesuch angegeben, dass sie geflohen ist, weil sie in ihrer Heimat mit dem Tod bedroht wird, und hat weiter gesagt, sie hoffe, in den USA medizinische Hilfe für Anita zu bekommen. Das wurde zu ihren Ungunsten ausgelegt, als Absicht, das hiesige Gesundheitssystem auszunutzen.«

»Nicht weit von hier gibt es eine Blindenschule. Ich werde die Kosten übernehmen. Die Kleine nutzt kein System aus.«

»Wenn sie Unterstützung bekommt, kann Anita bestimmt eine Regelschule besuchen. Lesen und schreiben kann sie. Sie ist eine gute Schülerin und hat ein hervorragendes Gedächtnis, was sie einmal gehört hat, kann sie noch Wochen später wiederholen.«

»Das höre ich gern, dann kann ich ihr Musikunterricht geben.«

»Das Gericht hat entschieden, dass Anita im Land bleiben darf, bis wir ihre Mutter gefunden haben«, erklärte ihm Selena. »Frank Angileri hat nachgewiesen, dass sie das Opfer beklagenswerter Verwaltungszustände ist. Damit ist sie wahrlich nicht allein, aber ihre Lage hat den Richter doch milde gestimmt. Vermutlich wollte er um jeden Preis verhindern, dass die Medien über ein kleines blindes Mädchen berichten, das man erst von seiner Mutter getrennt und dann abgeschoben hat.«

»Wie lange wird sie hier sein?«

»Das kann ich Ihnen nicht sagen. Ihr Asyl ist befristet. Anfang Februar war ich mit Frank Angileri in El Salvador, um nach Marisol Díaz zu suchen. Wir haben sie nicht gefunden.«

Vor Anitas Ankunft hatten Leticia und Samuel über Monate ohne Außenkontakte gelebt und waren eingespielt wie ein altes Ehepaar. Sie folgten ihrem festen Tagesablauf, ließen dem jeweils anderen seinen Raum und verbrachten mit Vergnügen auch Zeit miteinander. Die pandemiebedingte Zweisamkeit bot ihnen die außergewöhnliche Chance, sich kennenzulernen, und je besser sie sich kannten, desto mehr schätzten sie einander. Das Kind veränderte den Rhythmus im Haus und ihre Gewohnheiten, brachte sie aber noch näher zusammen. Mit Anita wurden sie eine Familie.

Die erste Nacht in Samuels Haus war schwierig, Anita kauerte verängstigt in einer Ecke auf dem Boden und drückte Didi an sich, die vor Dreck starrte. Die grüngelbe Tapete und die neue Bettdecke, über die sie sich bei ihrer Ankunft gefreut hatte, obwohl sie die Farben kaum erkennen konnte, jagten ihr in der Nacht Angst ein, auch weil sie nie ein Zimmer für sich allein gehabt hatte. Samuel fand das nachvollziehbar, von der Tapete bekam auch er Gänsehaut. Leticia brauchte fast eine Stunde, bis Anita im Bett lag, und es war Mitternacht vorbei, bis sie einschlief. Am nächsten Morgen fand Leticia sie wieder zusammengesunken und leise weinend in einer Ecke des Zimmers und stellte fest, dass sie ins Bett gemacht hatte.

»Das ist nicht schlimm, Anita, das kann jedem passieren«, versuchte sie die Kleine zu trösten.

»Früher, bei der Tita Edu, hab ich nie ins Bett gemacht. Warum passiert mir das jetzt?«, sagte Anita schluchzend.

»Schsch, mein Schatz, das macht doch nichts, wir wechseln einfach das Laken.«

Leticia sagte Samuel, was geschehen war, und ihn überraschte es nicht.

»Sie ist ein bisschen zu alt dafür«, gab Leticia zu bedenken.

»Was machen wir?«

»In El Salvador hat sie bei ihrer Großmutter oder ihrer Mutter im Bett geschlafen. Sie muss bei mir schlafen. Kann ich das Bett von Camille benutzen? Das ist schön breit.«

»Du darfst benutzen, was du willst. Wir müssen es bloß rüberschaffen.«

Das mussten sie allein bewerkstelligen. Samuel war nicht mehr so kräftig wie früher, konnte aber noch anpacken. Trotz seines verstauchten Knöchels schafften sie es, Camilles Bett auseinanderzubauen und das in Leticias Zimmer zu ersetzen. Sobald Anita mit ihrer Tante in einem Bett schlief, nässte sie nicht mehr ein. Samuel fand diese Lösung wenig hygienisch, nahm sie aber kommentarlos hin, weil er sich an die Angst erinnerte, die er selbst als kleiner Junge nach seiner Ankunft in England nachts gehabt hatte und wie er seinen Kopf unterm Kissen vergrub, damit niemand ihn weinen hörte.

Manchmal schrak er noch jetzt aus einem wiederkehrenden Albtraum auf. Es war dunkel, tiefschwarze Nacht, er hörte die Zweige eines Baumes ans Fenster schlagen und den Schrei einer Eule. Er lag in einem Bett, das hart war und schmal, es war bitterkalt und er durchgefroren, doch dann spürte er plötzlich etwas Heißes unter sich und begriff voller Entsetzen, dass er ins Bett gemacht hatte. Wie oft war ihm das als Kind passiert? Die Scham, die Demütigung, das unterdrückte Schluchzen, die Vorwürfe, die Strafen, der Spott der anderen Kinder. Die Erinnerung an diese Zeit war lebendiger als die Gegenwart, deshalb empfand er grenzenloses Mitleid mit Anita. Er wusste genau, was sie durchmachte, wusste, warum sie im Schlaf nach ihrer Mutter rief, wusste, warum sie über Stunden auf den Eingangsstufen saß und auf die Geräusche von der Straße lauschte in der Hoffnung, dass Marisol auftauchte.

Samuel hatte seine Mutter zum letzten Mal gesehen, als sie winkend in einer Menschenmenge auf einem Bahnsteig stand. Er war sehr klein, trug einen weiten Mantel und einen Wollschal, seine Schuhe waren ihm zu groß. Mit Hunderten anderen Kindern fuhr er im Zug davon. Über viele Jahre war dieses Bild für ihn verwirrend gewesen, zusammenhanglos, unverständlich, aber irgendwann in seiner Jugend hatte er das Puzzle zusammengesetzt und das ganze Ausmaß dessen begriffen, was ihm widerfahren war. Die Kinder im Zug waren Juden, und so wie die übrigen Menschen dort auf dem Bahnsteig hatte auch seine Mutter beschlossen, ihr Kind allein nach England zu schicken, zu Unbekannten und ohne zu wissen, was ihn dort erwartete, um ihn vor der Gewalt der Nazis zu beschützen. Sie hatte gehofft, die Trennung wäre vorübergehend und sie würden sich bald wiedersehen.

Vor etlichen Jahren, 1995, hatte Samuel Adler das Holocaust-Museum in Washington besucht. Zuvor war er in Wien gewesen, um das Viertel zu sehen, in dem er geboren war. Dort, wo Praxis und Wohnung seiner Familie gewesen waren, befand sich jetzt eine Bank. Er war weitergefahren nach Dachau, nach Ravensbrück und nach Auschwitz, eine Reise in die Abgründe menschlicher Schlechtigkeit. Von den Lagern war wenig übrig, die Reste einzelner Barracken, die Stacheldrahtzäune, die Wachtürme und die Schornsteine der Verbrennungsöfen, genug, um eine Vorstellung von den Verbrechen zu bekommen, die hier begangen worden waren. In einer erdrückenden Stille war er über das Gelände in Auschwitz gegangen, kein einziger Vogel hatte gesungen, kein Windhauch das Laub bewegt. Er war sich sicher, dass die Luft erfüllt war von Geistern, Männern, Frauen, Greisen, Kindern, von Millionen und Abermillionen Seelen.

Im Holocaust-Museum in Washington hatte er dann in den Opferlisten gesucht und den Namen seiner Mutter gefunden, Rachel Sara Adler, den seiner Tante Leah und seiner gesamten Familie mütterlicherseits, aber der seines Vaters fehlte. Die Nazis hatten über ihre Taten penibel Buch geführt, selbst ihre schlimmsten Gräuel waren pflichtschuldig dokumentiert, aber einige der Register hatten sie vernichtet, als ihre Niederlage feststand.

Für Samuel war diese schmerzhafte Reise in die Vergangenheit irgendwann unausweichlich geworden. Als er in den Kindertransport stieg, schnitt ihn das von seiner Herkunft ab, er hatte ohne Erklärung und ohne Abschied seine Eltern und Großeltern verloren. Als Kind hatte er gewartet. Heimweh und Angst waren die beherrschenden Gefühle dieser Jahre. Er rieb sich auf zwischen einer ihm unvertrauten Gegenwart, der er entkommen wollte, und vagen Vorstellungen von einer Familie und einem Zuhause, die sich aus verblassenden und zusehends verklärten Erinnerungen an seine Vergangenheit speisten.

Drei Tage in Folge war er morgens, sobald das Museum öffnete, hingegangen und war geblieben, bis es schloss. Er hatte sich mit Geschichten vollgesogen, war in Fotografien versunken, hatte mit den Gespenstern gelebt, haltlos geweint und Flüche ausgestoßen in einem über Jahrzehnte angestauten Zorn. Er begriff, dass sein Schicksal nicht außergewöhnlich war, er war einer unter Millionen von Opfern. Er verstand, dass seine Mutter keine Wahl gehabt hatte, ihre Trennung von ihm war seine einzige Chance zu überleben. Er stellte sich vor, dass sie viel mehr gelitten hatte als er selbst und gestorben war mit dem Namen ihres einzigen Kindes auf den Lippen. Samuel brauchte diese Klausur, um einzusehen, dass er seine Dämonen niemals würde austreiben können, er musste lernen, mit ihnen zu leben.

In den kommenden Monaten wuchsen Samuel und Leticia wie selbstverständlich in die Rollen als Großvater und Tante von Anita Díaz hinein und konnten sich bald kaum noch erinnern, wie ihr Leben gewesen war, ehe sie zu ihnen kam. Sie räumten das Haus um, damit das Kind sich ohne Schwierigkeiten bewegen konnte, rückten Möbel zur Seite und rollten Teppiche auf, über die sie hätte stolpern können, und sie schlossen so viele Lampen an, dass Samuel meinte, das Haus würde einen nachts blenden und stelle eine Gefahr für den Luftverkehr dar. Leticia übernahm die Alltagsaufgaben, kochte für Anita, badete und kämmte sie, und Samuel vertrieb ihr die Zeit und gab ihr Unterricht. Anita hatte überhaupt keinen Appetit, es waren Schlachten zu schlagen, damit sie etwas aß, aber Samuel bestand darauf, dass sie sich zum Essen mit den Erwachsenen an den Tisch setzte. Sie konnte mit Messer und Gabel und mit der Serviette umgehen, hatte gute Manieren und bat um Erlaubnis, ehe sie vom Tisch aufstand. »Danke, Tante Leticia, danke, Mr. Bogart«, sagte sie auf Englisch, damit er sie verstand. Am Anfang hatte sie einen Bogen um Samuel gemacht, sich aber bald sicherer gefühlt, ihre Scheu verloren und angefangen, seine Gesellschaft zu suchen. Er bereitete sie darauf vor, in die Schule zu gehen, sobald die wieder öffneten. Er hatte Schulbücher für ihre Altersstufe bestellt, alle auf Englisch, und lernte mit ihr drei Stunden am Tag. Sie war begierig darauf. Weil ihre Handschrift unleserlich war, lieh Samuel ihr eine alte Schreibmaschine, mit der sie mühsam zurechtkam, und bestellte einen Computer mit einer Spezialtastatur für Menschen mit Sehschwäche.

Am spannendsten fand Anita das Klavier. »Das ist einfacher als Schreibmaschine, wenn ich mich vertippe, dann klingt es scheußlich«, sagte sie. Sie war diszipliniert und verstand, dass sie, um beweglich in den Fingern zu werden, jeden Tag Tonleitern üben musste.

»Es gibt ein Gedächtnis der Augen, das ist für dich schwierig, und eins der Ohren, das ist für dich leicht. In der Musik brauchst du außerdem ein Gedächtnis der Gefühle und der Muskeln. Deine Finger müssen sich erinnern und von selbst spielen, angestoßen von dem, was du empfindest«, sagte ihr Samuel immer wieder.

»Ich kann nach Gehör spielen«, sagte sie.

»Ja, aber wenn du ernsthaft Musik machen möchtest, musst du Noten lesen lernen und jeden Tag üben.«

Er begann damit, ihr die Noten mit einem dicken schwarzen Stift so groß aufzuschreiben, dass sie sie mit ihrer Lupe lesen konnte. Im Netz bestellte er Partituren in Blindenschrift und nahm sich vor, das System zu lernen, damit er es ihr beibringen konnte. Anita würde die Partituren mit den Fingern lesen und auswendig lernen müssen.

Die Ausnahmesituation mit Leticia, Anita und den Tieren im Lockdown brachte Samuel seine Lebensgeister zurück. Seit er Witwer geworden war, spürte er, wie die Verluste zunahmen, die Abwesenheit, das Fortbleiben, Sterben, die Distanz, das Getrenntsein und Vergessen. Auch die Lieblosigkeit: Seine Gefühle verdorrten. Er gestand Leticia, dass er weder seine Tochter noch seinen Enkel vermisste, und dabei hatte er sich über beide so sehr gefreut und sie verhätschelt, als sie klein waren. Nadine hatte immer gesagt, dass man sich die eigene Familie nicht aussucht und sie gernhaben soll, einerlei, wie sie ist, aber Samuel sah das anders. In seinen Augen bekam man Zuneigung nicht geschenkt, sondern musste sie sich verdienen, und was sein Enkel verdiente, waren ein paar Tiefschläge im Leben, damit er von seinem hohen Ross runterkam und Mitgefühl lernte.

Selbst für einen Einzelgänger wie ihn war es einfach, Anita liebzugewinnen. Wäre die Pandemie nicht gewesen und sie gleich in die Schule gegangen, dann hätte er wohl viel weniger Zeit mit ihr verbracht, aber da sie immer in der Nähe war, eroberte sie in Windeseile sein Herz. Wenn sie nicht mit ihm in einem Raum war, dann hörte er sie irgendwo im Haus oder sah, wie sie im Garten mit Paco spielte oder sich an heißen Tagen mit dem Wasserschlauch abkühlte. Stunden verbrachte sie mit geheimnisvollen Spielen im Wildwuchs rund ums Haus. In der kurzen Zeit, seit sie zu ihnen gezogen war, hatte sie jeden Winkel erobert. In den ersten Tagen hatte sie sich an den Wänden entlangbewegt, stumm, so nah wie möglich bei Leticia und so weit wie möglich entfernt von ihm, doch rasch legte sie ihre Schüchternheit ab. Sie ging sehr aufmerksam durch jeden Raum, prägte sich die Entfernungen ein, die Lage von Fenstern und Türen und konnte sich bald sicher bewegen, ohne Halt die Treppe hinauf- und hinunterlaufen und hinter Paco her durch den Flur rennen. Der Hund hatte sein Herrchen gegen Anita getauscht, begleitete sie überallhin, ließ sich neben ihr nieder, und hätte Leticia es zugelassen, hätte er bei ihr im Bett geschlafen. Samuel fand sich damit ab, dass er ihn verlor: Paco besaß eine Berufung zum Blindenhund.

»Paco wird leiden, wenn die Kleine wieder geht«, bemerkte Leticia.

»Geht sie denn wieder, Leticia? Von mir aus kann sie gern bleiben, hier aufwachsen und meine Enkelin sein.«

»Das ginge nur, wenn ihre Mutter nicht gefunden wird.«

»Das kann ich mir nicht wünschen«, seufzte Samuel.

Nach seinem Sturz von der Leiter hatte Samuel eingesehen, dass er nicht noch einmal auf den Dachboden steigen würde. Er hatte keine Vorstellung, was sich dort alles befand, es musste eine Vampirhöhle sein, angefüllt mit Überresten der Familie, die sich über die Jahre dort gesammelt und vermehrt hatten. Über Andeutungen und Fragen hatte ihm Leticia einige Geheimnisse entlockt, mehrfach ließ sie den Namen Bruno Brunelli fallen und versuchte sich vorzutasten und herauszufinden, wie viel er wusste, aber er würde ihre Neugier nicht befriedigen. Das ging sie nichts an und war obendrein unwichtig, man musste es nicht ans Licht holen. Er wusste Bescheid über Brunelli, das Verhältnis zwischen dem Konditor und seiner Frau hatte an die zwei Jahre bestanden, wie hätte er davon nichts mitbekommen sollen. Ein derart frivoler Zeitvertreib, dass Nadine sich nicht einmal die Mühe machte, ihn zu verbergen. Das war nicht Nadines einzige Untreue gewesen, er wusste von anderen. Ihre längste und tiefste Beziehung und die einzige, bei der von Liebe gesprochen werden konnte, war die zu Cruz Torres gewesen, den er als Letzten im Verdacht gehabt hätte. Nadine hatte ihm in Tränen aufgelöst davon erzählt, nachdem Torres abgeschoben worden war. Wie lange das gelaufen war, hatte sie ihm nicht gesagt, aber wenn es, wie er vermutete, mit der Hausrenovierung begonnen hatte, dann waren es acht Jahre – eine bedeutende Spanne in Nadines reiferem Alter. Er war rückwirkend eifersüchtig gewesen, bis ihm klar wurde, dass Torres von Mexiko aus weder seine Ehe noch die Zuneigung und Kameradschaft gefährdete, die ihn mit Nadine verband. Vermutlich war der Mann ein feuriger Liebhaber, der Nadine etwas geben konnte, was sie brauchte und von ihm nicht bekam. Wenn man über Jahrzehnte das Leben miteinander teilt, hält etwas Geschwisterliches in die Liebe Einzug, und der Sex wird inzestuös, dachte er. In fünfundfünfzig Jahren Ehe darf man keine vollständige Monogamie erwarten.

Mittlerweile arbeiteten mehrere Labore gleichzeitig an der Entwicklung eines Impfstoffs, und Samuel zweifelte nicht daran, dass sie erfolgreich sein würden. In seinem langen Leben hatte er erfahren, dass alles vorübergeht, aber es fiel ihm schwer, an die Zukunft zu denken, er steckte fest in der Gegenwart der Pandemie. Wie würde das Danach aussehen? Man würde Fenster und Türen öffnen, alle würden nach draußen laufen, in den ersten Tagen noch zögerlich, doch zusehends euphorisch. Er stellte sich Menschenmassen vor, die sich wie an Karneval auf den Straßen in den Armen lagen. Doch bei ihm würde das nicht so sein. Ihm kam diese lange Seuche gelegen, um sich von Menschen, die er nicht schätzte, zu entfernen und sich aller Pflichten zu entledigen, die ihn nicht interessierten. Im Grunde konnte er nur wenige Menschen ertragen, doch weil er das charmant überspielte, stand er im Ruf, ein feiner Kerl zu sein. Niemand konnte ihm vorwerfen, er sei arrogant oder selbstsüchtig, allenfalls ein wenig verschroben. Nadine hatte immer gesagt, dass Verschrobenheit bewundert wird, wenn sie mit einem britischen Akzent einhergeht. Ehe Anita zu ihnen gekommen war, hatte er sich aus Furcht, in den Nebel der Senilität abzugleiten, an die Arbeit und seine Lektüre geklammert und seinen Kopf damit beschäftigt. Durch das Kind fühlte er sich ausreichend gefordert und konnte die Gespenster der Demenz besser verscheuchen.

Theoretisch hatte Leticia so viel mit Anita und der Arbeit im Haus zu tun, dass ihr weder Tatkraft noch Zeit für ihre Leichenfledderei auf dem Dachboden blieben, aber praktisch war dem nicht so. Sie machte die Kleine zu ihrer Komplizin, und zu zweit verbrachten sie ganze Nachmittage mit der Suche nach möglichen Schätzen aus der Vergangenheit. Anita lernte, die Teleskopleiter ohne Zögern zu erklimmen, und bewegte sich zwischen den Balken und Hindernissen unterm Dach, als könnte sie alles einwandfrei sehen. Samuel hatte ihnen die Erlaubnis erteilt, die seit Jahrzehnten dort alternden Spielsachen von Camille und seinem Enkel herunterzubringen, genau wie die Plastikweihnachtsbäume mit Lichterketten. Sie verteilten die Bäumchen in unterschiedlichen Ecken im Haus, man musste ja nicht bis Dezember warten. Anita bemächtigte sich einer getöpferten Teekanne mit Tässchen und lud Samuel auf einen widerlichen Tee ein, den sie aus im Garten gesammelten Blättern braute. Samuel süßte ihn mit mehreren Löffeln Honig, damit er ihn runterbekam. Anita fuhr ihre schreckliche Didi und den Hund im Kinderwagen spazieren, der einmal Camille gehört hatte, während ihre neue Puppe – der Zombie – unbeachtet in der Ecke lag. Sie hielt sich gern an Pacos Halsband oder Geschirr fest, um bei ihm zu sein, nicht weil sie das gebraucht hätte. Sie pochte darauf, dass sie keine Hilfe benötigte. »Das kann ich alleine«, lautete ihr Mantra. Samuel war fasziniert von ihr. Er selbst hatte nie in einer Fantasiewelt gelebt, war schon als sehr kleiner Junge in der Realität gelandet, aber sie, die Ähnliches durchmachen musste wie er, schaffte es, sich in eine fantastische Sphäre zu erheben. Der Dachboden, der Garten, die leeren Zimmer waren ihre Zufluchtsorte.

Aus Anitas leisen Selbstgesprächen erfuhr Samuel von Azabahar, einem sehr weit entfernten Stern, den sie oft besuchte und auf den sie Paco mitnahm. Azabahar war eine vollkommene Welt unzerstörbaren Glücks, wo sie alle traf, die sie vermisste. Zu Beginn hatte Anita noch einen Mischmasch aus zwei Sprachen gesprochen, aber durch den Schulstoff und das Fernsehen nahm das Englische mehr und mehr Raum ein, und Samuel konnte sie besser verstehen.

»Ist dir schon mal aufgefallen, dass Anita mit jemand redet? Sie muss eine Fantasiefreundin haben, das kommt oft vor bei Kindern, die allein sind«, sagte er zu Leticia.

»Sie redet mit ihrer kleinen Schwester.«

»Mit ihrer kleinen Schwester? Wie das?«

»Mit Claudia. Sie ist bei dem Unfall gestorben, bei dem Anitas Augen verletzt wurden. Claudia war drei und Anita knapp sechs. Die beiden waren sehr eng miteinander. Die Stoffpuppe hat Claudia gehört, deshalb hat Anita sie so lieb.«

»Woher weißt du das alles?«

»Na, ich hab sie gefragt, Mr. Bogart.«

»Und sie hat dir gesagt, dass Claudia tot ist?«

»Ja. Sie redet nicht wirr, sie weiß, dass Claudia nicht da ist. Die Ärmste … Erst ist ihr Vater gestorben, dann ihre kleine Schwester, sie hat ihr Augenlicht verloren, ihre Mutter ist fast umgebracht worden, sie musste weg von zu Hause und von ihrer Großmutter, und hier hat man sie von ihrer Mutter getrennt, und sie war ganz allein. Sie hat ihre kleine Schwester auferstehen lassen, damit sie nicht so einsam ist.«

»Ich weiß nicht, wie sie sich von alldem je erholen soll …«, sagte Samuel leise.

»Sie ist stark. Ich hoffe, mit der Zeit kommt sie klar damit.«

Seit einigen Wochen hatte Samuel darüber nachgedacht, welche Änderungen er an seinem Testament vornehmen wollte. Er hatte ein Videogespräch mit seinem Anwalt geführt und ihn entsprechend beauftragt und redete jetzt mit Leticia darüber. Nach seinem Tod sollte das Haus an Anita gehen, um sie abzusichern, und Leticia, als ihre Tante, sollte das Erbe verwalten.

»Reden Sie nicht so, das beschwört doch den Tod herauf. Und was wird Camille dazu sagen? Sie wird mir die Schuld geben und behaupten, Sie wären senil gewesen und Ihre Hausangestellte hätte Sie betrogen, um an das Erbe zu kommen.«

»Sie wird mein übriges Vermögen erben. Und sie wird von der Änderung erst erfahren, wenn es bereits zu spät ist. Ich habe zwei ärztliche Atteste, dass ich im Vollbesitz meiner geistigen Kräfte bin. Du wirst mit Camille schon einig. Nadine hat immer gesagt, das Haus soll eine Zuflucht für alle sein, die es brauchen. Ich möchte, dass es dazu dient, Anitas Ausbildung zu finanzieren.«

»Woher wollen Sie wissen, dass sie hierbleibt?«

»Egal, wo sie ist, eine Ausbildung wird sie brauchen.

Wenn du das Haus verkaufst, reicht es dafür. Wenn du es lieber vermietest, kann es eine hübsche Monatseinnahme sein.«

»Vermieten? Es fällt auseinander!«

»Nun übertreib mal nicht. Wir werden ein paar Renovierungen vornehmen müssen, wenn die Pandemie vorbei ist.«

»Die vielen Zimmer … Sie haben mir doch erzählt, dass es früher ein Freudenhaus war.«

»Ich bitte dich, Leticia, du denkst hoffentlich nicht daran, wieder ein Bordell daraus zu machen.«

»Das wäre schwierig, aber ich könnte Zimmer an Studenten vermieten. Eine Art Wohnheim, was meinen Sie?«

»Wenn du das möchtest, nur zu. Ich werde unter der Erde liegen. Keine Einäscherung für mich, ich möchte ein Grab neben Nadine.«

»Offenbar haben Sie viel Vertrauen in mich.«

»Ich habe vollstes Vertrauen in deine Fähigkeiten, deine Redlichkeit und darin, wie sehr dir Anita am Herzen liegt. Wie weit ist Frank Angileri?«

»Er sagt, wenn die Regierung nach der Präsidentschaftswahl im November wechselt, wird man sicher versuchen, die Familien wieder zusammenzuführen.«

»Er macht sich was vor, Leticia. Noch sind es sechs Wochen bis zur Wahl, und kein Mensch weiß, wie sie ausgeht.«

»Sie immer mit Ihrem Pessimismus!«

»So wie es um die Welt bestellt ist, kann ich kein Optimist sein, aber anders als früher verspüre ich jetzt den Wunsch, etwas daran zu ändern.«

~ ANITA ~

Berkeley, September 2020

Hier im Garten bauen wir uns ein Häuschen, wir verstecken es zwischen den Büschen, da findet es niemand, und wir kochen einen Tee aus Wasser und Blättern, das ist ein Spezialtee, mit dem lockt man Engelinen und die Zauberwesen an, die hier im Garten wohnen. Ich weiß, welche Blätter man dafür nimmt. Wir laden den Paco ein, aber der mag keinen Tee, der will lieber Kekse oder einen Knochen. Kekse kann ich holen, die Tante Lety hat immer welche in der Küche, ein Knochen wäre schwieriger. Mr. Bogart müssen wir auf jeden Fall einladen, Claudia, der ist nämlich schon alt und sehr lieb zu uns. Er ist so lieb, dass wir ihn irgendwann nach Azabahar mitnehmen. Er sagt, ich soll in die Schule gehen, wenn das mit dem Virus vorbei ist, aber ich lerne lieber bei ihm, er wird nie böse, auch wenn ich mich am Klavier verspiele oder im Unterricht was falsch mache. Er ist auch nicht böse, dass der Paco mich jetzt lieber hat als ihn.

Wir bauen auch eine Falle im Garten, mit der können wir gemeine Jungs und böse Männer fangen. Ich hab mir das genau ausgedacht. Zuerst brauchen wir ein großes Loch und ein Netz wie die in El Tunco am Strand. Das Loch muss mit Ästen und ein bisschen Abfall getarnt sein, dann sieht das der Angreifer nicht und fällt rein. Dann werfen wir das Netz drüber und fangen ihn lebendig. Was wir danach mit ihm machen, das sehen wir dann. Das kommt drauf an. Wenn es Carlos ist oder Mr. Rick, dann lassen wir ihn verhungern und verdursten. Wenn es zum Beispiel der Kackwurm ist, dann bewerfen wir ihn mit Steinen, und er muss die ganze Nacht dort bleiben, aber am nächsten Tag lassen wir ihn laufen.

Wie kommst du darauf, dass es hier im Garten Schlangen gibt, Claudia? Hier gibt es keine Schlangen, das war in El Salvador. Kobolde, die gibt es hier, die sind winzig und haben lange spitze Ohren, und Elfen und alle möglichen Feen und außerdem ein Einhorn oder vielleicht zwei, das ist nicht klar, weil die sind scheu und verstecken sich, deshalb haben wir auch noch keins gesehen. Und außerdem gibt es einen Schatz, den haben die Piraten vergraben. Wenn wir ihn finden, schicken wir der Tita Edu Goldmünzen, dann muss sie nie mehr arbeiten. Die Piraten hat es früher gegeben, das ist lange her. Jetzt gibt es keine Piraten mehr, die haben sie abgeschoben.

Mr. Bogart hat mich am Computer mit einem Augenarzt sprechen lassen, und ich hab bestimmt dreimal erklären müssen, wie das mit dem Unfall war, alles ganz genau, und was ich sehe und was ich nicht sehe, aber trotzdem muss er mich noch selber untersuchen. Das geht jetzt gerade nicht, weil er wegen dem Virus bloß ganz dringende Fälle behandelt, und das bei mir ist nicht so dringend. Findet er. Für mich ist es ganz schön dringend, ich hab genug davon, dass ich blind bin. Mr. Bogart hat gesagt, sie machen eine Transplantation, und die Tante Lety hat mir erklärt, dass sie die Augen von einem Toten rausnehmen und sie mir einsetzen und dass ich, wenn ich Glück habe, blaue kriege. Da hab ich Angst davor, ich will nicht, dass sie mir die Augen rausnehmen, und ich will auch nicht, dass sie mir was von einem Toten einsetzen. Mr. Bogart sagt, ich soll nicht auf das hören, was die Tante Lety sagt, die Transplantation wäre was ganz Kleines und niemand würde mir die Augen rausnehmen. Für alle Fälle hat die Tita Edu aber ein Gelübde gemacht bei der heiligen Lucía, das ist die Schutzpatronin für die Augen.

Das Haus ist toll, es ist super, findest du nicht? Die Tante Lety hat mir erklärt, dass es Spukhaus heißt, weil es hier Geister gibt, aber vor denen hab ich keine Angst, und du hoffentlich auch nicht, Claudia, das sind nämlich so elegante Damen, die hier rumlaufen, die man aber nicht mal merkt. Mr. Bogart sagt, es gibt keine Gespenster, aber das sagt er bloß so. Die Tante Lety hat erzählt, dass ein Geist die Frau von Mr. Bogart ist, eine sehr schöne und fröhliche Dame, die Nadine heißt. Ich kann sie noch nicht sehen, da muss ich warten, bis meine Augen operiert sind, aber wenn ich genau drauf achte, dann rieche ich ihr Parfüm. Ich erkenne es, weil die Tante Lety mir einen Flakon aus dem Schminktisch von ihr gegeben hat, und da war noch was drin. Ich darf das aber nicht benutzen, weil Mr. Bogart ganz schlimm traurig geworden ist, als ich das einmal gemacht hab. Er hat sich in sein Arbeitszimmer eingeschlossen und mich nicht reingelassen, dabei hab ich bestimmt tausend Mal geklopft.

Ich fand, die Tita Edu war komisch am Telefon, meinst du nicht, Claudia? Sie hat ständig gesagt, dass es hier im Norden für mich besser ist, dass ich mich eingewöhnen und hierbleiben soll, weil die Mama das so gewollt hat und wir deshalb hergekommen sind. Sie hat gesagt, wenn ich in die Schule gehe, dann soll ich gute Noten schreiben und gut Englisch lernen, und ich soll zur Erstkommunion gehen, aber ich will da nicht hin ohne sie und die Mama. Außerdem hat sie gesagt, dass sie mich immer anrufen wird und dass sie mich immer ganz doll liebhaben wird, aber ich soll sie vergessen, weil die Erinnerungen einem wehtun.

Wie soll ich die Tita Edu vergessen? Als sie das gesagt hat, hab ich weinen müssen, und dann hat sie auch geweint, und wir haben ganz schön lange beide geweint, und als unsere Tränen alle waren, haben wir ausgemacht, dass ich sie überhaupt nie vergesse, und dass sie uns in Kalifornien besucht, sobald sie jemand findet, bei dem sie den Opa lassen kann.

Ich hab Mr. Bogart gefragt, ob die Mama, wenn sie kommt, auch hier bei uns wohnen kann. Die Mama kann der Tante Lety beim Putzen helfen, das Haus ist ja riesig, es gibt fünf Bäder und was weiß ich wie viele Zimmer. Er hat ja gesagt und mich umarmt, aber seine Stimme war irgendwie traurig dabei. Das ist bei alten Leuten so, Claudia, sie werden plötzlich traurig, und man weiß gar nicht warum. Wenn die Mama kommt, dann wohnen wir alle zusammen und gehen nie wieder voneinander weg. Kannst du dir vorstellen, wie das wird, Claudia? Das wird supertoll!

∼ SELENA UND SAMUEL ∼

Berkeley/San Salvador, September 2020

Einmal in der Woche traf sich Selena Durán in einem Videogespräch mit Samuel, um über Anita auf dem Laufenden zu bleiben, aber häufig kamen sie dabei noch auf anderes zu sprechen, die Stunde war im Nu vorüber, und sie verabredeten sich erneut für den Folgetag. Es gab viel wegen Anita zu bereden, wie sie sich in der kleinen Familie zurechtfand, deren Teil sie jetzt war, welche Lernfortschritte sie machte, wie der Hornhautspezialist in Stanford sie nach der Pandemie behandeln würde, dass sie etwas zugenommen, aber weiterhin keinen Appetit hatte. Samuel benahm sich wie ein vernarrter Großvater, erzählte unbedeutende Alltagsgeschichten, die Anita mit Leticia, Paco oder Panchito erlebte, und bat Selena, sich ihre Fortschritte am Klavier anzuhören. Seine Schülerin habe ein so gutes Ohr und sei so fleißig, sie könne es zur Konzertpianistin bringen, sagte er. Es gebe einige berühmte blinde Pianisten, darunter einen japanischen Jungen, den sich Anita unermüdlich auf YouTube anhöre. Sie könne bereits alle Orchesterinstrumente am Klang erkennen und lerne auch Jazzmusik zu schätzen.

Manchmal schaltete sich Frank Angileri bei den Gesprächen dazu und berichtete über die juristischen Entwicklungen. Bei seiner Arbeit als Flüchtlingsanwalt hatte er inzwischen mehrfach Richter erlebt, die nicht in der Lage waren, die minderjährigen Mandanten als Kinder zu sehen, und meinten, wenn sie allein über die Grenze gekommen oder von ihren Familien getrennt worden waren, sollte man sie wie Verbrecher behandeln: Sie hatten gegen Gesetze verstoßen. Frank zeigte sich stets zuversichtlich. Juristische Hindernisse schüchterten ihn nicht ein, sie stachelten ihn an. Für Anita wollte er auf jeden Fall erreichen, dass sie dauerhaft in den USA bleiben durfte. Sollte ihre Mutter nicht gefunden werden, dann könne sie als unbegleitete Minderjährige eingestuft werden und er eine unbefristete Aufenthaltserlaubnis in Form einer Green Card für sie beantragen. Das würde zwei oder drei Jahre dauern. Sollte sich herausstellen, dass die Mutter nicht mehr am Leben war, werde ihr sicher Asyl gewährt und Leticia könnte sie irgendwann adoptieren. Geduld, mahnte Frank Angileri, die Bürokratie sei verwickelt und behäbig.

Samuel erwartete seine Gespräche mit Selena sehnsüchtig wie ein Verliebter. Vor der Pandemie wären solche wöchentlichen Treffen wegen der Entfernung kaum denkbar gewesen, aber jetzt konnten sie sich unterhalten, als säßen sie zusammen in einem Raum, und tranken sogar Tee miteinander, sie in ihrem Büro in Arizona und er in seinem Arbeitszimmer in Kalifornien. Samuel hatte den Eindruck, dass die junge Frau sich nicht allzu sehr mit ihm langweilte, jedenfalls kam sie öfter neben Anita auf anderes zu sprechen und erzählte ihm von ihrem Leben, von ihrer sonderbaren, nur aus Frauen bestehenden Familie, die er zu gern kennengelernt hätte, von Widrigkeiten bei der Arbeit und von ihrem Verhältnis zur Liebe. So zielstrebig sie in allen professionellen Belangen war, so sehr wurde sie in ihrem Gefühlsleben von Zweifeln geplagt.

»Sie sind der Vater, den ich gern gehabt hätte«, sagte sie einmal zu ihm.

»Ich könnte wohl eher Ihr Großvater sein. Aber tatsächlich bin ich meiner Tochter kein guter Vater und meinem Enkel kein guter Großvater. Das belastet mich.«

Selena erzählte Samuel von Milosz Dudek, dass der in den Kriegen im Irak und in Afghanistan zum Sergeant befördert, aber enttäuscht heimgekehrt war in der Überzeugung, die Besetzung beider Länder durch die USA sei sinnlos. Die Zeit beim Militär hatte ihn geprägt und ihn seinem Vater entfremdet; dessen Jähzorn hatte ihn als Kind geängstigt und als Jugendlichen beengt. Er wollte nicht wieder in die Nähe seiner Eltern in Chicago ziehen und besuchte sie nur zu besonderen Anlässen. Die polnische Community, in der Milosz aufgewachsen war, fehlte ihm nicht. Er besaß Muskeln wie ein Gladiator, eine robuste Arbeitsmoral und eine etwas altmodische, ungebrochene Liebe zu Gott, Vaterland und Familie, aber Selena fühlte sich vor allem zu seiner romantischen Seele hingezogen. Die beiden hatten sich kennengelernt, als Milosz gerade die Armee verlassen hatte und Selena frisch mit der High School fertig war, ein durch den Militärdienst abgehärteter junger Mann, der sein Leben als Zivilist am Steuer eines Trucks begann, und eine von den Durán-Frauen verhätschelte junge Frau, die noch kaum die Nase aus Haus und Schule gestreckt hatte.

Zu Beginn und während der ersten Jahre glaubte Milosz, er könne sie formen, ihr helfen zu reifen und ihr Orientierung im Leben geben. Am liebsten hätte er sie vom Fleck weg geheiratet, aber sie wollte studieren. Er selbst war nie aufs College gegangen und fühlte sich in Gegenwart der wenigen Akademikerinnen, die er kannte, unbehaglich und nicht ernst genommen. Wäre es nach ihm gegangen, hätte Selena keine Ausbildung gebraucht, er sah sie als zukünftige Ehefrau und Mutter, aber sie schrieb sich für Sozialarbeit ein, ohne zu fragen, was er davon hielt, und als er es ihr sagte, lachte sie. »Du bist so steinzeitlich, Milosz. Aber dafür liebe ich dich, mit dir kann man Pläne haben«, sagte sie fröhlich. Selenas Pläne sahen vor, ihn zu ändern, und das gelang ihr mit der Zeit auch recht gut. Milosz' Pläne blieben hingegen weitgehend auf der Strecke, weil Selena wenig Neigung zeigte, sich domestizieren zu lassen.

»Ich weiß nicht, was er an mir liebt«, gestand Selena bei einem Gespräch mit Samuel. »Er ist gewissenhaft, ordentlich, pünktlich, fürchtet sich vor Keimen, er wäscht jeden Salat mit Spülmittel, erträgt keine Verschwendung, kein Durcheinander, keine Ausschweifung. Sein Leben richtet sich nach einem Stundenplan, nach Strecken und Routinen. Ich lebe in den Tag, lasse alles rumliegen, schließe die Haustür nicht ab, weiß nie, wie viel Geld in meinem Portemonnaie ist, verliere meine Schlüssel … ich bin eine Zumutung.«

Von ihrer Affäre mit Frank sagte Selena Samuel nichts.

Sie war durcheinander und schämte sich dafür, dass sie Milosz betrog. Frank wusste von ihrer Verlobung mit Milosz, er hatte den Ring gesehen, war jedoch der Meinung, solange sie nicht verheiratet sei, sei sie frei und das gebe ihm das Recht, sie zu erobern. Wenn sie all die Jahre nicht habe heiraten wollen, bedeute das wohl, dass sie nicht verliebt sei. Wie alle anderen in seiner Anwaltskanzlei hatte auch Frank ab März wegen der Pandemie zu Hause bleiben müssen und arbeitete im Homeoffice. Die anhängigen Fälle waren weitgehend auf Eis gelegt, weil die Gerichte nicht arbeiteten. Auch mit Anitas Prozess kam er nicht voran. Der Lockdown, der sich viel länger als geahnt hinzog, zwang ihn, sein Leben zu ändern. Frank vermisste Restaurants und Bars, Reisen, sein Sportstudio und das Tennisspielen, aber vor allem vermisste er Selena. Er hätte gern mit ihr zusammengewohnt, das konnte er vergessen. Alles musste warten. Sie verabredeten sich zu Videocalls, und er schickte ihr alle möglichen Geschenke, von Büchern und Blumen bis hin zu einem täglichen Mittagessen, das ihr ein Keto-Lieferdienst in ihre Wohnung in Nogales brachte.

Fliegen war nur eingeschränkt möglich und riskant, aber im Juni hielt es Frank nicht länger aus und flog zu ihr. Er mietete ein Auto und Campingausrüstung, holte sie ab, und sie fuhren übers Wochenende in den Patagonia Lake State Park. Obwohl Sommer war, sahen sie nicht einen Touristen, und alles war geschlossen, was Frank für die kurzen Flitterwochen, die er sich vorstellte, wie gerufen kam. Er wollte ihr in den zwei Tagen beweisen, dass sie ohne ihn nicht leben konnte. Campingerfahrung besaß er keine, aber die Liebe beflügelte ihn, und der Beweis wäre fast geglückt. Jedenfalls kam er zu dem Schluss, dass er sie, hätte er nur drei Tage länger Zeit gehabt, davon überzeugt hätte, alles hinzuwerfen, ihre Arbeitsstelle zu verlassen und die Pandemie bei ihm in San Francisco zu überstehen. Er hatte Pläne für die Zukunft: Er würde ihr das Studium finanzieren, damit sie ohne Schulden ihren Abschluss in Jura machen konnte, und wenn sie fertig wäre, würde er sich mit einer eigenen Kanzlei selbstständig machen. Er sah schon die goldenen Buchstaben an der Tür: ANGILERI UND DURÁN, ANWÄLTE.

Unterdessen war Milosz weiter mit seinem Truck unterwegs und ahnte nichts von einem Frank Angileri und der Rolle, die er im Leben seiner Verlobten spielte. Etliche seiner Truckerkollegen und viele Bewohner eher konservativer Städte, in die er fuhr, hielten das Virus für eine Erfindung der Opposition. Wer eine Maske trug, machte sich lächerlich. Milosz trug seine immer, auch auf die Gefahr hin, dass man ihn auslachte. Seine Furcht vor Keimen und Krankheiten wuchs, ständig desinfizierte er seine Hände und alle Oberflächen in Reichweite. Weil er nicht sicher sein konnte, dass er nicht infiziert war, besuchte er die Durán-Frauen und Selena nicht mehr, aber er rief oft bei ihr an, sagte ihr, wie sehr er sie liebte, dass er die Minuten zählte, bis sie sich wiedersahen, und fragte, wo sie war und was sie machte. Derlei Aufmerksamkeiten, die Selena als Liebesbeweis schmeichelten, wenn sie von Frank kamen, empfand sie bei Milosz als lästiges Zeichen für Misstrauen. Und er misstraut mir ja zu Recht, dachte sie beschämt.

»Ich liebe Milosz sehr, er ist treu wie ein gutmütiger Hund«, erzählte sie Samuel. »Er wartet seit Jahren auf mich. Milosz hat keine Zweifel, für ihn ist das Leben einfach, man muss bloß den grundlegenden Normen des Anstands folgen.«

»Was denkt er über Ihre Arbeit mit den Kindern?«

»Er sagt, das ist Sache der Regierung, und wir können nicht Millionen von Einwanderern aufnehmen, wir sollten das Land, wie es ist, und unsere Werte bewahren. Aber er sieht auch, dass es grausam ist, die Kinder von den Eltern zu trennen, er will sich nicht ausmalen, was er tun würde, wenn man ihm ein Kind wegnehmen würde. Für ihn ist das vollkommen unamerikanisch.«

»Da irrt er sich, es ist amerikanischer, als man denken würde, Selena. Den Sklaven hat man die Kinder weggenommen und sie verkauft. Den Ureinwohnern hat man die Kinder weggenommen, um sie in grauenhaften staatlichen Heimen zu ›zivilisieren‹. Zu Tausenden sind sie dort an ansteckenden Krankheiten und Unterernährung gestorben, es gibt nicht mal Gräber mit ihren Namen.«

»Das stimmt, Samuel. Hierzulande sind Kinder nur schützenswert, wenn sie weiß sind.«

Samuel wusste, dass auf der Reise, die Selena im Februar unternommen hatte, lange bevor sie Anita zu ihnen brachte, etwas zwischen ihr und Frank Angileri geschehen war. Sie hatte nur bruchstückhaft Andeutungen gemacht, aber er konnte leicht zwei und zwei zusammenzählen und sich den Rest denken. Auch wenn er die beiden nie miteinander erlebt und nur wenige Male gleichzeitig auf seinem Computerbildschirm gesehen hatte, schien es ihm selbstverständlich, dass Frank verliebt war. Von Selena ging eine mächtige Anziehungskraft aus, eine Art Gravitation.

»Es muss wunderbar sein, eine einzige Liebe im Leben zu haben wie Sie, Samuel«, hatte sie einmal zu ihm gesagt.

»Wie viele Lieben hatten Sie denn schon?«, fragte er.

»Zusammen war ich bisher nur mit Milosz, das habe ich Ihnen ja erzählt. Wir wollten im April heiraten. Aber dann kam Corona, und die Hochzeit wurde verschoben. Er hat mir ein Ultimatum gestellt: Entweder heiraten wir, wenn es einen Impfstoff gibt und die Pandemie vorbei ist, oder wir sehen uns nie wieder. Er sagt, er kann nicht länger warten, er wünscht sich eine Familie, er wünscht sich Kinder.«

»Und? Was sagen Sie dazu?«

»Ich weiß nicht, ob ich heiraten möchte, Samuel. Ich bin noch nicht bereit für Kinder, ich möchte studieren und weiter arbeiten. So eine Heirat ist ein Versprechen für immer, das ist lang, oder?«

»Schon, aber wenn Sie ausreichend verliebt wären, würden Sie das nicht denken.«

»Dann bin ich vielleicht nicht verliebt.«

»Oder nicht ausreichend. Wie würden Sie sich denn ohne ihn fühlen?«

»Ich wäre furchtbar traurig, er ist der beste Mann der Welt, nur …«

»Allein wären Sie nicht, oder?«

»Nein.«

»Verstehe. Sie sind durcheinander, weil es noch einen anderen gibt.«

»Schon …«

»Und was bietet der Ihnen, Selena?«

»Gemeinsame Interessen, etwas anderes als das, was ich immer hatte, ein neues Umfeld, Ideen, Projekte, Pläne, Reisen, Freiheit, vorerst kein Hausfrauendasein.«

»Liebt er Sie denn so wie Ihr Verlobter?«

»Ich glaube, ich würde in seinem Leben nie so im Mittelpunkt stehen wie bei Milosz. Aber er hat vorgeschlagen, dass wir zusammenziehen, und wenn das klappt, dann kann die Liebe wachsen und beständiger werden.«

»Das ist nicht gesagt.«

»Was würden Sie mir denn raten, Samuel?«

»Dass Sie abwarten. Sie müssen sich nicht zwischen dem einen und dem anderen entscheiden.«

»Milosz wird es nicht akzeptieren, dass wir die Hochzeit noch einmal verschieben. Er erträgt meine Unentschlossenheit seit Jahren. Ich habe kein Recht, länger mit seinen Gefühlen zu spielen.«

»Das ist kein guter Grund zu heiraten. In diesem Punkt rate ich Ihnen, nur an sich selbst zu denken. Sie sollten weder dem Druck des einen noch dem des anderen nachgeben, sonst könnte Ihnen das später leidtun.«

Auch Samuel erzählte Selena von sich, von früher, von Nadine, von seiner Musik und dem unausweichlichen Altern, sie hatte für alles ein offenes Ohr. Seine Erinnerungen setzten sich aus den besten und den schlimmsten Momenten zusammen, das Übrige war ihm unterwegs abhandengekommen, aber Selena wollte vieles genauer wissen. Sie fragte ihn über Nadine aus, war von ihrer Persönlichkeit fasziniert, von ihrer Kunst, ihrem politischen Einsatz, ihrer Selbstlosigkeit. Zu ihrer großen Überraschung hatte sie entdeckt, dass Nadine zu den Gründerinnen des Magnolia-Projekts gehörte, in dem sie selbst arbeitete. Tatsächlich verdankte das Projekt ihr seinen Namen. Die Magnolie war die Blüte von New Orleans, Nadines Geburtsstadt. Samuel wunderte sich kein bisschen, als Selena ihm von Nadines Engagement in ihrer Organisation berichtete. Als Ehefrau und Mutter sei Nadine nachlässig gewesen, sagte er, dafür habe sie zu viel mit ihren Webarbeiten, ihren Freundschaften und geheimnisvollen Aktivitäten zu tun gehabt, in die sie ihn selten einweihte. Doch seiner Liebe zu ihr habe das keinen Abbruch getan, im Gegenteil, er habe sie dafür bewundert. Camille sei es ähnlich gegangen, sie habe viel mit ihrer Mutter gestritten, sei aber auch dankbar dafür gewesen, dass Nadine immer mit ihren eigenen Angelegenheiten beschäftigt war und Camille nicht überwachte, das habe ihr viel Freiheit gegeben.

»Um mich hat sie sich auch nicht gekümmert. Das hat mich am Anfang gekränkt, ich dachte, sie liebt mich nicht genug, aber mit den Jahren habe ich mich daran gewöhnt und aufgehört, etwas von ihr zu verlangen, das sie mir nicht hätte geben können. Sie hatte genug mit ihrem eigenen Leben zu tun und hat weder mich noch sonst jemand gebraucht«, sagte er.

Um Selenas Fragen zu beantworten, musste er seine Erinnerungen sortieren und wurde nachdenklich. »Ich gehe zuerst, Samuel. Vergeude nicht die Zeit, die dir noch bleibt«, hatte Nadine, wenige Tage bevor sie auf ihrem Sterbebett das Bewusstsein verlor, zu ihm gesagt. Als er jetzt seine Vergangenheit betrachtete, erschrak er bei dem Gedanken, dass er seine Zeit tatsächlich vergeudet hatte und die Welt in einem Staubwölkchen verlassen würde, das im ersten Morgenlicht verflogen wäre. Er hatte nie etwas für irgendwen getan. Ehe Anita an seine Tür klopfte, hatte er der Welt über achtzig Jahre hindurch nur zugesehen und sich mit wohldosierter Vorsicht vor allem Unvorhersehbaren geschützt. Durch den Kummer seiner Kindheit als Waise in einem fremden Land war er zum Einsiedler geworden und hatte sich in die Musik geflüchtet. Für Nadine war Gleichgültigkeit eine Todsünde gewesen, die früher oder später ausgetrieben werden musste. Sie hatte recht. Mit dem Alter war diese Sünde für ihn zu einem Dämon geworden, der ihm nicht von der Seite wich, ihn in Albträumen anfiel und auch in manchen Augenblicken der Einsamkeit und Stille. Wie gern würde ich noch einmal von vorn beginnen, dachte er und stellte sich ein anderes Leben vor, ein Leben wie das von Nadine, bis zur Neige genossen und erlitten, mit Risiken, Herausforderungen und Schiffbrüchen, ein mutiges Leben.

»Nadine und ich waren jahrzehntelang zusammen, aber jeder hat in seiner eigenen Sphäre gelebt. Trotzdem fehlt sie mir sehr«, sagte er zu Selena.

»Sie war etwas ganz Besonderes. Kein Wunder, dass sie Ihnen fehlt.«

»Sie hätte nicht vor mir sterben dürfen. In den ersten Monaten nach ihrem Tod ist sie mir erschienen. Ich bin nicht fantasiebegabt, und an Geister glaube ich nicht, aber ich versichere Ihnen, ich habe sie Zimmer betreten und verlassen sehen, sie ist die Treppe hinaufgestiegen, hat sich an den Tisch gesetzt. Inzwischen sehe ich sie nicht mehr so deutlich, aber manchmal spüre ich sie an meiner Seite. Wissen Sie, dass es Anita mit ihrer Schwester Claudia genauso geht?«

»Ja. Ich habe ein psychologisches Gutachten, das man in Tucson erstellt hat, weil sie nicht essen wollte, Selbstgespräche führte, nicht mit den anderen Kindern gespielt und ins Bett gemacht hat.«

»Das Bettnässen hat fast ganz aufgehört.«

»Das freut mich, sie hat sehr darunter gelitten.«

Selena erzählte ihm, dass sie mit Eduvigis, Anitas Großmutter, gesprochen und erfahren hatte, dass Anita nach dem Unfall damit anfing, mit ihrer Schwester zu sprechen. In El Salvador sei sie ein paar Monate bei der Schulpsychologin in Behandlung gewesen und habe die ersten Schritte unternommen, um den Tod ihrer Schwester zu akzeptieren und sich von ihrer Trauer zu erholen, aber dann musste sie in die USA aufbrechen. Laut dem Gutachten aus Tucson sei sie in ihrer emotionalen Entwicklung zurückgeworfen. Sie brauche wie alle Kinder, die von ihren Familien getrennt worden waren, eine Therapie, aber dafür sei kein Geld da.

»Ich werde mich darum kümmern, sobald das wieder möglich ist«, versprach Samuel. »Ich glaube, für Anita ist es ein Trost, dass sie Claudia in ihrer Nähe weiß, genau wie für mich die Nähe von Nadine. Man könnte sagen, es ist eine Mischung aus Liebe und dem Wunsch, sich zu erinnern. Anita ist nicht verrückt, und ich bin nicht dement, das können Sie mir glauben.«

»Natürlich nicht! Mich überrascht es kein bisschen, dass die Geister unserer Lieben uns besuchen, immerhin bin ich, wie Sie wissen, mit einer hellsichtigen Großmutter aufgewachsen. Nach einer Ehe allein zurückzubleiben stelle ich mir schwer vor. Fühlen Sie sich manchmal einsam?«

»Früher schon, die ganze Zeit. Jetzt nicht mehr. Dank Ihnen bin ich so glücklich wie seit Jahren nicht. Sie haben mir eine Aufgabe für diese letzte Etappe meines Lebens gegeben. Jetzt muss ich mich einer Verantwortung stellen und kann die Sünden meiner Gleichgültigkeit wiedergutmachen.«

»Sie meinen durch Anita?«

»Ja. Sie haben mir ein wundervolles Geschenk gemacht, Selena!«

Am dritten Dienstag im September rief Selena überraschend bei Samuel an. Er wusste sofort, dass etwas Wichtiges geschehen sein musste, denn für gewöhnlich sprachen sie samstags miteinander. Ihr aufgeregter Tonfall bestätigte seinen Verdacht.

»Sind Sie allein, Samuel?«

»Ja, in meinem Arbeitszimmer.«

»Schließen Sie bitte die Tür. Das muss unter uns bleiben.«

»Moment … Anita hört durch die Wände, und was sie nicht hört, errät sie. Man kann nichts vor ihr geheim halten.«

»Was ich am Telefon sage, kann sie nicht hören, achten

Sie darauf, was Sie selbst sagen. Erinnern Sie sich an Lola, die Taxifahrerin in El Salvador? Ich habe Ihnen von ihr erzählt.«

»Ja. Was ist mit ihr?«

»Sie hat mich gerade angerufen. Ihr Land ist in Aufruhr. Es geht um eine Verbrechensserie. Auf dem Grundstück eines Hauses in Chalchuapa sind mehrere Leichen gefunden worden, einige liegen dort wohl seit vielen Jahren, aber die meisten offenbar noch nicht so lang.«

Die Nachbarn hätten die Schreie einer Frau gehört und die Polizei verständigt, die sei eine Stunde später vor Ort gewesen. Zu spät. Sie hätten eine junge Frau gefunden, totgeschlagen mit einer Eisenstange. Den Hausbesitzer habe man festgenommen, aber auf Drängen der Nachbarn, die schon länger den Verdacht hegten, dass dort etwas Schreckliches vor sich ging, habe man auf dem Grundstück gegraben und Leichen in mehreren Massengräbern entdeckt.

»Bis jetzt handelt es sich bei den Opfern um Frauen und junge Mädchen. Man geht davon aus, dass noch nicht alle Leichen gefunden wurden«, sagte Selena.

»Die nächste Serie von Gewalt gegen Frauen«, sagte Samuel leise.

»Haus und Grundstück gehören Carlos Gómez, einem ehemaligen Polizisten, der vor einigen Jahren wegen Missbrauchs einer Minderjährigen aus dem Polizeidienst entlassen wurde. Das ist der Mann, der auf Marisol Díaz geschossen hat.«

»Was!«, Samuel vergaß, dass er leise sein sollte.

»Er ist in Haft. Er ist der Hauptverdächtige, aber es wurden mehrere Männer aus seiner Bande festgenommen, die Frauen und Mädchen wurden entführt, gefoltert und ermordet. Lola fürchtet, dass Marisol unter den Opfern ist.«

»Sie und Angileri haben doch keine Spur von ihr gefunden, als Sie in El Salvador nach ihr gesucht haben.«

»Das sind ein paar Zufälle zu viel, meinen Sie nicht?«, sagte Selena. »Der Mann wollte Marisol umbringen, das Wahrscheinlichste ist doch, dass es ihm gelungen ist.«

»Aber wie?«

»Dass sie nach El Salvador abgeschoben wurde, glaube ich nicht, eher hat man sie nach Mexiko geschickt, um dort auf die Eröffnung ihres Asylverfahrens zu warten. Sie wissen, diese Lager werden von Kriminellen kontrolliert. Gut möglich, dass Marisol entführt und nach El Salvador verschleppt wurde.«

»Wer sollte so etwas tun und warum?«

»An der Grenze blüht der Menschenhandel, vor allem Frauen und Kinder sind Opfer davon. Carlos Gómez hat seine Finger in diesen Geschäften, er hat Verbindungen. Er hat ja sogar vor mir geprahlt, dass er Kontakte hat.«

»Aber so eine Entführung kostet doch sicher Geld, Selena, und wenn ich Sie richtig verstanden habe, ist dieser Carlos Gómez bloß ein einfacher Pförtner.«

»Wachmann. Ich glaube nicht, dass er dafür bezahlen musste. Diese Leute regeln das unter sich, da wäscht eine Hand die andere. Gómez musste Marisol zum Schweigen bringen und wollte sich vermutlich auch dafür rächen, dass sie ihn hat abblitzen lassen. Sie in Mexiko zu entführen war sicher leicht für ihn, man hat sie nach Guatemala gebracht und von dort auf dem Landweg über die Grenze, deshalb gibt es keinen Nachweis für ihre Einreise.«

»Das sind nur Mutmaßungen, Selena.«

»Mir ist etwas wieder eingefallen. Als ich in El Salvador mit Carlos Gómez gesprochen habe, hat er Marisols schönes Haar erwähnt und dass sie es sich abrasiert hatte. Woher wusste er das? Sie hat es erst in Mexiko abgeschnitten, bevor sie auf den Zug gestiegen ist. Gómez kann sie mit kurzen Haaren nicht gesehen haben, es sei denn, sie war zurück. Aber wenn sie freiwillig dort gewesen wäre, dann hätte sie bei ihrer Schwiegermutter oder bei ihrem Bruder gewohnt, von denen hat aber niemand sie gesehen. Ach, Samuel, ich fürchte, Marisol liegt in einem dieser Gräber. Was soll bloß aus Anita werden?«

»Ich sorge für sie, solange ich das kann«, sagte Samuel gedämpft. »Aber wir sollten keine voreiligen Schlüsse ziehen, wir müssen warten, bis die Toten identifiziert sind.«

»Da ist noch etwas. Ich habe Ihnen nicht früher davon erzählt, weil es wirklich verrückt ist.«

Und dann berichtete ihm Selena von der Vision ihrer Großmutter, Dora Durán. Der Name hatte Samuel nichts gesagt, bevor sie ihm ihre Familie beschrieb, doch als er hörte, wie treffsicher ihre Vorhersagen waren, zeigte er sich beeindruckt. Er wusste, dass Selena mit ihrer Großmutter bei Anita in Nogales gewesen war und dass sie dort die übersinnliche Kraft des Kindes gespürt hatte. Er selbst hatte bis zu der eindringlichen Erfahrung mit dem Geist seiner Frau nicht an paranormale Phänomene geglaubt. Auch für diese Erscheinungen hatte es damals eine logische Erklärung gegeben, das hatte ihm der Psychiater, den er deswegen aufsuchte, versichert: Es handele sich um Halluzinationen, die sich auf sein Alter und eine tiefgreifende Depression zurückführen ließen. Die Diagnose bestätigte sich, als eine Kombination aus Therapie und Medikamenten Nadines Besuche aus dem Jenseits beendete, aber Samuel war nicht restlos davon überzeugt, dass es sich ausschließlich um eine seelische Störung seinerseits gehandelt hatte. Etwas, das nicht zu erklären war, konnte ja dennoch vorhanden sein, dachte er, verzichtete jedoch darauf, sich mit seinem Psychiater anzulegen. Allerdings sprach in seinen Augen der Zweifel für Dora Durán.

»Marisol Díaz ist meiner Großmutter im Traum erschienen. Sie lag unter der Erde, und sie war nicht allein.«

»Nehmen Sie mir das nicht übel, Selena, aber das ist der klassische Fall einer nachträglichen Prophezeiung.«

»Das war im Juni, Samuel, lange bevor man begonnen hat, auf dem Grundstück von Carlos Gómez Frauenleichen auszugraben.«

Genau wie Frank sagte, als sie sich noch am selben Abend mit ihm zu einem Videocall trafen, war der Traum einer Hellseherin aus Los Angeles juristisch unbrauchbar. Er könne sich vorstellen, was der Richter für ein Gesicht machen würde, wenn er ihn als Argument für Anitas Asylgesuch anführte. Solange nicht bewiesen war, dass sich ihre Mutter unter den Opfern befand, würden die Verbrechen in Chalchuapa an der Lage des Mädchens nichts ändern. Frank hatte sich unverzüglich mit seinem Freund Phil Doherty in Verbindung gesetzt und der hatte ihm alle Informationen zukommen lassen, die bisher über die Morde verfügbar waren. Die Zufahrt zum Tatort war abgeriegelt, selbst die Presse musste Abstand halten, aber Doherty hatte Kontakte und wusste seinen Diplomatenstatus und den Rückhalt der Botschaft der USA zu nutzen.

Die Brutalität des Geschehenen erschütterte das Land, obwohl die Gewalt dort so alltäglich war, dass die Zeitungen jeden Morgen die Mordrate abdruckten. Carlos Gómez und seine Mittäter musste man in der Untersuchungshaft von den anderen Gefangenen trennen, sonst wären sie massakriert worden. Der Präsident versprach Gerechtigkeit und kündigte die Gründung einer Sondereinheit zur Bekämpfung von Verbrechen gegen Frauen und Kinder an. Eduvigis Cordero war bereits mehrfach bei der Polizei gewesen, hatte ihre Schwiegertochter als vermisst gemeldet und geschildert, wie der mutmaßliche Serienmörder sie bedroht hatte. Seit dem grausigen Fund war sie eine von vielen, die ab dem frühen Morgen in der Nähe des »Horrorhauses« ausharrten, wie das Gebäude inzwischen in den Medien hieß. Alle suchten wie sie nach verschwundenen Angehörigen. Die Teams aus Gerichtsmedizinern gruben, von Kopf bis Fuß in Schutzanzüge gehüllt, so vorsichtig wie Archäologen, weil die Leichen übereinandergestapelt lagen und die Knochen ineinanderrutschten. Bei den ersten Grabungen zählte man zwanzig Leichen, aber es tauchten immer noch weitere auf.

Selena überzeugte Frank davon, dass sie nicht Däumchen drehend abwarten konnten, bis die Opfer identifiziert wären. Die Ermittlungen waren langwierig, und in der Presse gab es erste Spekulationen, dass Männer mit Einfluss, die in die Morde verstrickt waren, versuchen könnten, die Aufklärung zusätzlich zu erschweren. In diesen Tagen wurde der Flughafen von San Salvador nach Monaten endlich wieder für die Einreise von Ausländern geöffnet, und Frank kaufte umgehend Tickets für beide.

Diesmal wappnete sich Selena Milosz gegenüber mit der Wahrheit: Sie sagte ihm, dass sie zum zweiten Mal mit Frank Angileri nach El Salvador fliegen werde und mit ihm seit mehreren Monaten eine Liebesbeziehung hatte. Sie schrieb ihm das zunächst in einer Mail, bestätigte es ihm danach am Telefon und war dankbar, dass die Pandemie ihr eine Ausrede lieferte, es ihm nicht ins Gesicht sagen zu müssen. Sie hatte sich davor gefürchtet, wie er es aufnehmen würde, doch er musste bereits etwas in dieser Art geahnt haben, denn er blieb verhältnismäßig gefasst. Seine Geduld sei erschöpft und er inzwischen überzeugt, dass, würde Selena seine Liebe in gleichem Maß erwidern, selbst dieses vermaledeite Virus sie nicht davon abgehalten hätte, mit ihm zusammen zu sein. Er könne vieles verstehen, sagte er, ihr aber niemals verzeihen, dass sie ihn angelogen und derart verraten, ihn über Monate hintergangen hatte. Das Telefonat war gereizt und kurz. Beim Abschied sagte Milosz, er wünsche sich, nie wieder von ihr zu hören, es sei Zeit für einen Schlussstrich, er wolle sie vergessen. Er war tief verletzt. Diesmal sei es ihm ernst, sagte er, eine Versöhnung wie früher werde es nicht geben.

Für Selena war es das Ende einer aufreibenden Beziehung, die an ihr gezehrt und in der sie sich schuldig gefühlt hatte. Nach diesem letzten Abschied weinte sie vor Erleichterung. Sie hatte Milosz' Drängen acht Jahre lang ausgehalten, und erst als sie frei davon war, merkte sie, wie belastend seine besitzergreifende Liebe gewesen war, von der sie sich so jung hatte einfangen lassen. Mit Frank würde ihr das nicht noch einmal passieren. Sie liebte ihn, keine Frage, aber sie kannte ihn kaum und würde nicht zulassen, dass er sie drängte oder in seine Pläne einspannte. Sie brauchte Raum und Zeit für sich, genau wie Samuel gesagt hatte. Zum ersten Mal hatte sie das Gefühl, dass ihre Zukunft nur ihr allein gehörte. Sie würde ihre Liebe zu Frank unbeschwert genießen, ohne Fesseln.

Nach ihrer Einreise in El Salvador hatten sich die Passagiere unverzüglich in Quarantäne zu begeben, aber Frank und Selena blieb das erspart, weil Phil Doherty sie an der Gangway abholte und mit ihnen in einen VIP-Raum des Flughafens ging. Dort wurden sie exklusiv von einem Beamten der Migrationsbehörde empfangen, der Maske und Gummihandschuhe trug, ihre Pässe stempelte und sie im Land willkommen hieß. Danach fuhr Phil mit ihnen zu sich nach Hause, wo seine Frau ein Zimmer für sie hergerichtet hatte, so dass sie besser vor dem Virus geschützt sein würden als im Hotel. Der Gastgeberin war es nicht in den Sinn gekommen, zu fragen, ob sie lieber getrennte Zimmer wünschten, sie nahm an, die beiden seien ein Paar.

Tuschelnd und ihr Lachen unterdrückend, schliefen Selena und Frank in dieser Nacht so leise wie möglich miteinander, aber das Quietschen des Bettes war verräterisch. Sie hatten seit ihrem Ausflug zum Patagonia Lake im Juni keine Nacht mehr miteinander verbracht und genossen bis zum Tagesanbruch ausgiebig die Vorzüge einer weichen Matratze gegenüber einer Isomatte im Zelt.

Am nächsten Tag fuhr Phil mit ihnen ins gerichtsmedizinische Institut, wohin die Leichen nach der Exhumierung gebracht wurden. Auch dort harrten Menschen geduldig aus. Unter ihnen war Genaro Andrade, der sie von weitem erkannte und ihnen winkte. Selena ging zu ihm.

»Weißt du etwas über deine Schwester?«, fragte sie.

»Nichts. Ich bin schon seit zwei Tagen hier, und nichts geht voran. Etliche von uns sind von weit her angereist.«

»Informiert man euch?«

»Ja, wenn es etwas Neues gibt, schon. Drei Opfer sind identifiziert, die Namen wurden veröffentlicht, und die Angehörigen konnten sie für die Beisetzung abholen. Werdet ihr reingelassen?«

»Das hoffen wir. Wenn wir etwas über Marisol erfahren, rufe ich dich an.«

Der Leiter der forensischen Anthropologie empfing sie in seinem Büro, erklärte ihnen das übliche Vorgehen und auch, dass sie Pathologen aus dem ganzen Land zur Unterstützung angefordert hatten, weil das Institut in San Salvador an seine Grenzen kam. Carlos Gómez war geständig und hatte die Namen von neun Mittätern genannt, man vermutete jedoch, dass diesem monströsen Herrenklub noch weitere Personen angehörten. Laut Aussage erinnerte sich

Gómez an dreißig bis vierzig Leichen auf seinem Grundstück, eine genaue Zahl nannte er nicht, einige lägen dort schon seit Jahren, sagte er, er habe nicht mitgezählt. Er zeigte keine besonderen Anzeichen von Reue, schien vielmehr die Aufmerksamkeit zu genießen.

Der Institutsleiter ging mit ihnen in die Räume der Autopsie, wo alle Obduktionstische belegt waren. Weitere Leichen befanden sich in den Kühlkammern. Der erste Schock war der Geruch von Tod und Desinfektionsmittel, den die Masken kaum abmilderten. In den Räumen herrschten Sauberkeit und Ordnung. Die Forensiker arbeiteten präzise und respektvoll, fast geräuschlos. Sie wirkten nicht weniger entsetzt als Selena und Frank.

»Das ist unsere Arbeit«, erklärte ihnen der Institutsleiter. »Wir sind mit dem Tod in allen Erscheinungsformen vertraut, aber manchmal ist es auch für uns zu viel. Am schlimmsten ist es, wenn sie uns Kinder bringen …«

Sie traten an einen der Tische, an dem vier Personen an einem winzigen Leichnam hantierten. Einer der Ärzte erklärte ihnen, es handele sich um ein zweijähriges Mädchen. Seine Stimme versagte, und er räusperte sich hinter der doppelten Maske im Versuch, seine Wut und sein Entsetzen zu zügeln.

»Wir schätzen, dass der Leichnam seit etwa einem Jahr unter der Erde lag. Wir nehmen DNA-Proben für die Identifizierung, drei oder vier Familien suchen nach verschwundenen Mädchen, aber die sind etwas älter. Ich nehme an, Sie möchten nicht wissen, wie sie gestorben ist?« Jetzt klang er herausfordernd.

»Wir sind nicht aus Sensationslust hier, Herr Doktor«, sagte Selena. »Wir suchen eine junge Frau.«

»Das tut mir leid. Eine Angehörige von Ihnen?«

»Die Mutter eines Mädchens, für das wir in den USA Asyl erwirken wollen«, sagte sie und fasste ihm Anitas Leidensweg kurz zusammen.

»Fast alle Leichen, die bisher hier ankamen, sind junge Frauen. Haben Sie etwas, woran wir sie identifizieren können?«

Selena zeigte ihm Abzüge der Fotos, die sie von Eduvigis Cordero bekommen hatte, und das Bild aus der Akte der Migrationsbehörde in Nogales.

»Sie heißt Marisol Andrade de Díaz. Wie Sie sehen, hatte sie bei ihrer Ankunft in den USA das Haar kurz geschnitten wie ein Mann. Sie sehen auch, dass zwischen ihren vorderen Schneidezähnen eine kleine Lücke ist. Sollte sie unter den Opfern sein, dann liegt ihre Leiche noch nicht so lange dort, maximal neun Monate, ich habe im Dezember letzten Jahres noch mit ihr telefoniert.«

»Sie hatte eine Schusswunde in der Brust. Die Kugel hat ihr Herz um zwei Zentimeter verfehlt und zwei Rippen zerschlagen. Könnte man das noch sehen?«

»Sicher. Ich zeige Ihnen die Toten, die bisher hier sind.«

Er brachte sie zu den Kühlkammern, drei Reihen übereinanderliegender Metallschubladen, die er eine nach der anderen aufzog. In einigen der Wannen lagen Kochen und zerfressene Kleidung, aber in den meisten waren die Leichen noch erkennbar, in unterschiedlichen Stadien der Verwesung. Keine sah Marisol ähnlich oder hatte so kurzes

Haar wie sie. Schließlich musste Selena, von Frank und Phil gestützt, an die frische Luft, weil ihre Knie nachgaben. Sie schaffte es in den Hof, ehe sie sich erbrach.

»Es werden noch immer Leichen exhumiert und in den nächsten Tagen hier ankommen. Wenn die Merkmale von Marisol auf jemanden zutreffen, melde ich mich«, versprach ihnen der Institutsleiter, als sie sich verabschiedeten.

Phil Doherty stellte seinen Gästen ein Auto mit Chauffeur und als Begleitschutz jemanden von der Security der Botschaft zur Verfügung. Ein Rosa Taxi war in seinen Augen pittoresk, in Anbetracht der heftigen Zeiten, die sie gerade erlebten, jedoch nicht das geeignete Transportmittel. Er lud Lola stattdessen für den Abend zu sich nach Hause ein, und zwischen Manhattan und Manhattan berichteten sie ihr von ihren Erfahrungen im gerichtsmedizinischen Institut.

Am nächsten Morgen fuhren Frank und Selena nach Chalchuapa, um Eduvigis Cordero zu sehen. Sie wirkte gealtert und sehr dünn, schien aber nicht niedergeschlagen, sondern zornig und kampfbereit. Eine Gruppe von Aktivistinnen organisiere über Social Media einen landesweiten Massenprotest, sagte sie. Für einen Tag solle es einen Generalstreik aller Frauen geben, keine würde zur Arbeit gehen oder irgendetwas im Haushalt erledigen, alle würden auf der Straße gegen den Femizid demonstrieren. Eduvigis hatte bereits ihre Freundinnen und ihre Kolleginnen aus der Indigowerkstatt dafür gewonnen.

»Das ist ein Krieg gegen die Frauen. Wir werden vergewaltigt, gefoltert und umgebracht, und all das bleibt ungestraft. Es reicht!«, sagte sie entschlossen.

Sie nahmen sie mit zu dem Horrorhaus. Der Wagen mit dem Diplomatenkennzeichen durfte die Absperrung passieren und nahe heranfahren. Das Haus war solide gebaut und stand auf einem großen Grundstück etwas außerhalb der Stadt. Eduvigis sagte, es würde nicht stimmen, dass es sich, wie von der Regierung behauptet, ausschließlich um länger zurückliegende Verbrechen handelte, die Mehrzahl der Gewalttaten seien jüngeren Datums.

»Diese Frauen verdienen Gerechtigkeit, genauso wie Tausende und Abertausende andere Frauen und Kinder, die umgebracht werden, ohne dass irgendwer dafür bezahlen muss.«

»Hoffen wir, dass Marisol nicht darunter ist«, sagte Selena.

»Mir kann niemand weismachen, dass Carlos Gómez meine Schwiegertochter nicht umgebracht hat. Er hat es schon einmal versucht. Kann sein, dass sie auf dem Grundstück nicht gefunden wird, aber ich bin mir sicher, am Leben ist sie nicht mehr«, sagte Eduvigis mit Nachdruck.

»Wenn man sie nicht findet, ist ungewiss, was aus Anita wird«, sagte Frank.

»Ich bete viel dafür, dass meine Enkelin ihre Mutter wiedersieht, aber ich bete auch dafür, dass sie bei ihrer Tante im Norden bleibt, sollte Marisol tot sein. Was hätte ich ihr hier zu bieten? Meine Liebe, sonst nichts. Ich könnte sie nicht beschützen, nicht dafür sorgen, dass sie eine Ausbildung bekommt und an den Augen operiert wird. Was soll nur mit ihr werden?«

»Wir tun, was wir können, um ihr zu helfen, Eduvigis, versprochen«, sagte Selena und schloss sie in die Arme.

»Und ich verspreche Ihnen, falls Anita in den USA bleibt, hole ich Sie persönlich ab für einen Besuch bei ihr. Anita vermisst Sie sehr«, ergänzte Frank.

In diesem Moment fuhr ein weißer Lieferwagen vom Grundstück, und ein Mann vom Wachschutz erklärte ihnen, dass es sich um einen Leichentransporter handelte, in dem die Toten gekühlt wurden, bis im Institut wieder Plätze frei waren.

»Konnten Sie den Leichnam sehen?«, wollte Selena wissen.

»Nein. Es waren zwei. Ich weiß nur, dass es wieder Frauen waren«, sagte der Wachmann.

Sie verabschiedeten sich von Eduvigis mit dem Versprechen, dass sie die Erste sein würde, der sie Bescheid geben würden, sollten sie etwas erfahren. Dann kehrten sie zum gerichtsmedizinischen Institut zurück, um mit den anderen zu warten, die dort um ihre Verschwundenen weinten.

Einige Tage später landeten Selena und Frank am Flughafen von San Francisco und fuhren von dort direkt nach Berkeley. Das Haus von Samuel Adler mit seinem unbestreitbaren Charme einer alten Villa war halb im wuchernden Garten versunken, der schon die ersten Herbstfarben trug. Es war früher Abend, das Sonnenlicht brach gedämpft durch die Wolken und gab dem Haus mit seinen Türmchen und gedrechselten Säulen etwas Theatralisches. Das Gartentor war nicht verschlossen, und sie gingen, von Pacos Gebell angekündigt, hinein. Die Klingel funktionierte seit 1978 nicht mehr.

Mit einer Hand am Halsband des Hundes öffnete Anita ihnen die Tür. Selena eilte die fünf Stufen am Eingang hinauf und drückte sie lange an sich.

»Habt ihr die Mama dabei?«, fragte Anita.

»Nein, mein Schatz«, sagte Selena leise, um Fassung bemüht.

Als ahnte sie etwas, fragte Anita nicht weiter. Sie nahm die beiden an der Hand und gab ihnen kaum Zeit, die übrige Familie zu begrüßen, weil sie ihnen unbedingt den Computer mit der Spezialtastatur für Sehbehinderte zeigen wollte, das halbe Dutzend beleuchteter Weihnachtsbäume, die Leticia mit Tannenduft besprühte, damit Anita sie am Geruch erkannte, und anderes, was sie Selena bei ihren virtuellen Treffen nicht hatte vorführen können. Sie war noch immer sehr dünn, hatte aber eine gesunde Gesichtsfarbe. Sie zeigte ihnen, wie sie mit ihrer Lupe die Noten lesen konnte, die Samuel ihr vergrößert aufschrieb. Für Blindenschrift war sie nicht zu begeistern, weil sie nicht auf eine Schule für Sehbehinderte gehen wollte.

»Meine Augen werden geheilt, und dann kann ich auf eine normale Schule, so wie früher«, verkündete sie.

Irgendwann schaffte es Leticia, sie in die Küche zu locken, so dass Selena und Frank hinter der geschlossenen Tür des Arbeitszimmers mit Samuel reden konnten.

»Wir müssen Ihnen etwas sagen, Samuel«, begann Selena.

»Ich nehme an, es ist wichtig. Schön, dass ich Sie endlich persönlich kennenlerne, Frank.«

»Wir hätten Ihnen das nicht am Telefon sagen können.« Selena stockte. »Ich weiß nicht, wie ich anfangen soll.«

»Bitte keine Umschweife, für die bin ich zu alt.«

»Es … es geht um Marisol … Wir waren in El Salvador, wegen der Mordserie in Chalchuapa. Man hat sie gefunden.«

»O mein Gott!« Samuel griff sich an die Brust, etwas traf ihn dort jäh wie ein Huftritt. »Sicher, dass sie es ist?«

»Ja. Sie lag nicht in einem der Massengräber, sondern in einer Grube, die man erst in jüngerer Zeit am anderen Ende des Grundstücks ausgehoben hat, deshalb wurde sie als Letzte exhumiert. Ihr Bruder Genaro hat den Leichnam identifiziert und ich auch anhand von Fotos.«

»Auf dem Röntgenbild ist ihre Schussverletzung zu sehen«, ergänzte Frank. »Sie ist erst vor ein paar Monaten gestorben, das feuchtheiße Klima beschleunigt die Verwesung, aber der Leichnam war noch zu erkennen.«

»Wir haben Eduvigis und Genaro bei ihrer Beisetzung begleitet. Samuel? Alles in Ordnung mit Ihnen, Samuel?«, fragte Selena erschrocken.

»Ja … ja. Bloß das Herz, manchmal verstolpert es sich. Ist nicht schlimm«, sagte er und schob sich eine Tablette in den Mund.

»Sie sind weiß wie die Wand. Ich rufe Leticia.«

»Nein, bitte. Es geht mir gleich besser. Sagen Sie mir bitte, was Sie wissen.«

»Besser, Sie kennen die Einzelheiten nicht. Sie sind zu widerwärtig. Ich kann nur hoffen, dass Anita niemals erfährt, wie ihre Mutter gestorben ist. Aber sie muss wissen, dass sie nicht mehr wiederkommt«, sagte Frank mit belegter Stimme und rieb sich die Stirn.

»Wer sagt es ihr? Ich kann das nicht«, brachte Samuel bebend heraus. »Aber das Kind kann ja nicht die ganze Zeit warten so wie ich in ihrem Alter. Das wird sie hart treffen, aber es muss sein.«

»Warum warten wir nicht noch etwas?«, schlug Selena vor. »Anita ist noch sehr instabil, sie braucht Zeit. Wenn sie sich hier weiter einlebt, dann kann sie ihre traumatischen Erfahrungen überwinden. Mit Zuneigung und therapeutischer Unterstützung …«

»Sie irren sich, Selena, so ein Trauma überwindet man nicht, man kann nur lernen, damit zu leben«, unterbrach sie Samuel.

»Ich kann es ihr auch nicht sagen, Samuel. Sie erlebt doch gerade erst so etwas wie Normalität. Sie und Leticia sind eine Familie für sie, sie bekommt viel Zuwendung, geht bald zur Schule, wird Freunde finden … Wie soll ich ihr da sagen, was mit ihrer Mutter ist?«

»Ich glaube, es wäre gut, abzuwarten, bis das Asylgesuch entschieden ist. Alles ist anders jetzt, wo feststeht, dass sie Waise ist«, gab Frank zu bedenken.

»Bis dahin könnten Leticia und ich versuchen, sie behutsam darauf vorzubereiten. Ich weiß zwar nicht, wie, aber wir können uns bemühen«, sagte Samuel, der wieder etwas Farbe bekam. »Sie beide sind für den rechtlichen Teil zuständig. Für alles andere sind Leticia und ich verantwortlich. Bei uns ist Anita in Sicherheit.«

~ EPILOG ~

Berkeley, Januar 2022, ein Jahr und vier Monate später

Samuel und Anita spielten gerade gemeinsam eine Sonatine auf dem Klavier, als Selena und Frank wie fast jeden Samstag beim Spukhaus ankamen. Die Pandemie war nicht vorüber, aber da die meisten Menschen geimpft waren, hatte sich wieder etwas Normalität eingestellt, und man konnte Besuche machen. Selena wohnte in San Francisco und studierte am Hastings College of Law. Sie hatte Samuel, Leticia und Anita in ihre Familie aufgenommen. Samuel hatte in ihr die liebevolle Tochter gefunden, die ihm Camille nie gewesen war. Allerdings konnte Selena nicht zu ihnen nach Berkeley ziehen, was er ihr mehrfach angeboten hatte, weil es zu weit von der Uni entfernt war.

Die Beziehung zwischen Selena und Frank war inniger geworden, als beide erwartet hätten, doch bestand Selena weiter auf ihrer Unabhängigkeit. Sie wohnte nicht in Franks großzügigem Appartement, sondern hatte sich ein Zimmer im Studentenviertel gemietet. Sie wusste, dass Frank genauso dominant und eifersüchtig sein konnte wie Milosz, auch wenn er es besser kaschierte. »Ich trainiere dich, und das kann dauern, du musst noch einiges lernen«, sagte sie oft, und er lachte, auch wenn er im Grunde verstand, dass es kein Scherz war. Seinen Vorschlag, später miteinander eine Kanzlei zu eröffnen, hatte sie ebenso unumwunden abgelehnt. »Davon hätte ich nichts, Frank, am Ende hätte ich die ganze Arbeit und du würdest die Lorbeeren ernten.« Samstags lud Samuel zum wöchentlichen High Tea, und heute gab es einiges zu feiern: Anitas Asyl war endgültig bewilligt und ihre Augenoperation überstanden. Leticia bereitete in der Küche den Tee so zu, wie Mr. Bogart ihn mochte. Seit seiner Zeit in England hatte er klare Vorstellungen davon, wie der Fünfuhrtee zu sein hatte, und war in über fünfzig Jahren in den USA nicht von dieser Sucht geheilt worden. Auf einer Etagere mit drei Lagen arrangierte Leticia nach einer festgelegten Ordnung eine Auswahl herzhafter Schnittchen und süßer Kuchen, auf einem weiteren Tablett Scones mit Schlagsahne und Marmelade. Beuteltee, von Samuel »Tee im Kondom« genannt, kam nicht ins Haus, außerdem benutzten sie das gute Limoges-Geschirr, das Nadine von ihrer Familie geerbt hatte, und die vom Dachboden geborgenen silbernen Teekannen, Milchkännchen und Zuckerdosen. Sie zu reinigen war mühselig, aber Anita half dabei, gut sehen musste sie dazu nicht. Während sie das Silber polierten, lief die spanische Telenovela, weil Leticia darauf bestand, dass das Kind seine Muttersprache nicht verlernte, denn wie hätte sie sich sonst mit ihrer Tita Edu unterhalten sollen?

Selena und Frank sahen Anita an diesem Samstag zum ersten Mal seit der Hornhauttransplantation. Drei Tage hatte sie einen Augenverband tragen müssen, jetzt war er entfernt worden. Laut Auskunft des Arztes war die Operation erfolgreich verlaufen, er war zuversichtlich, dass es nicht zu einer Abstoßung kam. Sie hatten Anita immer in langen oder kurzen Hosen gesehen, aber heute trug sie ein Festtagskleid, das Leticia für sie genäht hatte.

»Ich muss eine Brille aufhaben und darf mir nicht an den Augen reiben. Ab September gehe ich in die Schule. Nicht in die für Blinde«, sagte sie.

»Sie kommt in die vierte Klasse, weil das vom Alter her passt, aber nach ihrem Wissensstand könnte sie auch in die fünfte gehen«, ergänzte Samuel.

»Ich seh noch neblig, aber später kann ich gut sehen.« Und damit lief sie, dicht gefolgt von Paco, in die Küche, um Leticia zu helfen.

Weder Samuel noch Leticia hatten es über sich gebracht, Anita vom Los ihrer Mutter zu erzählen, jedes Mal, wenn sie dazu ansetzten, fehlten ihnen die Worte. Deshalb suchten sie schließlich eine Therapeutin, die zweimal in der Woche ins Haus kam. Sie war auf traumatisierte Kinder spezialisiert, sprach Spanisch, weil sie in jungen Jahren aus Mexiko eingewandert war, und verstand sofort, dass sie in diesem Fall die Sitzungen nicht am Computer machen konnten. Zu Beginn hatte Anita sich geweigert, mit ihr zu sprechen, als ahnte sie, dass sie schlechte Nachrichten brachte, aber nach drei oder vier Sitzungen konnte sie doch eine Verbindung zu ihr aufbauen. Die Therapeutin regte an, dass Anitas Großmutter aus El Salvador sie besuchen und ihnen dabei helfen könnte, Anita die Wahrheit zu sagen.

Dank seinem Freund Phil Doherty brauchte Frank keine vierundzwanzig Stunden, um für Eduvigis ein Visum zu bekommen. Die Großmutter reiste zum ersten Mal in ihrem Leben. Sie kam mit drei riesigen Koffern voller Geschenke: Kaffee, Tamarindenbällchen, Käse, und im Transitbereich des Flughafens hatte sie sogar noch eine kleine Box mit gebratenem Hähnchen erstanden. Eine Flasche Chaparro, einen landestypischen Schnaps aus Mais und Zucker, den Lola ihr mitgegeben hatte, schmuggelte sie über die Grenze. Eduvigis bezog eins der ehemaligen Zimmer der Damen vom leichten Leben, das Leticia ihr liebevoll zurechtgemacht hatte, und verwöhnte ihre Enkelin eine Woche hindurch, ehe sie ihr vom Tod ihrer Mutter erzählte.

Anita schien mit der schlimmen Nachricht gut zurechtzukommen, bis ihre Tita Edu nach El Salvador zurückkehrte. In einer übermenschlichen Anstrengung unterdrückte sie ihren Schmerz, damit ihre Großmutter beruhigt abreisen konnte, doch dann brach er sich Bahn. Sie durchlitt eine heftige Zeit, in der sich Weinkrämpfe und Wutausbrüche abwechselten, schleuderte Teller und Tassen auf den Boden, versteckte sich stundenlang mit dem Hund und machte wieder ins Bett, aber ihre Therapie, die ständige Begleitung von Paco und die geduldige Fürsorge von Samuel und Leticia halfen ihr durch alle Phasen der Trauer. Sie hängte sich an Leticia, folgte ihr durchs Haus und hielt sie im Schlaf an der Hand. Ihre Puppe Didi lag auf dem Kopfkissen, und Leticia musste auch Paco im Bett ertragen, weil sie es irgendwann leid wurde, ihn auf den Boden zu schicken. Der Hund wartete immer ein Weilchen, und wenn er die Gefahr für gebannt hielt, krabbelte er leise auf Anitas Seite nach oben und rollte sich neben ihr ein.

Mit den Monaten wurden Anitas Tobsuchtsanfälle weniger und hörten schließlich ganz auf.

An einem Nachmittag während dieser schmerzhaften Zeit sagte Samuel zu Anita und Leticia, er müsse ihnen etwas Wichtiges mitteilen. Er bat sie ins Allerheiligste, das Musikzimmer, und dort setzten sie sich in einen engen Kreis, mit Paco zu ihren Füßen. Die Tiffany-Lampen mit ihren bunten Schirmen warfen einen sanften Schein auf die kostbaren Musikinstrumente, die Samuel im Laufe seines Lebens gesammelt hatte. Samuel war es nicht gewohnt, über sich selbst zu sprechen, er war immer verschwiegen gewesen und hatte seine Gedanken und persönlichen Erinnerungen nur mit seiner große Liebe Nadine geteilt, aber jetzt erlebte er seit Wochen, wie Anita litt, und spürte ihren Schmerz wie seinen eigenen. Die Tränen des Mädchens machten seiner Zurückhaltung den Garaus. An diesem denkwürdigen Nachmittag begann er zu sprechen, erst zögerlich, aber dann brachen die Dämme, hinter denen der Kummer seiner Kindheit verborgen gewesen war, und alles, worüber er so lange geschwiegen hatte, drängte hinaus. Er erzählte den beiden von den schrecklichen Erlebnissen in seiner Kindheit, vom Verlust seiner Familie, dem Exil an fremden und unwirtlichen Orten, von seinem Leben als Waisenkind, immer einsam, immer in Angst, bis Luke und Lidia Evans aufgetaucht waren, ihn getröstet und geliebt hatten. Er endete schluchzend, und auch Anita und Leticia weinten. Schließlich klappte er seinen Geigenkasten auf, nahm den Orden heraus und legte ihn Anita in die Hand.

»Was ist das?«, fragte sie und betastete ihn eingehend.

»Das ist ein Orden mit Zauberkräften. Er hat einem Kriegshelden gehört, Oberst Theobald Volker. Er hat ihn mir geliehen, aber er ist vor langer Zeit gestorben, und ich konnte ihn nicht zurückgeben. Ich habe ihn bekommen, als ich fünf war.«

»Wieso hat er Zauberkräfte?«

»Wenn du ihn reibst, macht er dir Mut. Bei mir hat das immer gut funktioniert. Jetzt gehört er dir, Anita. Du kannst ihn immer benutzen, wenn es nötig ist, seine Kraft braucht sich nie auf«, sagte Samuel und steckte ihr den Orden ans T-Shirt.

Die Therapeutin warnte Samuel und Leticia, auch wenn Anita das, was geschehen war, langsam zu akzeptieren beginne und sich auf die Liebe verlasse, die sie beide ihr gaben, werde sie ihre Verlustangst vermutlich nie überwinden, dafür habe sie in einer sehr verletzlichen Phase ihres Lebens zu viele Menschen verloren. Allerdings war Samuel zuversichtlicher, weil das Mädchen Stunden in völliger Versenkung am Klavier verbrachte, und er wusste besser als jeder andere, was Musik bewirken kann. Sie hatte seine Angst und Unsicherheit als Kind gelindert und seinem Leben einen Sinn gegeben. Für Anita hoffte er auf dasselbe.

Eines Tages lud sie ihn in aller Heimlichkeit ein, mit ihr nach Azabahar zu reisen. Samuel hatte sie bei ihren Selbstgesprächen von diesem Ort tuscheln hören, aber offen darüber gesprochen hatte sie selbst mit Leticia nicht. Er begriff, dass das ein gewaltiger Vertrauensbeweis war, er würde an ihrer Hand über eine magische Schwelle gehen. Und so kam es, dass Samuel als einziger Azabahar kennenlernte, den Stern der Geister, und weil sich zeigte, dass er das Geheimnis für sich behalten konnte, durfte er öfter hin. Im Krankenhaus, kurz vor ihrer Narkose für die Augenoperation, gab Anita ihm die Erlaubnis, Leticia, Frank und Selena in das Geheimnis einzuweihen. Sie versprach ihm, auch die drei bald einmal mitzunehmen.

»Leticia hat mir am Telefon erzählt, dass Anita nicht mehr mit Claudia redet«, sagte Selena zu Samuel, während sie auf den Tee warteten.

»Claudia ist nicht verschwunden, sie ist jetzt zusammen mit ihrer Mutter in Azabahar, Anita hat auch Nadine eingeladen, und wenn wir hinreisen, treffen wir alle drei«, sagte Samuel wie nebenbei.

»Was reden Sie da, Samuel?«, fragte Frank, halb beunruhigt, halb belustigt.

»Senil bin ich noch nicht, keine Bange«, sagte Samuel lächelnd. »Ich hatte Azabahar für Anitas Zufluchtsort gehalten, an den sie geht, wenn sie dieser Welt entkommen muss, aber jetzt weiß ich, dass es mehr ist als das. Es ist das Reich der Fantasie, und man sieht es nur mit dem Herzen gut.«

ICH DANKE

Johanna Castillo für ihre Freundschaft und Unterstützung.

Der Agentur Balcells für ihre Zuneigung und Loyalität.

Jennifer Hershey, meiner klugen Lektorin bei Ballantine.

Frances Riddle, meiner Übersetzerin ins Englische, für ihren Beitrag zur endgültigen Fassung.

Jorge Manzanilla, wie immer.

Juan Allende dafür, dass er unendlich viele Entwürfe durchgesehen hat.

Roger Cukras dafür, dass er mich erträgt und liebt.

Nicolás Frías dafür, dass er sich um meine seelische Gesundheit kümmert (und um die von allen, die um mich sind, wenn ich nicht schreibe).

Lori Barra und Sarah Hillesheim für ihre Arbeit mit Geflüchteten und Einwanderern in meiner Stiftung.

Annie Toxqui López für die wertvolle Information über El Salvador.

Elizabeth Subercaseaux und John Hasset dafür, dass sie das Manuskript so aufmerksam gelesen haben.

Cathy Cukras für ihre Hilfe bezüglich Anitas Sehschwäche.

Cristóbal Basso für seine Kenntnisse über Musik für Menschen mit Sehbehinderung.

Sonia Nazario für ihre Reportagen über Geflüchtete und Einwanderer an der Südgrenze der Vereinigten Staaten.

María Woltjen und Olivia Peña, vom Young Center for Immigrant Children's Rights.

Lauren Dasse, Gabriela Corrales und Lillian Aponte Miranda vom Florence Immigrant and Refugee Rights Project.

Wendy Young von Kids in Need of Defense (KIND).

Susanne Ciupolla und Kely Reynolds von Olmos & Reynolds Law Group LLP.

Michael Smith und Schwester Maureen vom East Bay Sanctuary Covenant.

Sasha Chanoff von RefugePoint.

Der Women's Refugee Commission.

Jacob Soboroff für sein Buch *Separated*.